教育部人文社会科学重点研究基地四川大学南亚研究所

中国理念、中国方案
与印度发展理念、发展战略对接研究

张 立◎著

国际文化出版公司

·北京·

图书在版编目（CIP）数据

中国理念、中国方案与印度发展理念、发展战略对接
研究 ／ 张立著 . -- 北京 ：国际文化出版公司，2022.3
ISBN 978-7-5125-1410-2

Ⅰ . ①中… Ⅱ . ①张… Ⅲ . ①"一带一路"－国际合
作－研究－中国、印度 Ⅳ . ① F125.535.1

中国版本图书馆 CIP 数据核字 (2022) 第 029428 号

中国理念、中国方案与印度发展理念、发展战略对接研究

作　　者	张　立
统筹监制	吴昌荣
责任编辑	马燕冰
品质总监	张震宇
出版发行	国际文化出版公司
经　　销	全国新华书店
印　　刷	北京虎彩文化传播有限公司
开　　本	710 毫米 ×1000 毫米　　16 开
	16.75 印张　　　　　　　280 千字
版　　次	2022 年 3 月第 1 版
	2022 年 3 月第 1 次印刷
书　　号	ISBN 978-7-5125-1410-2
定　　价	68.00 元

国际文化出版公司
北京朝阳区东土城路乙 9 号　　　　邮编：100013
总编室：（010）64271551　　　传真：（010）64271578
销售热线：（010）64271187
传真：（010）64271187-800
E-mail：icpc@95777.sina.net

目　录

内容摘要

近年来，结合自身实践与需求，中国提出了以构建"人类命运共同体""一带一路"倡议等为代表的国际理念与国际合作方案，获得了联合国及众多国家的支持与响应。印度是中国的重要邻国，发展中印友好关系，实现两国在发展理念与战略上也将对接，既是中国获得更加广泛的国际认同、拓展国际合作的重要体现，也将有益于两国共同进步，并对亚太乃至世界的发展理念塑造、发展道路选择和发展前景走向产生较大的影响。在此背景下，本项目就国际战略对接的理论基础、中国理念、中国方案与印度发展理念、发展战略的具体内涵以及中印对接的需求、挑战与应对策略等三大问题展开深入探究，以此服务于推进中印两国战略对接、发展中印互利共赢友好合作关系的实务需要。为此，本课题遵循理论与现实相结合的方法，借鉴国际政治、国际经济和管理学等相关理论，将其与中印发展的实际相结合，从以下6个方面构建一个初步的系统分析框架，就如何有效推进中印理念的战略对接这一极具时代意义和现实意义的问题提出了相应的对策建议。

其一，有关国际战略对接的理论基础分析。国际对接是近年来出现于中国外交政策领域的新话语和新概念，也是本课题的核心概念，必须首先廓清对这一关键概念的认识。为此，本课题在借鉴已有研究的基础上，从国际对接的定义、理论基础、模式与类型、实施机理与方式等四个方面，构建了认识国际对接现象的基本理论框架，为后续分析奠定了基础。本课题认为，国际对接与常见的国际合作、国际协调以及国际结盟等概念，既有联系又有区别，它侧重指国际行为体之间就已有的战略规划或战略设想在平等自愿的前提下展开一致性行动沟通，具有清晰的方向或目标指向性，既不同于泛泛的国际合作与国际协调，也不同于深度捆绑的国际结盟，是当代国际合作不断发展新形势的产物，对促进国际友好交往和构建包容发展的国际关系具有积极的时代意义。从理论的角度看，国际政治学中的国际合作理论、国际机制理论等，

中国理念、中国方案与印度发展理念、发展战略对接研究

国际经济学中的市场分工论以及一体化合作理论等，均有助于阐释国际战略对接现象的出现，但从根本上看，"国际战略对接"作为中国提出的新概念，它又蕴含着自己的个性特征，表现为在思想层面上以共生论为源泉；在实践层面上以中国自身经历为依据，两者融汇而成这一颇具中国特色的国际合作理论。根据对接内容的差异，可将国际战略对接，分为大战略对接、政策与规则对接、合作机制与平台对接、重大项目建设和产业对接，以及部门与地方层次的发展对接等5种基本对接模式与类型。结合国际合作相关理论看，影响国际战略对接主要有以下五大因素：共同利益、意愿偏好、能力、机制、任务等。其中，共同利益中的政治、经济和安全利益是国际对接的前提与基础，同时还需有真实的意愿偏好表达；能力是指国家的战略制定、战略执行以及战略判断能力；战略对接机制是指为促进战略合作所制定的制度与规则框架等；任务则是指战略对接的具体内容与推进目标。国际战略对接从构想的提出到方案的成功执行，客观上会经历一个反复沟通协调和磨合协作的过程。为此，需要借鉴管理学中的战略联盟管理理论，并将国际战略对接分为战略酝酿、战略发布、战略沟通衔接、战略对接执行以及战略评估调整等五大环节，对其实行全生命周期的闭环管理，以确保战略对接取得成功实效。

其二，有关中国理念与中国方案的生成逻辑与基本蕴含的分析。伴随中国融入国际社会的程度不断加深，以及中国实力的增强，中国逐渐由国际理念、国际规则和国际方案的单向适应者、接受者、执行者，变成国际新理念和新方案的倡导者、贡献者和推动者。在本课题中，关于中国理念与中国方案，特指近年来中国在深度参与国际事务和全球治理的进程中，由中国领导人面向世界提出的一系列关于新型世界秩序和国际关系的建设性新理念、新方案，这些正处于积极生成过程中的新理念、新方案，主要包括"新型大国关系""一带一路"倡议以及"人类命运共同体"等内容。本研究论述指出，这些中国理念与中国方案的提出，是中国传统文化思想基因传承、基于马克思主义中国化的执政理念坚持，以及中国和平发展实践的成功经验总结等因素的共同产物，在此基础上生成了具有理想型色彩的国际关系新蓝图、新模板。其中，构建"新型大国关系"理念的提出，旨在新兴大国群体性崛起和国际关系格局面临深刻转变的背景下，就如何破除古老的大国冲突宿命提供全新的和谐共处新方案，探索全球化时代大国互利共赢的新路子；"一带一路"倡议则意在借助古代丝绸之路的历史符号，弘扬其内在蕴含的和平交往、开放合作与互惠互利等精神，

搭建以共商共建共享为核心主旨的全球合作新平台；"人类命运共同体"思想则致力于擘画世界和人类的长远未来，以超越民族、国家和意识形态的全球观，提出全球包容共生的新思想、新方案。中国理念与中国方案的问世，体现出中国正以负责任大国的崭新姿态登上世界舞台，面对全球应何去何从这一历史性大课题，交出了具有鲜明中国蕴含与特色的时代新答卷，为处理当代及未来的国际关系、积极改善全球治理，注入了新的智慧与能量，为世界未来的前行方案的选择提供了具有鲜明中国蕴含与特色的新路标。

其三，有关印度发展理念与发展战略的分析。限于研究目的和篇幅所限，本研究旨在从印度的经济发展理念、经济发展战略以及与此密切配合的外交理念与外交战略角度，从 20 世纪 90 年代前后到 2014 年莫迪政府上台前以及其执政期这三个阶段，粗线条地阐述了印度独立至今的发展理念与发展战略演变实践。20 世纪 90 年代以前，作为新独立的发展中大国，印度与其他许多发展中国家一样，重视增强国家的独立自主性，重视政府的干预作用，在内部发展理念和发展战略上，都将实现现代化作为头等任务，并引入计划经济模式，以力求实现对稀缺资源的集中统筹，而非放任市场机制自发调节；在支撑国家发展的外交战略上，则大力倡导主权平等和各国相互尊重，反对霸权压迫和强权干涉。与此同时，印度开国领导人尼赫鲁总理还树立了"大国梦"目标，大国抱负自此成为贯穿印度内政外交战略制定的核心基准之一和"印度梦"的灵魂所在。随着冷战的终结和国际格局的剧变，印度也进入 20 世纪 90 年代以来的自由化、市场化、全球化发展新阶段。从 1991 年拉奥政府上台发起根本性改革，到 2014 年辛格政府执政期满，这一阶段印度经历了多届政府更迭，先后有拉奥、瓦杰帕伊、高达、古杰拉尔、瓦杰帕伊和辛格等多位总理组阁执政，推出了大大小小无数改革措施，这些不间断的改革反映出印度政府始终在致力于寻求经济发展制度框架的改进与完善。伴随以市场化、自由化和全球化为面向的经济改革全面展开，这一时期印度的对外战略也相应发生调整转变：经济外交成为印度外交的新重点；提出"古杰拉尔主义"，推行处理周边关系的新策略；开启"东向"战略，融入全球化、区域化合作潮流。而所有这些，都服从服务于印度一以贯之的"大国梦"目标。正是在这一阶段，印度与中国的同步崛起逐渐成为国际舞台上一道靓丽的风景线；2014 年，随着印度人民党在大选中获胜和莫迪总理上台，印度进入了莫迪执政时代。莫迪政府雄心勃勃，在内政上推出了一系列改革发展新举措，在外交上主动出击，左右逢源，掀起了"莫迪"旋风，出现了"莫迪主义""莫迪经济学"等说法，以显示其执政上鲜明的独特性。莫迪政府着力提升行政效能，发起税制改革，掀起废钞运动，推动修改征地法案和劳工政策，积极吸引外国投资，大力实施"印度制造""数字印度"和基础设施发展战略等。在外交方面，莫迪政府则将现实主义哲学更加完美地落实在了对外行动上，一边大力巩固印度在南亚的基本盘，强化印度的南亚中心角色，一边在区域和全球主动出击，加强印度同周边国家的区域合作，深化同美日等大国的战略关系，积极参与区域及全球治理等，显著提升了印度在国际舞台上的存在感和影响力，为印度的全球化增长战略不断造势蓄力。2019年5月，印度人民党再度赢得大选，莫迪成功获得连任，强势进取的"莫迪主义"也将在未来5年里，继续强有力地主导印度的发展方向与前进征程。

其四，有关中印理念战略对接的需求、目标与模式分析。本课题从中印共同利益、中印对接的意愿偏好、中印对接的战略能力基础、中印战略对接的促进机制等四个方面深入分析指出，中印开展理念战略对接具有坚实的基础。从战略对接目标看，中印可以在基于普通国家关系定位、伙伴关系定位、战略联盟或战略伙伴关系定位，以及命运共同体关系定位这四种选项中进行选择，可以从最简单或最初级目标逐步过渡到难度最大的最高级目标，以使中印从最基本的和平共处，逐步发展到携手共进、合作双赢，再到同呼吸共命运。为此，这要求两国的战略对接要首先确保实现最为基础性的目标，即两国确保维持普通国家关系，避免敌对与冲突，实现和平共处；其次，两国应确保伙伴关系的名副其实，应相互配合和帮助，而非相互角力或相互拆台；最后，可以将构建地区命运共同体作为中印两国战略对接的最终目标。在以上战略对接目标指引下，中印需要在发展理念和发展战略上明确具体的对接任务，避免出现因战略目标定位落实不到位，而最终变成华而不实的空洞外交辞令：一是两国要在发展理念上寻求交集与共识，如在基于普通国家定位的目标下，两国应当着力寻求实现以和平共处、相互尊重为核心的共识和底线坚持，将"和平共处五项原则"与"新型大国关系理念"等作为双方战略对接的基本共识；在基于伙伴关系国家定位的目标下，两国应当将开放合作、互利共赢作为核心共识，将"共商共建共享"理念作为双方战略对接的基本共识；在地区命运共同体定位的目标下，两国应当将共生共荣、一体化发展、"中国梦"与"印度梦"交相辉映作为双方共同的战略愿景；二是推进发展战略层面的对接，主要包括：双边层次的发展战略对接——制造业战略、基础设施产业、数字经济、旅游文化等产业对接；地区及区域层次战略对接——上合组织（SCO）、地区全面经济伙伴计划（RCEP）和金砖国家组织（BRICS）对接等；具体如印度的"东进"战略与中国的"一带一路"倡议对接；印度的"孟不印尼走廊"计划与"中尼印走廊"和"孟中印缅经济走廊"的对接，以及"亚非增长走廊"与中国的"一带一路"倡议的对接等；全球层次战略对接——气候、能源以及经济治理等方面的对接等。基于中印在政治、经济、外交和文化等不同领域的对接目标与任务特点，可以综合采取以下5种模式展开对接：一是中印大战略对接：着眼于"中国梦"与"印度梦"的相通；二是中印政策与规则对接；如可适时推动中印自贸区建设以及加强中印在"一带一路"沿线的对接合作，如中国"21世纪海上丝绸之路"倡议与印度的"萨迦尔玛拉"计划对接等；三是中印合作机制与平台对接；四是中印产业发展和重大建设项目对接，如通过重大项目建设的方式进行产业对接合作，以及以吸引企业直接投资的方式进行对接合作等；五是中印部门与地方层次的发展对接。两国的规划、贸易投资、财政金融、工商、信息产业以及文化旅游等各个部门，以及两国地方政府，可结合自身实际，在外事授权下，与对方的相关机构展开对接洽谈。

其五，中印理念战略对接的阻碍因素及挑战分析。本研究借鉴层次分析理论，从政治家—国家—体系等不同角度分析阻碍中印对接的主要因素及具体挑战。这些阻碍因素主要表现在四个方面：一是两国国际政治观的落差及国内政治的变化，即中国的新国际主义与印度的现实主义战略文化存在落差，以及近年来印度的印度教民族主义高涨和大国意识抬头，导致中印两国在对外政策理念上的落差有可能扩大；二是横亘在两国之间的结构性障碍，主要包括历史遗留下来的边界问题以及印度始终不放弃打"西藏牌"等，使得两国关系存在着根深蒂固的脆弱性和不稳定因素；三是两国交往进程中不断出现的新问题，这些问题既包括两国在全球气候变化、知识产权保护等议题上的合作呈现减弱之势，也包括两国在地区层面的地缘政治竞争加剧，还有双边层面上的多个议题，如马苏德·阿兹哈尔问题、印度的核供应国地位问题以及双边贸易不平衡问题等也出现了公开分歧；四是体系层次的干扰因素，主要表现为美国加大了对中印实施"楔子"分化战略的力度，对中印关系产生了一定的离间效应。这些新老问题与矛盾，构成了中印关系中绕不过去的麻烦，也对中印战略对接带来了挑战。这些挑战主要表现为以下5个方面：一是共同利益与战略利益两者间的冲突问题，即尽管中印在政治、安全、经济和文化各个方面都存在着利益相容，但地缘政治利益、争做世界大国的国际政治利益考量等战略利益，却仍在印度对华政策中占有相当重要的位置，对这两类利益的认知歧异，对中印关系产生了负面影响。二是"摇摆国家"定位下的合作意愿稳定性问题。印度坚持的不结盟政策和战略自主性，实际上就是要在国际舞台上处于左右逢源的"摇摆"状态，以更加灵活地谋取国家利益最大化。而这种摇摆国家的心态与定位，就使得中印双方在对接态度与对接意愿上存在不对等情况，印度在具体推进中前后反复，导致双方的对接效果和对接前景受限。三是中印战略对接能力的不对称性问题。总地来看中国目前的发展水平和综合实力领先于印度，两国的国际战略合作能力存在着不小的差距，具体体现为两国在国际贸易、对外投资以及国际金融等领域的合作需求和对接能力都有差异，而两国的国内战略整合能力也不平衡，印度受保护主义传统思维影响更深，而且受选举政治体制影响，国内政治力量对政府对外合作政策的制衡作用更为显著和强大，两国这种战略对接能力的差异，就可能导致印度产生对相对收益分配的担忧，同时妨碍到合意的利益分配机制建立，进而在双边对接中采取既支持又有所保留的策略，由此使得双方在涉及某些关键核心领域的对接合作方面面临较大的阻碍。四是对接机制的有效性问题。尽管两国间已经形成了大量的对接机制，但这些机制仍存在一些问题，如某些机制作用于对话沟通等务虚成分较多，存在着后续跟进或落实不够、象征意义大于实质性成果的现象，以及双边合作机制过于宏观，存在不能及时适应形势变化要求的情况，还有机制建设上存在不均衡性问题，这些问题意味着两国战略对接的机制建设仍有待加强；五是中印战略对接的过程管理问题，即结合以往中印两国合作的实践看，两国在对接的过程管理上还存在着目标不够清晰、重点不够突出、执行跟踪不到位，以及反馈调整不够及时等问题。

其六，推进中印战略对接的策略建议。主要包括5个方面：（1）明确推进中印战略对接的指导原则。本研究指出，中印两国在推进理念战略对接上，虽然没有固定统一的模式可以效仿，但有一些基本性的原则值得坚持，这些原则主要包括：求同存异的历史经验、渐进主义的发展路径、建构主义的新思维、利益共同体的培育壮大以及加强政治互信建设等。

（2）积极推进中印理念目标趋同。需要从三个方面着力：一是加强身份、角色与对接目标的再定位。长期以来，两国在身份归属问题上都认为，双方有着相似的身份共同性，正是这些共同身份，界定了两国的诸多共同利益，让两国找到了共鸣和合作的契机，但近年来两国的情况都有所变化，已经出现了一些新的身份认同可能性，两国应当深思熟虑，给出清晰的解答和再确认，在此基础上确定两国彼此关系的发展目标和发展方向。二是以国家整体利益观推动双方的目标理念趋同。所谓"国家整体利益观"，就是指强调国家在对外关系的处理上，应基于国家的整体利益进行评估决策。国家整体利益观意味着两国需要超越具体的利益融合或利益分歧，从根本上审视两国在最为根本性的国家利益上的关系属性，锚定与重振两国关系的战略基础，推动两国合作目标与发展理念的趋同。而参照中印当下的实际看，两国在整体利益上显然是共同利益大于分歧，合作利益胜于竞争对抗可能带来的利益。三是加强利益协调机制建设，以实现两国理念目标趋同。两国既有的高层对话和战略对话机制，可以作为两国利益协调机制的基础，继续发挥作用。同时两国也需要开诚布公地交流意见与分歧，通过平等协商达成处理问题的方案或制度办法。另外，两国还需要构建发展新机制或利用好新的对话交流机制，以此协调好双边关系，促进两国理念趋同的实现。（3）提升对接伙伴关系管理。一是以价值创造作为双边对接项目的核心评估标准，即将价值或利益增量作为评估两国对接项目可行性的核心标准。同时也要考虑到价值创造的抵消因素，即合作成本的高低问题，如果合作成本过于高昂，那么也不具备可行性。二是重视贸易合作的主体作用，加深两国利益融合关系。要重视印度对华出口增长，保持其对华出口的良好发展势头，避免形成畸形的双边贸易格局。同时可考虑加强中印贸易的机制性合作，以此刺激印度产业竞争力的不断提高和出口能力的增强。此外两国还可以在扩大双边服务贸易合作上挖掘潜力。三是建构推动产业和地区发展战略对接的激励保障机制，促进双边投资合作。对两国重点推进对接的制造业、基础设施产业、数字经济、旅游文化产业等相关产业合作，应梳理相关政策内容，并参照潜在投资竞争国家的政策，进行积极调整，使之能够对促进两国相互投资增长发挥显著作用。地区发展战略对接在本质上与产业发展对接相似，它要求中印两国在重要的工程或项目上，营造出适宜的投资氛围，以带动"私人"或"民间"投资的参与，也可以由两国政府直接出面，牵头商谈联合投资事宜，推动地区的互联互通和一体化行动；四是构建发展战略对接新规范，调节双边战略对接进程中的冲突。和平共处五项基本原则可以作为两国合作规范的总体理念，两国还可以结合各领域合作的特点赋予更加具体的内涵，比如在贸易合作上可以公平对等和自由开放为原则；在金融投资合作上，则以坚持国民待遇和最惠国待遇等为原则；在区域和国际合作上，则以坚持共商共建共享为原则；在规范拟定中，也可以适度照顾双方实力不对称的现实，而作出在利益分配上适当倾斜于弱势一方的相应安排。这些规范的确认，最终都基于两国的自愿合意而作出，从而能够成为调节两国战略对接行为的约束性制度。五是发展多边框架战略对接以减缓化解外部的分化阻挠。还可以"中印+"的方式，邀请更多的主权国加入对接项目，以此加大对抗某些域外国家的力量。（4）防范印度"战略摇摆"中的对华"对冲"失控。一是要加强中印领土争端问题的危机管控与对冲管理，在确保有能力守住中印不因边界分歧问题发生重大冲突这一底线之外，加强两国在边界议题上的沟通，减少边境摩擦事件的发生。二是以开放包容精神拓展周边合作，在支持周边国家参与地区其他合作计划的同时，与中国保持紧密合作，分享中国发展红利，避免与印度发生地区恶性竞争。三是加强大国协调，防范印度借势放大对华对冲战略负能量。主要包括妥善处理对美关系，寻求中美分歧得到管控；稳定提升中俄战略合作，依托中俄关系形成对印美关系的有力牵制；加强与日本和欧盟等的合作，减少印度对冲战略可能对中国带来的冲击等。（5）做好增信释疑的信息沟通工作。首先要明确信息沟通的目标，就是增加相互信任，减少或消除来自政府间、两国民间以及国际上的疑惑。还要综合运用各种信息发布平台，建立各有侧重、相互补充的信息传播系统；同时重视对网络媒体的监管和引导，及时撇清谣言、澄清误会，并依法打击相关造谣行为等，确保中印双边关系和两国战略对接合作拥有一个健康的舆论环境；另外，加大对两国互信沟通工作的基础性投入支持力度。主要包括对语言人才、译著经费和人文交流活动的投入等；加强两国各社会主体间的沟通交流等。

总体而论，本课题在理论上的创新点主要是提出了国际战略对接的多因素驱动分析框架。近年来，尽管战略对接概念频繁出现于国际合作交流和学术论文中，但对其却欠缺严谨的学理性研究，这就容易导致该概念被滥用或停留在喊口号层次，在实践中难以将对接工作深入下去。本课题分析认为，战略对接是当代国际合作的一种新形式，是新时期下带有中国文化和实践特色的国际合作新概念。作为国际合作概念，最重要的功能就是要体现出其实用性或应用性，为此，本课题指出，国际战略对接能否顺利实施，主要是受共同利益、意愿偏好、能力、机制与任务等五大方面因素综合影响。其中，共同的政治、经济或安全利益等是国际战略对接的前提与基础，同时还需有真实的意愿偏好表达；战略能力影响推进的效果；战略对接机制则有利于协调好利益关系；对接任务则是战略对接目标落地的具体体现。这一理论性框架的提出，为本课题随后展开的中印具体对接案例考察，提供了分析的逻辑依据和理论基础。

本课题的另一个特色是对中印两国在发展理念和发展战略上的特点与发展演变轨迹作了简明扼要的归纳概括，为理解和研究两国理念战略对接提供了一个高度浓缩但又不失其本质性内涵的对象参照物。事实上，中国和印度作为两个巨型国家，单单任何一国的发展理念和发展战略都远非一本或几本巨著所能概括的，市面上的相关成果也堪称书盈四壁，为此，本研究本着抓大放小、抓住主要矛盾的思路，从对中印关系最重要、最符合两国共同利益的角度，来锁定研究范围和进行材料取舍，力求以尽可能有限的篇幅而尽可能充分地勾勒出两国在理念战略上的各自特点。具体言之，本课题从探究生成逻辑的角度，间接回顾了中国理念与中国方案的发展轨迹，又从分析最具代表性的"新型大国关系""一带一路"倡议和"人类命运共同体"等概念内涵，阐述了中国理念与中国方案的开放性和包容性等特点；对印度则依据其经济和外交战略的变化，将其分为从独立至20世纪90年代以前、90年代至莫迪执政前，以及莫迪执政至今等三个不同时期而进行了归纳，以此揭示出印度在发展理念与发展战略上的继承性与开拓性。

作为应用研究型项目，本课题始终牢记要服务国家现实需要这一宗旨，将重点放在对中印对接实践问题的分析上，本着有理有据和可行的原则，在以下几方面研究中取得了新的成果。

一是提出了两国战略对接要基于不同的目标设定而确定对接理念与对接任务的新观点。以往的相关研究，大多笼统先验地假定中印之间存在着不证自明的战略对接目标，即构建中印伙伴关系，本研究不盲从媒体口号或外交辞令，以冷静、理性和开放的思维提出，中印在对接目标和任务的选择上，存在着客观上的多种可能性，各自最终的抉择取决于形势的变化和两国目标偏好的集合。

二是在问题剖析上，本研究由表及里，更加深入地研究了当前中印理念战略对接面临的挑战，提出了新见解。既有文献已经关注到中印关系中存在着不少矛盾，本研究将这些矛盾总结为四个方面，即两国国际政治观的落差、长期存在的结构性矛盾、两国交往进程中的新问题以及体系层次干扰因素带来的问题，但这些大都是传统见解，而且适用于中印关系的一般研究，本研究则将分析往前推进了一步，阐明了这些问题如何传导到中印战略对接这一特殊问题上，进而提出了困扰中印战略对接五大挑战的新观点。

三是在推进中印战略对接的策略应对上，本研究也在前述分析的基础上，有的放矢地提出了极具现实针对性和实践可操作性的新观点。本研究认为，考虑到中印关系和中印战略对接的复杂性、长期性，推进中印两国理念战略对接要遵从四条基本原则，即发扬求同存异的历史经验、坚持渐进主义发展路径、树立建构主义新思维及不断培育壮大利益共同体等，只要将这些原则坚持贯彻下去，中印理念战略对接就能持续地得到推进。除了提出这一务虚层面的建议外，本研究还提出了解决中印对接矛盾与问题的具体建议，这些建议主要有四条，而每一条又有更为细化的支撑性举措：如第一条大的建议是推进两国理念目标趋同；其支撑举措又有三点，即加强中印两国身份、角色与对接目标的再定位，以国家整体利益观的视角处理双边利益关系和理性看待双边利益分歧，以及加强利益协调机制建设，以促进两国理念趋同的实现；第二条大的建议是提升中印对接伙伴关系管理，其支撑举措有五点，即将价值创造作为双边对接项目的核心评估标准，重视贸易合作在中印对接中的主体作用，建构推动产业和地区发展战略对接的激励保障机制，以促进双边投资合作，构建发展战略对接新规范，以调节双边战略对接进程中的冲突，以及发展多边框架战略对接，以减缓化解外部分化阻挠；第三条大的建议是防范印度"战略摇摆"中的对华"对冲"失控，其支撑举措有三点，即加强中印领土争端问题的危机管控与对冲管理；二是以开放包容精神拓展周边合作，避免与印度发生地区恶性竞争；三是加强大国协调，防范印度借势放大对华"对冲"战略"负能量"等；第四条大的建议是做好增信释疑的两国信息沟通工作，其支撑举措是，明确以增加相互信任作为双边信息沟通的努力目标，建立各有侧重、相互补充的信息传播系统和加强对网络媒体的监管和引导，加大对语言人才培养、译著和举办人文交流活动等各类基础性沟通交流工作的投入支持力度，以及促进社会各主体间的沟通交流等。

第一章
研究背景与国际对接的
理论分析

近年来，结合自身实践与需求，中国提出了以构建"人类命运共同体""一带一路"倡议等为代表的国际理念与国际合作方案，获得了联合国及众多国家的支持和响应。印度是中国的重要邻国，发展中印友好关系，实现两国在发展理念与战略上对接，既是中国获得更加广泛的国际认同、拓展国际合作的重要体现，有益于两国共同进步，其对亚太乃至世界的发展理念塑造、发展道路选择和发展前景走向，也将产生较大影响。目前，国内外学术界围绕中国理念、中国方案与中印战略对接等问题，虽已作了不少探索，但仍需在理论上予以进一步的充实完善，以为系统研究中印理念与战略对接实践问题提供基本分析框架。本部分旨在提出本课题的研究背景和分析的理论基础，重点是对国际对接的概念和机理进行分析阐述。

一、研究背景与研究动态

（一）研究背景与意义

中国的发展日益离不开世界，世界的发展也日益离不开中国。中国过去几十年的高增长，从外因上讲，得益于全球化带来了全新的合作机遇，中国由此抓住了发达国家产业转移的契机，通过引进海外资本、先进技术、优秀人才和管理经验等，借助海外市场的支撑，充分发挥自身劳动力比较优势，形成了以加工出口为特点的出口导向型发展模式，[①]经济总量和综合实力显著增强，人民生活水平不断改善，成为国际上举足轻重的新兴大国。同时，

---

① Christer Ljungwall, "Export-led Growth: Application to China's Provinces, 1978–2001", *Journal of Chinese Economic and Business Studies*, Vol.4, No.2, 2006, pp.109-126; Simon Sturn, "From internal imbalances to global imbalances: a survey on the causes of China's export-led growth", *China Economic Journal*, Vol.7, No.3, 2014, pp.320-342.

中国的经济飞跃和社会进步，也给世界注入了新的增长动力，[①]全球格局变得更加均衡合理。伴随中国与世界在经济、政治和文化上的交流融合等日渐加深，中国自身的命运前途已经与世界紧紧地联系到一起。[②]"一花独放不是春，百花齐放春满园"。在全球化、信息化时代，中国深深地意识到，世界各国已经自觉不自觉地结成了相互影响、相互促进及相互制约的命运共同体关系。由此，在总结中国自身发展实践经验的基础上，中国面向世界提出了以"新型大国关系""一带一路"倡议和"人类命运共同体"等为代表的一系列国际关系新理念与国际合作新方案，[③]向世界发出了友好合作的热切呼吁与积极倡议。

在中国大力拓展的对外交往合作中，印度占有独特而显要的位置，中印关系也具有非凡的意义。这不仅因为印度是南亚大国和中国周边邻国，有着灿烂辉煌的文明，两国间保持着源远流长的交往，还因为在中国以新兴大国之姿迈上国际舞台之际，印度也在同步崛起，成功跻身于最受瞩目的新兴市场国家行列，中印关系因此具有了超越双边性的地区和国际影响。[④]中国凭制造业的突出表现而被称为"世界工厂"，印度则因其软件服务业的出色成就而收获了"世界办公室"美誉，印度与中国一道，撑起了发展中大国走出贫困迈向增长繁荣的希望。[⑤]中印关系也从 20 世纪 80 年代起，在两国领导人的共同关心重视下快速升温，朝着务实合作的方向前进。从 2005 年中印联合声明第一次明确提出中印关系具有全球和战略意义起，此后的中印双边关系文件中，都明确将中印双边关系的意义提升至全球和战略层面上，提出中印关系将在 21 世纪的亚洲乃至全球发挥决

---

① Justin Yifu Lin, "China and the global economy", *China Economic Journal*, Vol.4, No.1, 2011, pp.1-14; Ming-Chieh Wang &Tai-Feng Chen, "Does the spillover of China's economic growth exist? Evidence from emerging markets", *The Journal of International Trade & Economic Development*, Vol.25, No.7, 2016, pp.992-1009.

② Annamária Artner, "Can China lead the change of the world?", *Third World Quarterly*, Vol.41, No.11, 2020, pp.1881-1899.

③ 庞金友：《百年大变局与中国方案》，《人民论坛·学术前沿》，2019 年第 7 期（上），第 21—30 页。

④ 张立、王学人：《从发展理论的视角看印度经济崛起》，《南亚研究季刊》，2010 年第 1 期，第 46—50 页。

⑤ 王学人：《中国与印度经济改革之比较》，《天府新论》，2008 年第 5 期，第 42—47 页。

定性作用。这体现出中印两国对对方以及双边关系的重要性认知已达成了共识。①事实上，作为发展阶段和发展目标相近的发展中大国，中印都有着争取良好发展环境的共同诉求，和平稳定的周边及国际环境，是满足两国实现快速发展的基本前提，这就决定了两国在相互关系确定上，只有走和平友好道路才是唯一正确的选择，②只有相互合作才符合两国的根本利益，两国也才能共同分享伙伴关系的多重红利，③在经贸交往和国际事务中取得丰硕成果，让双边关系迈向成熟稳定新阶段。④很显然，作为世界上两个幅员广阔、人口超过10亿之多的新兴大国，中印如果能够实现紧密的团结合作，无疑既能为双方带来重大发展机遇，也将对地区和全球经济政治格局产生根本性影响。这恰如2014年7月中国领导人所说，"中印用一个声音说话，全世界都会倾听"。⑤

2014年9月，中国国家主席习近平访问印度，在与新当选的印度总理莫迪的会谈中指出，中印两国发展目标一致，发展理念相似，发展战略契合，双方要深入对接发展战略，全面提升务实合作水平。⑥在此次访问中，中印两国领导人还达成重要共识，发表了联合声明，提出了构建中印更加紧密的发展伙伴关系的战略目标，指出两国各自的发展进程相互促进，决定实现优势互补，进一步夯实面向和平与繁荣的战略合作伙伴关系。⑦习近平主席此次重要访问和构建中印更加紧密的发展伙伴关系这一战略目标的提出，既为中印关系的未来发展指明了方向，也对国内学术界和实务部门等深入探索研

① 吴兆礼：《"发展伙伴关系"框架下的中印共识与分歧》，《中国社会科学报》，2015年6月10日。
② 曲凤杰：《建立新型大国关系中印应突破传统范式》，《中国经济导报》，2013年2月19日。
③ 张立：《中印关系可期：合作甚于冲突》，《南亚研究季刊》，2013年第3期，第87—88页。
④ 蓝建学：《中印关系迈向成熟稳定新阶段》，《时事报告》，2019年第11期，第44—45页。
⑤ 《习近平：中印用一个声音说话，全世界都会倾听》，新华网，2014年7月15日，http://www.xinhuanet.com/world/2014-07/15/c_126754985.htm。
⑥ 陈赟、刘华、王丰丰：《习近平同印度总理莫迪举行会谈》，新华网，2014年9月18日，http://www.xinhuanet.com/world/2014-09/18/c_1112539054.htm。
⑦ 《中华人民共和国和印度共和国关于构建更加紧密的发展伙伴关系联合声明》（全文），新华网，2014年9月19日，http://www.xinhuanet.com/world/2014-09/19/c_1112555977.htm。

究中印发展理念、发展战略和发展实践对接问题，提出了新的要求。尤其是如何将中国近年来提出的一系列新的国际关系理念和国际合作倡议，与印度的发展理念与发展战略等实现有机对接，从而让这些中国理念与中国方案更好地实践于中印互动，也就成为当前及未来一段时期内中印关系面临的新课题，具有重要的现实意义。

最为突出的意义在于，在中文语境中，"对接"概念相比"合作"概念要更加具体、形象，反映出对发展中印关系的要求更为积极和高远，加强对中印如何实现战略对接这一课题的研究，也就有利于从学术上积极探索出增进中印伙伴关系的新思路、新方法或新路径。对接超越了通常意义上的配合协调，意指准确、全面而深入的相互协调与协同；也是在预设目的或目标一致前提下的深度合作，它比权宜性、临时性合作等的层次要高得多；同时，对接概念也为新阶段深化中印关系提供了新的方法论。中印合作包罗万象，涉及方方面面的议题与事务，如何能将新阶段的中印合作推向新的高度呢？对接思想的提出则提供了答案。将中印理念和发展战略对接作为发展中印关系的抓手与切入点，可以纲举目张、统揽中印合作全局，有望取得事半功倍的效果。此外，在中国理念与中国方案脱胎自中国、走向世界、意欲造福于全人类的伟大实践征程中，印度也是难以绕开的重要国家。如何将其与印度的自身需求与利益结合起来，取得印度的理解、支持或积极参与，不仅是发展中印关系的需要，对提高中国的影响力和提升中国软实力也有积极帮助。

（二）国内外相关研究动态

1. 国际对接的理论研究刚刚起步

尽管"对接"一词近年频频出现于国内媒体报道和期刊论文之中，如2017年"一带一路"国际合作高峰论坛开幕式上中国领导人习近平提到了"对接"一词，[①] 古尔巴诺娃·娜塔丽娅、孙君健、黄梅波、张骥和陈志敏等国

---

① 习近平：《携手推进"一带一路"建设——在"一带一路"国际合作高峰论坛开幕式上的演讲》，《新华月报》，2017年第11期，第21—24页。

内外学者，^①均就中外对接问题展开了论述，但专门对"对接"概念展开学理性研究仍较少见。较早的研究见于国内学者庞中英的《论"一带一路"中的"国际对接"》一文，^②该文指出，"对接"是一个新的、尚待在社会科学意义上进行概念化的政策概念，需要围绕是什么、为什么以及怎么办等问题对"国际对接"概念展开研究。这篇文献创新性地提出了国际对接概念对于中国外交实践具有重大历史意义，以及构建国际对接理论所需要思考的相关重要问题。此后，国内学者程大为也针对"一带一路"议题中频频露面的"对接"概念继续展开了讨论，按主体和内容差异对其进行了分类，并从全球治理的角度将对接视为"国家或国际组织间所进行的自愿经济合作"，^③此文使对接概念的研究更为细致具体。国内学者岳鹏则试图给战略对接概念建构一个系统的理论框架，阐释了其内涵和历史渊源，认为实现战略"供需平衡"是战略对接建立和维持的关键所在，^④这篇文章还区分了战略对接关系的不同模式，强调了战略对接领域选择的重要性。

2. 中国理念、中国方案与印度发展理念、发展战略相关研究涵盖了其核心内容

中国近年面向国际社会提出了诸多中国版发展理念和发展方案。其中最有代表性的是"人类命运共同体"理念和"一带一路"倡议等。一些研究分别对"人类命运共同体"理念的提出背景、核心内涵、价值追求、时代意义

---

① 参见［俄］古尔巴诺娃·娜塔丽娅：《21世纪冰上丝绸之路：中俄北极航道战略对接研究》，《东北亚经济研究》，2017年第4期，第83—99页；孙君健：《澳大利亚与"海丝"倡议的对接及其前景》，《现代国际关系》，2017年第6期，第49—56页；黄梅波、张晓倩：《中非产能对接与非洲三网一化建设：合作基础及作用机制》，《国际论坛》，2016年第1期，第59—65页；张骥、陈志敏：《"一带一路"倡议的中欧对接：双层欧盟的视角》，《世界经济与政治》，2015年第11期，第36—52页。

② 庞中英：《论"一带一路"中的国际"对接"》，《探索与争鸣》，2016年第5期，第121—124页。

③ 程大为：《如何理解"一带一路"倡议中的"对接"策略》，《人民论坛》，2017年第6期（中），第84—86页。

④ 岳鹏：《论战略对接》，《国际观察》，2017年第5期，第44—59页。

和国际贡献等展开了论述，论证了该理念的正确性、先进性和价值普适性。[①]
一些文献还提出，在全球问题挑战日渐凸显的当代，构建人类命运共同体也
是中国版全球治理新方案。[②]与"人类命运共同体"理念的抽象性、宏大性
相比，"一带一路"倡议更加有形具体，它既是前者的体现之一，也是一项
包含了众多实际内容的大方案、大规划、大项目。有关"一带一路"倡议的
国内文献主要探讨其提出的背景、战略意义、风险挑战与实施建议等，[③]并
强调其国际公共品属性和全球治理方案特点，[④]而国外文献则较多地将其视
为体现了中国雄心的地缘政治经济大战略。[⑤]丰富的国内文献虽然充实了中
国理念（方案）的学理研究，但却缺少他者视角的研究，尤其是对如何获得
国外认同、能否顺利融入国外主流理念和价值观等问题，着墨不多。国外的
文献则过于强调中国理念（方案）的政治性、战略性，较为欠缺从纯粹经济

① 郝立新、周康林：《构建人类命运共同体——全球治理的中国方案》，《马克思主义与现实》，2017 年第 6 期，第 1—7 页；廖凡：《全球治理背景下人类命运共同体的阐释与构建》，《中国法学》，2018 年第 5 期，第 41—60 页；肖河：《中国外交的价值追求——"人类共同价值"框架下的理念分析》，《世界经济与政治》，2017 年第 7 期，第 4—20 页；王思林：《中国道路、方案的形成、逻辑及时代价值》，《浙江社会科学》，2018 年第 2 期，第 4—11 页；王秋怡：《全球治理中的中国方案及其贡献》，《当代世界》，2018 年第 4 期，第 54—57 页。

② 吴晓明：《"中国方案"开启全球治理的新文明类型》，《中国社会科学》，2017 年第 10 期，第 6—17 页。

③ 王辑思：《"西进"，中国地缘战略再平衡》，《环球时报》，2012 年 10 月 17 日；高飞：《中国的"西进"战略与中美俄中亚博弈》，《外交评论》，2013 年第 5 期，第 39—50 页；袁新涛：《"一带一路"建设的国家战略分析》，《理论月刊》，2014 年第 11 期，第 5—9 页；薛力：《中国"一带一路"倡议面对的外交风险》，《国际经济评论》，2015 年第 2 期，第 68—79 页；李向阳：《构建"一带一路"需要优先处理的关系》，《国际经济评论》，2015 年第 1 期，第 54—63 页；李向阳：《"一带一路"：区域主义还是多边主义？》，《世界经济与政治》，2018 年第 3 期，第 34—46 页；李向阳：《亚洲区域经济一体化的"缺位"与"一带一路"的发展导向》，《中国社会科学》，2018 年第 8 期，第 33—43 页。

④ 刘阿明：《中国地区合作新理念—区域全面经济伙伴关系与"一带一路"倡议的视角》，《社会科学》，2018 年第 9 期，第 30—39 页；黄河：《公共产品视角下的一带一路》，《世界经济与政治》，2015 年第 6 期，第 138—155 页。

⑤ Vijay Kumar Kaul, "China's Empire Building Strategy: Belt-Road Initiative, Creating New Financial Institutions, and Aggressive Foreign Policy". September 14, 2017. https://ssrn.com/abstract=3036821.

视角展开的解读分析。

印度作为巨型发展中国家，其理念与发展战略与中国有着诸多共通之处。印度学者格·布哈勒论述了印度自独立以来到20世纪80年代这30年间的发展战略变化，指出印度发展战略的实质仍是力求实现经济上的独立自主。[①] 国内学者刘兴华分析了印度在深度融入全球化和不断崛起的背景下对于全球治理所持有的理念特点，认为它既有对多边主义和国际关系民主化的倡导，也有对国家自主性和独立性的坚持，这与同作为大国的中国高度一致。[②] 印度对自主性的重视，在其长期奉行的不结盟政策中得到深刻反映。[③]21世纪以来，印度在对外政策上变得更加积极主动，推动实施"东向"和"东进"战略，[④] 发布了《不结盟2.0》报告，[⑤] 在国际舞台上变得更为活跃。[⑥]2014年莫迪上台后，印度内政外交表现出加速推进和积极进取之势，这在诸多文献中得到反映。[⑦] 这些文献表明，同属于发展中国家的中国和印度，在发展理念、发展梦想和发展战略上都有相似相近之处。

---

① ［印度］格·布哈勒：《印度发展战略的演变》，沈若愚译，《国际经济评论》，1982年第9期，第58—63页。

② 刘兴华：《印度的全球治理理念》，《南开学报》（哲学社会科学版），2012年第6期，第47—54页。

③ Srinivasan Krishnan , *Diplomatic Channels*. New Delhi: Manohar Publishers and Distributors, 2012.

④ 李莉：《印度东进战略与印太外交》，《现代国际关系》，2018年第1期，第37—45页。

⑤ Khilnani Sunil, *Nonalignment 2.0: A Foreign And Strategic Policy For India In The 21st Century*, New Dehli: Penguin Books India Pvt Ltd, 2014.

⑥ Ogden Chris, *Hindu Nationalism and the Evolution of Contemporary Indian Security: Portents of Power*. New Delhi: Oxford University Press. 2014; Sumit Ganguly (ed.), India's Foreign Policy: Retrospect and Prospect. New Delhi: Oxford University Press, 2010; David Brewster, "Indian Strategic Thinking About the Indian Ocean: Striving Towards Strategic Leadership", India Review, Vol.14, No.2, 2015, pp.221—237.

⑦ Thakur Ramesh, *The Politics and Economics of India's Foreign Policy*, London: Hurst and Company, 1994; Ganguly Sumit (ed.), India's Foreign Policy: Retrospect and Prospect. New Dehli: Oxford University Pesss,2010;任远喆：《印度外交理念的演进与莫迪政府外交变革初探》，《太平洋学报》，2017年第10期，第38—48页；叶海林：《当代中印关系研究：理论创新与战略选择》，北京：社会科学文献出版社，2018年。

3. 关于中印战略对接问题的文献在基本观点上存在明显分歧

国外文献大多从竞争与合作并存的角度定义当前中印关系，^①甚至认为中印处于"冷和平"状态。^②由于印度正处于"一带一路"倡议沿线重要地带，因此也出现了不少探讨中印在"一带一路"倡议下进行对接问题的文献。国内学者张力认为，印度是"一带一路"倡议特别是"21世纪海上丝绸之路"计划必须面向的主要国家，摸清印度的反应非常重要。^③而印度各界对此分歧较大，^④既有观点认为其为印度经济发展带来了重大机遇，^⑤也有观点认为其将导致中国更大程度地进入印度的南亚"后院"，为印度带来长远战略忧患。^⑥

---

① Praagh D. Van, *The Greater Game: India's Race with Destiny and China*, Montreal: McGill-Queen's University Press. 2003; Renaud Egreteau, "The China–India Rivalry Reconceptualized", *Asian Journal of Political Science*, Vol.20, No.1, 2012, pp.1-22; R.Madhav, *Uneasy neighbours (India and China after 50 years of the war)*. New Delhi: Har-Anand Publications, 2014; Takenori Horimoto, "Ambivalent Relations of India and China: Cooperation and Caution", *Journal of Contemporary East Asia Studies*, Vol.3, No.2, 2014, pp.61-92; J.Smith, *Cold peace: China-India rivalry in the twenty-first century*, Plymouth: Lexington Books, 2014; K.Bajpai, H.Jing & K.Mahbubani, *China–India relations: Cooperation and conflict (Routledge contemporary Asia series)*, Abingdon: Routledge, 2016; Pant Harsh V, "Rising China in India's vicinity: a rivalry takes shape in Asia", *Cambridge Review of International Affairs*, Vol.29, No.2, 2016, pp.364-381; Rahul Roy-Chaudhury, "India's perspective towards China in their shared South Asian neighborhood: cooperation versus competition", *Contemporary Politics*, Vol.24, No.1, 2018, pp.98-112; Schunz Simon, Gstöhl Sieglinde & Langenhove Luk Van, "Between cooperation and competition: major powers in shared neighbourhoods", *Contemporary Politics*, Vol.24, No.1, 2018, pp.1-13.

② Smith Jeff M., *Cold peace: China-India rivalry in the twenty-first century*, Lanham, MD: Lexington Books. 2013; Paul T.V. (ed.), *The China-India rivalry in the globalization era*, Washington: Georgetown University Press, 2018.

③ 张力：《从"海丝路"互动透视中印海上安全关系》，《南亚研究季刊》，2016年第4期，第1—8页。

④ 林民旺：《印度对"一带一路"的认知及中国的政策选择》，《世界经济与政治》，2015年5月期，第42—57页。

⑤ Sakhuja Vijay, "Xi Jinping and the Maritime Silk Road: The Indian Dilemma", #4662, http://www.ipcs.org/article/china/xi-jinping-and-the-maritime-silk-road-the-indian-dilemma-4662.html15 .September 2014.

⑥ Singh Abhijit, "Rebalancing India's Maritime Posture in the Indo-Pacific", September 5, 2014, http://thediplomat.com/2014/09/rebalancing-indias-maritime-posture-in-the-indo-pacific/; Singh Abhijit, "China's Maritime Silk Route: Implications For India-Analysis", July 21, 2014, http://www.idsa.in/idsacomments/ChinasMaritimeSilkRoute_AbhijitSingh_160714.html. IDSA.

在中印战略是否可以对接问题上，国内学者胡仕胜、陈菲等认为，印度的"季风计划"与中国的"海丝路"构想存在着巨大的合作及共建共享倡议空间，两者都是着力推动地区合作平台与机制的建立，完全可实现对接共赢。[①]然而，国内学者冯传禄等却对此表示怀疑。[②]国内学者朱翠萍认为，"一带一路"倡议在南亚方向推进需要克服的最大障碍和难点就是印度。[③]这些研究表明，如何克服印度对"一带一路"倡议的疑虑、抵制或如何在印度反对的前提下灵活推进"一带一路"倡议实施，仍需下功夫深入钻研。

在上述理论研究的基础上，本课题旨在围绕中印两国理念战略对接问题展开更为系统深入的探索。本课题的总体研究对象为：中国理念、中国方案与印度发展理念、发展战略进行对接的需求、挑战与应对策略。具体对象包括以下三个方面：（1）本课题所指的中国理念、中国方案和印度发展理念、发展战略等概念的实际含义；（2）国际对接这一概念在本课题中所代表的含义；（3）中印在理念和战略上进行对接的现实需求、对接目标及其具体任务，以及面临的挑战，最后提出推进中印战略对接的策略建议。

为此，本课题构建了以下由六方面内容组成的研究框架。第一部分是研究背景和理论基础，旨在提出本课题的研究背景和分析的理论基础，重点是对国际对接的概念和机理进行分析阐述；第二部分是介绍中国理念与中国方案的蕴含与特点，旨在从中国发展建设和对外交往的角度，阐述中国理念与中国方案的提出背景与生成逻辑及其基本蕴含；第三部分是介绍印度发展理念与发展战略的演变及特点，主要是根据印度独立以来的发展实践，扼要归纳印度在三个主要阶段的经济外交战略选择及其特点；第四部分是分析中印理念战略对接的需求、目标与模式，重点是论证两国对接的需求基础，提出两国对接的实现目标、重点任务和实施模式等；第五部分是分析中印理念战略对接面临的挑战，提出阻碍两国理念战略对接的主要因素以及两国需要克

---

① 胡仕胜：《"海上丝路"与"季风计划"的对接空间》，新华网，2015年3月16日，http://news.xinhuanet.com/globe/2015-03/16/c_134064582.htm，2020年3月27日；陈菲：《"一带一路"与印度"季风计划"的战略对接研究》，《国际展望》，2015年第6期，第15—32页。

② 冯传禄：《"一带一路"与"季风计划"战略对接：有效政策选项抑或伪命题》，《南亚研究》，2016年第2期，第44—66页。

③ 朱翠萍：《印度洋安全局势与中印面临的"合作困境"》，《南亚研究》，2014年第3期，第1—13页。

服的几大具体挑战；第六部分是提出推进中印战略对接的策略建议，着重从明确两国发展战略对接的指导原则、推进两国理念目标的趋同、提升对接伙伴关系管理、防范印度"战略摇摆"中的对华"对冲"失控以及做好增信释疑的信息沟通工作等五个方面提出若干具体的实务操作建议。

二、研究对象界定

为了避免引起歧义，有必要首先对本课题所指的"中国理念、中国方案"和"印度发展理念、发展战略"以及"战略对接"等核心概念的实际涵义作出明确界定，重点是要对"战略对接"这一较为新颖的热门概念展开学理性阐释，以为后续论证分析提供支撑。

（一）中国理念与中国方案

目前，国内学术界对于中国理念与中国方案这两个概念，鲜少作出专门性探讨与界定，大多将其视为顾名思义、不证自明的两个名词。所谓"理念"，按照《辞海》解释，有两条意思：一是"看法、思想、思维活动的结果"，二是"理论、观念（希腊文 idea），通常指思想，有时亦指表象或客观事物在人脑里留下的概括的形象；①所谓"方案"，按照《现代汉语词典》的解释，通常是指"工作的计划"以及"制定的法式"。②加上"中国"这一前缀，"中国理念"应当就是指源自中国而产生或提出的看法、观念与思想，"中国方案"则是指源自中国提出的"工作计划"或"工作规则""工作规范"。在本课题中，"中国理念"与"中国方案"主要是属于国际关系学、国际政治学或外交学意义上的概念，着重显示出其源自中国的独有、创新属性，是中国在参与国际事务活动中提出的观念、看法、思想、战略主张以及行动计划等的统称。

更进一步讲，本课题所指的"中国理念与中国方案"具有两个层面的含义：一个是广义层面的概念，泛指当代中国在参与国际事务的进程中，面向世界提出的中国见解与中国主张。这也属于"中国理念"与"中国方案"

---

① 夏征农：《辞海》，上海辞书出版社，1989年，第1367页。
② 中国社会科学院语言研究所词典编辑室：《现代汉语词典》（修订本），北京：商务印书馆，1999年，第353页。

概念的题中应有之义。实际上，自中华人民共和国成立以来，当代中国在融入国际社会并履行国际义务的同时，就已经向国际社会贡献了不少中国理念与中国方案，如提出建立国际政治经济新秩序，身体力行地反对各种形式的霸权主义，坚决支持反对恐怖主义和反对核扩散，明确提出中国走和平发展道路的战略选择，以及积极参与国际金融危机、气候问题和联合国维和问题应对等；[①] 另一个是狭义层面的概念，主要指近年来在当代中国深度参与国际事务和全球治理的进程中，由中国领导人面向世界提出的一系列关于新型世界秩序和国际关系的建设性新理念新方案，这些正处于积极生成过程中的新理念、新方案，主要包括 "新型大国关系" "一带一路" 倡议以及 "人类命运共同体" 等内容。[②] 由于近年来引起国际国内广泛瞩目和热议的，也正是狭义层面的这些新理念、新方案，因此，本研究中的中国理念与中国方案，主要也是指近年来中国提出的狭义上的国际关系新理念与国际事务新方案。

从其表现形式看，在中国领导人或中国官方机构面向世界提出的这些中国理念与中国方案中，既有中国大力支持弘扬的观念、思想与规范等务虚层面的认识见解，同时这些理念还通过较具可操作性的政策指南、战略谋划与行动纲领等得以具体表现，因此，中国理念与中国方案实际上也是中国外交理念与外交战略的统一体，是代表中国国家意志的价值观、世界观与实践观的集中体现。根据其涉及领域的不同，还可将其细分为不同类型，比如在发展议题上，就有中国发展理念与中国发展战略方案；在全球治理议题上，就有中国全球治理理念与中国全球治理方案；在安全议题上，就有中国安全理念与中国安全合作方案等。诸如此类，不一而论。

（二）印度发展理念与发展战略

"发展理念" 与 "发展战略" 也是人们耳熟能详的两个名词，它最常见于经济学学科领域。尤其是在第二次世界大战后初期的50—70年代间，发展经济学处于鼎盛期，出现了大量探讨发展中国家的 "发展问题" 相关学术

---

① 郭树勇：《中国梦、世界梦与新国际主义——关于中国梦的几个理论问题的探讨》，《国际观察》，2014年第3期，第1—16页。

② 吴晓明：《 "中国方案" 开启全球治理的新文明类型》，《中国社会科学》，2017年第10期，第6—17页。

成果，^①使得"发展理念"与"发展战略"一词逐渐流行开来，成为观察分析诸多发展中国家内政外交政策与战略的重要切入点。

这里的"发展理念"，通常就是指一国为促进本国经济增长与发展，而赖以作为政策制定依据和指南的哲学、思想与观念的统称。但需指出的是，对"发展"一词的应用远非局限于经济学领域，它实际上是一个大大超出了经济学范畴的综合性概念。按照《现代汉语词典》的解释，"发展"具有两层意思：一是"事物由小到大、由简单到复杂、由低级到高级"的变化，二是"扩大组织或规模"等。^②换言之，"发展"问题实际上既包括了经济增长与经济实力提高，也包括了政治、外交、社会或文化等国家其他各方面事业的进步，因此，"发展理念"作为一个综合性概念，它既是指一个国家在处理内政问题上所秉持的哲学理念与政策思想等，也涵盖了一国为促进自身发展进步而在外交上所提供或遵行的观念、主张与规范等。

"发展战略"一词，从字面上理解，则是指旨在促进发展而制定的各种战略的统称。这里的"战略"，其本来意思是指"指导战争全局的计划和策略"，^③引申开来，则用以比喻"具有全局性意义"的策略，意指人们对行动或事件的系统性、前瞻性谋划或周密部署等，这种谋划通常具有重大而深远性影响。战略一词也因此而具有形容性色彩，用以体现事件或行为本身的重要价值，即"战略性"系与战术性、策略性相对而论，前者体现全局性、长远性，而后者则反映局部性、临时性或应急性等特征。

通常而论，大多数处于正常运行而非混乱动荡状态下的国家，都要面临发展理念与发展战略选择问题，并作出明确的回答。对于像中国或印度这样的大国而言，发展理念的树立与发展战略的制定，就更是国家宏观管理的核心事务之一。比如是以采用计划模式为主导还是市场模式为主导，是采取进口替代战略还是出口导向战略，是结盟还是不结盟，这些都需要国家作出抉择，并在此基础上制定相应的经济与外交政策。换言之，印度发展理念与发展战略，就是指印度在其发展过程中所确定的各种政策指导思想、政策规范、

---

① Toye John & Frankel Herbert, "From Colonial Economics to Development Economics", *Oxford Development Studies*, Vol.37, No.2, 2009, pp.171-182; W. Ruttan Vernon, "The new growth theory and development economics: A survey", *The Journal of Development Studies*, Vol.35, No.2, 1998, pp.1-26.

② 中国社会科学院语言研究所词典编辑室:《现代汉语词典》(修订本)，第340页。

③ 夏征农:《辞海》，第1583页。

政策路线与发展规划和发展方案等的统称。印度的这些发展理念与发展战略，从范畴和外延上讲，同样涵盖了其内政与外交两大方面的丰富内容，以共同服从于推动印度在国际大环境中力求实现健康快速发展的目标需要。在本课题研究中，基于研究目的和控制篇幅的考虑，也主要通过对印度经济发展和印度外交两大领域的理念战略考察，来具体界定并展示印度发展理念及发展战略的基本内涵与总体特征。

（三）国际战略对接

1. "国际战略对接"概念的渊源与提出

"对接"是中国人十分熟悉的一个概念。查阅《现代汉语词典》可知，"对接"通常是指两个或两个以上航行中的航天器（航天飞机、宇宙飞船等）靠拢后接合成为一体。[①] 这是对接一词的原始含义。引申到社会科学领域，"对接"一词就是将原词义中的航天器等物替换为各类社会行为体，指两个或两个以上社会行为体进行靠拢和接合等。

将"对接"与前述的"战略"这两个概念合到一起，产生了"战略对接"概念。基于战略概念本身的双重性，可以将战略对接理解为两个层面的含义：一是战略的对接，即不同行为体各自的战略之间的对接；二是战略性对接，即不同行为体基于战略性目的或目标的考虑，而展开相互对接行动。这两种含义都符合战略对接的本质表述，即着眼于重大而长远的考量、安排以及利益等，而实施的靠拢接合行动；即战略间的对接本身，也具有战略性价值，应当基于战略眼光或战略意图来看待行为体之间的各种战略之间的对接。

"国际战略对接"则是将战略对接概念拓展到国际关系或国际事务领域而出现的新术语。按字面意义理解，就是指发生在不同国家之间的两个或多个行为体的战略对接现象或战略对接行为的统称。据考证，[②] 国际关系领域中最早出现的"战略对接"概念，应是由 2013 年 3 月中国国家主席习近平访俄时提出的，他在莫斯科国际关系学院发表的演讲中表示，"（中俄）两国正积极推动各自国家和地区发展战略相互对接，不断创造出更多利益契合

---

① 中国社会科学院语言研究所词典编辑室：《现代汉语词典》（修订本），第 318 页。
② 陈杰：《"一带一路"框架下的战略对接研究》，《国际观察》，2019 年第 5 期，第 26—51 页。

点和合作增长点"。① 此后，习近平主席又相继提出了"一带一路"倡议，战略对接概念则在此背景下日渐流行，频频出现于报刊和论著中，逐渐引发国内学界的进一步关注与研究。

国内学者庞中英在 2016 年刊文指出，尽管对接一词已大量用于以"一带一路"倡议为代表的中国对外经济政策和外交政策中，但对接一词却仍无清晰的定义，关于为何对接、如何对接等问题也缺少分析。② 他认为，中国官方语境中的对接，主要是指由中国发出倡议的双边对接，具体是指双边就同类或者类似计划、政策进行对话、磋（协）商、协调与合作等，它意味着中国通过主动去谈判和协商，而不是别的强制手段，化解不同的发展战略之间的差异，这既是中国向国际表达善意，同时也符合国际关系的通行做法，具有重大的历史意义。

国内学者王存刚也在同年发表文章，着重从国家发展战略的角度探讨了国际战略对接的内涵与意义等。③ 他指出，战略对接是国家在新的历史时期扩大开放和加强国际合作的新形式，强调不同国家在宏观发展层面的理念、目标与规划的相互协同配合，以及深化相互间在制度规则、基础设施建设和产业经营等方面的合作发展。战略对接以主权平等、互相尊重理解为前提；以合作过程中的相互支持帮助和发挥互补效应为基本路径；以扩大相互利益融合、实现互利共赢和共同发展为主要目标。在他看来，理解国际战略对接一词的关键，在于它注重尊重对方，而不是搞历史上曾经有过的霸权压迫与殖民强制。国际战略对接的好处也是多方面的，包括扩大国家间的利益契合点与重合度、增加各国国家机构之间互动的频度与深度、夯实国家间良性互动的社会和民意基础以及实现国家间战略关系的长期稳定等。

此后，还有一些国内学者从机制协调、行为模式特征以及表现方式等角度围绕国际战略的概念展开了论述，指出国际战略对接涉及国家行为体要建立相应的合作机制，以此处理相互间的矛盾分歧，从而促进长期合作和共同

---

① 《顺应时代前进潮流　促进世界和平发展——习近平在莫斯科国际关系学院的演讲》，《人民日报》（海外版），2013 年 3 月 25 日。

② 庞中英：《论"一带一路"中的国际"对接"》，《探索与争鸣》，2016 年第 5 期，第 121—124 页。

③ 王存刚：《国家发展战略对接与新型国际关系构建——以中国的"一带一路"倡议为例》，《中国战略报告》，2016 年第 2 期，第 305—322 页。

进步，^① 从行为模式上看，国际战略对接通常是指国家在超越国家主权管辖权以外的区域合作领域，通过相互磨合和调适，实现一种比普通合作层次更高的"高阶"式合作，^② 从表现方式上看，国际战略对接主要是指国际体系内不同行为体基于自愿和战略共识基础，通过政策协调形成制度安排，进而通过项目合作而加以具体落实，由此表现出来的一种"非零和"式国际合作。^③

2. 国际战略对接概念与其他近似概念的比较

综合上述各种定义看，可以将国际战略对接理解为国际合作现象的一种。它既是一种合作状态，也是一种合作过程，这是就其本质而论，可以看出的两者共同点。但是，很显然它又与国际广泛使用的国际合作概念有着细微的差别。这主要体现在它不是泛泛性的国际合作，即囊括各类国际事务、以及缺少明确施动主体的那种国际性相互协调配合行动。战略对接概念更加强调对接双方的能动性，它带有寻求双方有意识地朝着某个战略方向或战略目标趋近的含义在内，这种战略方向或战略目标是内生于双方各自的国内需求，不是对方强加或外来强加的，而是双方基于自身利益而作出的战略抉择；另外，这种合作对于行为体而言，通常更具战略意义和战略价值，这使得它有别于一般性的国际事务合作。因此，将国际战略对接一词与国际合作区分开来使用也就恰如其分。

国际战略对接与国际协调概念也有内在的关联与明显的区别。一方面，国际战略对接本身就包括国际协调行为在内；在对接的过程中，跨国行为体之间会进行反复的沟通与相互调整，以此促进双方行为与结果的一致性与合意性；^④ 协调在此可以被视为迈向对接的必经之路；但另一方面，这两个概念却又各有主要所指：国际协调并不一定以对接为目的，它适用的范围和领域更大更广，它也可以缓解或中止国际冲突为目的，而未必寻求促使双方朝着某个明确方向趋近和形成合力。这样，国际协调也不能取代战略对接一词，

① 岳鹏：《供需平衡原则对国家间战略对接成败的影响》，《国际关系研究》，2015年第6期，第40—55页。

② 卢光盛、段涛：《"一带一路"视阈下的战略对接研究——以中国—中南半岛经济走廊为例》，《思想战线》，2017年第6期，第160页。

③ 陈杰：《"一带一路"框架下的战略对接研究》，第26—51页。

④ Josh Ederington, "International Coordination of Trade and Domestic Policies", *American Economic Review*, Vol.91, No.5, 2001, pp.1580-1593.

战略对接一词指向更加具体，协调的动机和目的更加清晰。

与国际战略对接较为相关的另一个概念是"国际结盟"或"国际联盟"。这里也需认清两者的关系。国家间进行战略对接，既可能会导致双方走向结盟关系，但也可能仅仅停留于战略合作层面而止步不前。建立联盟往往基于共同的重大利益或重大威胁，[①]特别是对后者而论，它要求有具体的威胁对象，而且联盟要求双方按照正式约规定，交出相应的自由行动权，尤其是在面临重大危险之际，需要双方实行一体化合作、作出一体化响应，这涉及对盟国各方主权的重大让渡。而战略对接却可以不涉及这类问题，它对双方合作协调的层次和深度性等方面的要求，要低得多，也简单得多。即联盟通常包括双方在经济和安全战略上的深度对接捆绑，但是战略对接却未必需要涵盖到如此复杂的地步。从国家间关系亲密度的光谱看，如果说联盟关系处于最为亲密的最右端，那么国际战略对接概念要中性得多，大致处于光谱的中间偏右部分。

3. 国际战略对接概念的要素与范畴

对国际战略对接概念的理解，还可以从其内涵要素和外延来展开。

一般国际战略对接至少包括三方面要素：一是国际战略对接的主体；二是国际战略对接的对象，即各方需要对接的具体内容；三是国际战略对接的目的与宗旨。从主体来看，国际战略对接应当包括各类国家或非国家行为体。而国家或准国家行为体，因其在当代国际事务中仍扮演着核心角色，承担着国家发展战略、外交战略以及国际交往合作规则等的制定等任务，因而也是当前国际战略对接的核心承担主体；从对接对象上看，它是各行为体在各自重要发展战略上的对接，这些发展战略既包括经济发展战略，也包括外交战略以及国际治理战略等。基于这一点，也有学者提出，国际战略对接的前提应当是对方国家拥有自己的发展战略，在这个前提下，双方才考虑进行契合点的沟通和推进。[②]这也是战略对接不同于一般国际合作的地方，因为某些国际合作可以是全新的，或者在国际组织的倡议下进行，如在联合国或国际

---

① Walt Stephen, *The Origins of Alliances*, Ithaca and London: Comell University Press, 1987.

② 程大为：《如何理解"一带一路"倡议中的"对接"策略》，《人民论坛》，2017年第17期，第84—86页。

货币基金组织的倡导下，各方就安全事务或金融事务展开协调对话与联合行动，而战略对接则侧重研究双方就已有的战略规划或战略设想展开一致性行动沟通；从战略的目的与宗旨看，战略对接以符合双方自愿和共同利益为目的，而不寻求单方获利与发展，所以战略对接不能通过强压的方式实现，必须尊重对方的自主权，双方展开平等的对话沟通，在此基础上达成合作共识，谋求合作成果的共享。

从外延看，国际战略对接包括的范畴十分为广泛；从主体看，包括政府对接、企业对接和社会组织对接等；从内容看，包括理念对接、政策对接、业务对接和利益对接；从环节看，包括事前、事中和事后对接等。

总之，国际战略对接这一概念的提出有其深刻的历史必然性，它顺应了当代国际合作不断发展的新形势，对促进国际友好交往和构建包容发展的国际关系具有积极的时代意义。

三、国际战略对接的理论基础

理论的主要功能，是从宏观性、普遍性和抽象性的角度对现象提出解释，理论通常源自实践，同时又可以指导实践。国际政治学中的国际机制理论等、国际经济学中的市场分工论以及一体化合作理论等，均有助于阐释国际战略对接现象的出现，但从根本上看，国际战略对接概念的提出，与中国学者近年来强调的国际共生论有着更加密切的联系，实际上是国际共生论思想在中国对外交往合作实践中的具体体现。

（一）国际合作的政治学理论

在西方主流国际关系学的三大流派中，现实主义着重强调权力与利益的争夺，以零和博弈思维看待国家之间的行为互动，在国际合作问题上提出了著名的霸权合作论，[1] 认为国际权力结构决定国家行为，是霸权国家的存在，才具备了推动国际合作的实力与条件，创造了国际合作的制度与环境；霸权

---

① Graham Good, "The Hegemony of Theory", *University of Toronto Quarterly*, Vol.65, No.3, 1996, pp.534-555; Ikenberry John, Mastanduno Michael & Wohlforth William, "Introduction Unipolarity, State Behavior, and Systemic Consequences", *World Politics*, Vol.61, No.1, 2009, pp. 1-27.

合作的目的在于依托霸权的实力，营造有序的氛围，改变国际无政府状态带来的混乱，从中谋取稳定及霸权收益。而一旦霸权国家衰落，那么国际合作就很难持续下去，很可能重新退回到无序纷争的状态。尽管"霸权稳定论"受到后来的新自由制度主义学者的批评，认为霸权之后合作未必就会崩塌，但是，"霸权稳定论"对于理解国际合作仍不无裨益，它指出了重要的一点，那就是国际合作离不开积极的引领者和开创者角色，它需要有类似霸权国家这样的行为体存在，从而在秩序构建和国际合作中发挥倡导或能动作用。

建构主义是相对新兴的流派，主张不能过度陷入物质主义思维陷阱，而因此忽视了意识对国际关系的影响。[1]建构主义强调，认知与社会互动在塑造国际关系身份、建构国际互动规范以及左右国际社会秩序等方面扮演着重要角色；是将对方作为合作伙伴或是竞争对手，取决于相互的身份认知与认同。在合作问题上，建构主义认为，国际合作能否发生并持续进行，取决于国家之间能够形成集体身份的共有观念与文化结构。而这种共有观念与文化结构的形成，既有赖于个体层次上的认知形成，也与双方在互动进程中的实践交往有关，也即结构与进程是影响共有观念塑造、进而决定国际合作与否的关键变量。[2]

相比这两大流派，自由主义对国际合作的态度最为积极，以相对乐观的心态看待国家间的合作。尤其是冷战结束以后，伴随全球化浪潮的复兴以及西方主导下的自由主义国际秩序逐渐席卷全球，自由主义在解释国际合作的发展上发挥了旗手引领作用。其中国际机制主义合作论和功能主义合作论等，[3]堪称最有影响力的国际政治合作理论。自由主义注意到，各种商品、

---

[1]　Wendt Alexander, "Anarchy is what states make of it: The social construction of power politics", *International Organization*, Vol.46, No.2, 1992, pp.391-425; Wendt Alexander, "Constructing International Politics," *International Security*, Vol.20, No.1, 1995, pp. 71-81.

[2]　M.Zürn & J. T.Checkel, "Getting Socialized to Build Bridges: Constructivism and Rationalism, Europe and the Nation-State", *International Organization*, Vol.59, No.4, 2005, pp.1045-1079.

[3]　Joseph M Grieco, "Anarchy and the limits of cooperation: a realist critique of the newest liberal institutionalism", *International Organization*, Vol.42, No.3,1988, pp.485-507; Moravcsik Andrew, "Liberal International Relations Theory: A Scientific Assessment," in Colins Elman & Miriam Fendius Elman eds., *Progress in International Relations Theory*, Cambridge , Mass. : MIT Press, 2003, pp.159-204.

资本、人员和信息流动等国际交往不断加快增多，各国的相互依赖程度不断增强，合作的共同利益愈发明显，但对于自私、理性和天生追求利益的国家个体而言，国际合作却不会自动发生。而国际机制的出现和存在，则有助于避免合作困境、促进国际合作的实现。① 这是因为国际机制具有特殊的功能，可以降低国家间进行合作所赖以依靠的制定和实施合作协议的成本，稳定各方行为预期（制度可以预先设定对违约行为的惩戒），并为国际磋商谈判提供畅通的平台管道，同时国际机制蕴含的内在理念和规范也可以塑造国际行为体的价值观和行为模式等，② 因而国际机制赋予了国家进行合作的能力，并使得各方共同受益。③

（二）国际合作的经济学理论

在经济学中，以国际贸易、国际投资和国际金融等为主要内容的国际经济活动，属于自古以来最有活力的国际合作现象之一。著名的古代"丝绸之路"，就是一条商路，属于早期互通有无的国际贸易合作。④ 后来随着国际贸易等的不断扩大，古典经济学又从市场分工的角度给予了解释，认为不断扩大的社会分工，有助于通过熟练度的提高和学习效应的发挥，不断提高生产效率，刺激创新发明，扩大的市场交换又为生产提供了市场需求，市场的优胜劣汰机制，也同样激发了生产创新的动力，所有这些因素合力作用的结果，就是增进了社会总福利，推动了经济蓬勃增长，各国都从中受益。特别是对市场规模有限的中小国家而言，借助国际贸易和国际投资渠道，融入更加广阔的国际市场，可以有效破除自身市场狭小的先天不足，取得更好的发展绩效。对于大国而言，融入国际市场也有利于引入竞争，更加充分地发挥自身比较优势，提高生产率和社会总福利。

当代困扰国际经济合作的一个重大障碍是政治分割问题，即经济逻辑要

---

① 李格琴：《西方国际合作理论研究述评》，《山东社会科学》，2008 年第 7 期，第 134—139 页。

② ［美］罗伯特·基欧汉：《国际制度：相互依赖有效吗？》，门洪华译，《国际论坛》，2000 年第 2 期，第 77—80 页。

③ ［美］罗伯特·基欧汉：《霸权之后——世界政治经济中的合作与纷争》，苏长和等译，上海人民出版社，2001 年。

④ Millward James A, *The Silk Road: A Very Short Introduction*, New York：Oxford University Press, 2013.

求的市场全球一体化与政治逻辑要求的国家主权独立自主，这两者间存在着一定的紧张关系。在此背景下，国际经济学在国际经济合作理论上取得了突出进展，有关经济一体化的阶段推进论等对如何稳步推动国际合作起到了积极的参考作用。

经济一体化理论主要着眼于从各国经济政策趋同程度来界定经济一体化的发展进程，并根据各国政策一致性程度的不同划分为从低级向高级不断演进的动态过程。如加拿大经济学者将各国经济一体化划分为 6 种形式，即特惠关税区、自由贸易区（FTA）、关税同盟、共同市场、经济同盟和完全的经济一体化，[①] 而最为知名的是美国经济学家贝拉·巴拉萨 (Balassa bela) 在 1961 年提出的经济一体化四阶段划分：第一阶段是实现贸易领域的一体化，即取消相互间关税和非关税限制，确保商品与服务自由流动；第二阶段是实现要素领域的一体化，即取消对劳动力、资本和技术等重要生产要素的流动限制；第三阶段是实现政策领域一体化，即彼此间在重要的财税金融货币等经济政策上保持一致；最后阶段就是完全一体化，即实现国家间所有政策的全面统一。[②] 这些不同阶段的一体化有着显著的区别，更高阶段的一体化总是需要国家放弃更大的政策自主权和独立性，朝着更为趋同的方向不断迈进，如共同市场阶段与自由贸易区阶段相比，它就增加了对生产要素流动的需求，这涉及国家内部更多的利益集团，会带来更大的利益纠葛，是一种更高层次的国际趋同与政策对接；而经济联盟则在共同市场上又前进了一大步，它要求各国在最为重要的宏观经济政策领域，比如财政政策和货币政策领域保持协调一致，从而营造出统一的宏观经济政策环境，以此放手让市场机制发挥调节刺激作用，这要求国家让渡更大的政策自主权，也是战略对接的深化，最高层次的完全一体化，则意味着超国家权威的建立，成员间类似于被整合进这一超国家权威的管辖范围之内，类似于在一个新的国内统一环境下展开运营合作，从而能够更好地使市场排除掉不同国家的差异性政策所带来的不良影响，让市场逻辑高效地发挥作用。[③] 基于经济一体化的不同阶

---

① 张永安、杨逢珉：《经济一体化：概念与实践的探讨》，《欧洲研究》，1995 年第 5 期，第 60—63 页。

② Balassa Bela, *The Theory of Economic Integration*, London: Allen&Unwin, 1962, p.38.

③ 孟庆民：《区域经济一体化的概念与机制》，《开发研究》，2001 年第 2 期，第 48—50 页。

段与形式，各国可以结合自身实际与需求，采取相应的国际经济合作模式，从而最大限度地处理好获取经济利益与保持政治独立自主两者之间的关系。

经济学贡献给国际合作理论的另一个重要概念是公共品。经济学家们注意到，在现实生活中，除了由市场来提供的"纯私人物品"外，还存在大量由非市场提供的"纯公共物品"，如国防、法律制度规范、教育等，此外，还有大量介于两者之间的准公共品或混合品。[①] 由于"搭便车"现象的存在，[②] 公共品通常面临着供给不足的问题，这就需要引入有效机制或强有力的供给主体，解决公共品的供应短缺问题。[③] 而在国际关系领域，霸权国扮演了部分国际公共品的供给者角色，包括为促进国际合作提供各种制度、设施或信息上的便利，也属于国际公共品之列。[④] 但在此之外的领域，各国仍面临着如何克服国际合作所存在的公共品保障不足的问题。在此背景之下，地区性合作主义作为公共物品的补充方案则愈加受各国重视。[⑤] 正如有学者所指出的，小规模的地区性组织可以从多个方面促进合作：如可以将国家纳入一个联系紧密的经济、社会和文化网络，相互依存度提高将有利于提高本地区国家的冲突成本，以此有效遏制战争冲动；可以实现内部团结以防止外来干涉；因为具有地方性知识优势因而特别有助于控制成员国之间的冲突。[⑥] 总之，当今国际组织与地区主义的蓬勃发展，实际上有其内在的经济动因。

---

① Buchanan James M., "An Economic Theory of Clubs", *Economica*, Vol.32, No.125, 1965, pp.1-14.

② ［美］曼瑟尔·奥尔森：《集体行动的逻辑》，陈郁等译，上海三联书店和上海人民出版社，1995年，第2页。

③ D.Goldin Kenneth, "Equal Access VS Selective Access: A Critique of Public Goods Theory", *Public Choice*, Vol.29, No.1, 1979, pp.53-71.

④ 刘玮、邱晨曦：《霸权利益与国际公共产品供给形式的转换—美联储货币互换协定兴起的政治逻辑》，《国际政治研究》，2015年第3期，第78—96页。

⑤ 张建新：《霸权、全球主义和地区主义——全球化背景下国际公共物品供给的多元化》，《世界经济与政治》，2005年第8期，第31—37页。

⑥ ［英］赫德利·布尔：《无政府社会：世界政治秩序研究》，张小明译，北京：世界知识出版社，2003年，第247页。

（三）对国际战略对接的理论阐释

作为国际合作中的一种新类型，国际战略对接概念与以上各种国际政治经济合作理论有着深厚的内在渊源。如国际战略对接行为本身，就致力于要解决对接合作方中存在的信息不对称和合作意愿不确定性等问题，为了促进合作，也可能会搭建必要的对接机制与平台，这实际上与国际机制合作论的观点是一致的。另外，国际战略对接也与深化社会分工、扩大国际间一体化合作的理念相吻合，因为国际战略对接概念本身就意味着走开放合作发展道路，寻求与其他国家实现在包括经济政策或产业发展政策等方面的衔接，在各方如何推进对接上，完全可以借鉴一体化经济合作的阶段论，梯度式向前推进，实现由浅入深的对接。国际战略对接还能为增进国际间合作提供组织、平台、方案和规范等各类国际公共品，其他国家完全可以搭中国提出的"国际战略对接"概念这一"便车"，以此商谈双方或与其他各方间的战略合作，这也将有利于带动整个国际社会的合作。因此，国际战略对接从表象上是新概念，但是它的精神实质和内核与国际合作的其他理论有着丰富的共通之处。

然而，国际战略对接作为中国提出的新概念，它又蕴含着自己的个性特征，是中国传统哲学、世界观、价值观以及自身发展实践等多种因素混同影响下而诞生的新思想新观念，带有鲜明的中国特色和中国取向，这是必须认识到的重要一点。这种鲜明性突出体现在以下两个方面：一是思想层面，以共生论为源泉；二是在实践层面，以中国自身的经历为指导。以上这两点糅合在一起，就汇聚成了新时期带有中国特色的国际合作理论。

首先，强调国际社会共生共荣的共生论是国际战略对接概念的思想渊泉。共生论的核心概念是共生一词，即共同生存、生长或发展之意。共生概念与西方主流国际关系学中流行的竞争概念或冲突概念相对而立。后者以权力或利益争夺为核心关注点，强调安全困境和均势构建等消极面，而共生则强调国际社会和谐共存、互促互进的积极面。共生论认为，人类社会经济领域的各种共生性需要，推动了国际社会的孕育、生长、形成和发展，反过来又强化了国际社会的共生性。"共生"不仅是国际社会的一种客观存在，而且是国际社会发展的基本途径，它是在"共生"过程中实现的。[①]全球一切

———————

① 金应忠：《国际社会的共生论——和平发展时代的国际关系理论》，《社会科学》，2011 年第 10 期，第 14—23 页。

事物都是共生在一个大系统中，相互联系、相互影响、相互作用、相互转化的。共生论的思想可以追溯到两千多年前的中国先秦时代，知名思想大家孔子就提出了"君子和而不同"与"和为贵"，《礼记·中庸》说"致中和，天地位焉，万物育焉"，认为只有达到天地万物和谐，才能正天地、育万物，在中国古老的中医学说中，也早就提出了"五行学说""相生相克"的"共生理论"，① 这些思想都强调社会应当包容并存，追求共同发展。如果只顾自身利益而无视共生系统中的其他主体利益，那么，就会招来无休止的厮杀缠斗和冤仇相结，陷入永无宁日的恶性循环之中。近年来，一些中国学者将古老的共生思想引入到国际关系领域，② 提出国际社会应当建立共生型国际体系、③ 必须从社会共生关系出发观察国内和国际社会等，④ 成为中国构建对外关系理论与战略的思想来源之一。而国际战略对接概念的提出，也蕴含了中国一脉相承的共生理念。它意味着中国不是关起门来自我发展，而是希望与各国保持密切沟通、开展战略对话，寻找各方合作的契合点，以此促进各方的同步发展。战略对接过程，也是相互借力和形成倍增效应的过程，同时通过接触沟通，也可有效减少各方的战略误判与冲突，充分展现了中国寄望于各方共生共荣的开阔胸襟。

其次，国际战略对接概念也是中国基于自身实践和发展愿望而提出的理论创造。国际战略对接最大的特点之一是对合作方的尊重，它要求既要符合中国的战略需求，也要满足对方的战略需求。这种合作是平等的、自愿的、互利的，而不是强压的或单方获利的。这与霸权或强权压迫下的国际合作有着本质的区别。国际战略对接的前提就建立在尊重对方的主权与利益之上。它是由其中一方发起、由另一方自愿选择参与或不参与的国际沟通行为。而这一点，也正与当代中国的外交指导哲学和实践经历有关。而马克思在其著作中认为，"民族国家的政治独立是一切国际合作的基础"，"国际合作只有在平等者之间才有可能"，马克思还指出只有平等国家之间的合作才是真

---

① 夏立平：《全球共生系统理论与构建中美新型大国关系》，《美国研究》，2017 年第 1 期，第 21—45 页。

② 任晓：《共生：上海学派的兴起》，上海译文出版社，2015 年。

③ 苏长和：《共生型国际体系的可能：在一个多极世界中如何构建新型大国关系》，《世界经济与政治》，2013 年第 9 期，第 35 页。

④ 胡守钧：《国际共生论》，《国际观察》，2012 年第 4 期，第 10 页。

正意义上的国际合作。[1]中国在外交实践中也以此为指南，坚持和平共处五项基本原则，以此开展国际合作。在形式多样的各类国际合作中，中国始终贯彻平等互利的原则，无论是与大国强国或是小国弱国，中国都坚持在尊重对方主权、不干涉对方内政的前提下展开交往合作，这同时也是中国对对方的期待和中国一直提倡在国际社会树立的基本规范。因此，中国提出国际战略对接的概念不是偶然的。尽管当代中国已经成长为世界上有影响力的大国，[2]但中国仍反对搞强权压迫和霸权压制那一套不平等的做法，而是坚持在自愿的基础上，寻求各方实现战略对接，共谋发展大计。因此，中国提出的国际战略对接概念，实际上带有相当大的理想主义的色彩，显示出中国愿意在寻求自身发展进步的同时，也着力推动国际秩序和国际规范的进步，使之更具正义性，能更好地维护最大多数国家的利益，[3]这也正是中国提出的国际战略对接概念对国际关系发展所作出的又一贡献。

四、国际战略对接的模式与类型

国家战略本身是个综合性概念，它既包含着国家发展所涵盖的各个方面，如经济、政治、社会、安全、外交以及人文等，也有着国家总体发展战略与部门性、行业性的具体发展战略之分。因此，国际战略对接在实践中并没有严格而统一的格式限制，而是可以灵活多样地根据不同国家的战略特点来实行。由此，我们根据对接内容的差异，可以归纳出以下若干种基本对接模式与类型。

（一）大战略对接

这里的大战略，是指综合性的、系统性的长远发展设想与规划，用于指

---

① 周理清：《国际合作理论研究》，《学理论》，2015 年第 32 期，第 6—7 页。
② Daniel C. Lynch, "Is China's rise now stalling?", *The Pacific Review*, Vol.32, No.3, 2019, pp.446-474.
③ 黄真：《中国国际合作理论：目的、途径与价值》，《国际论坛》，2007年第 6 期，第 42—46 页。

导一个国家或地区或组织在特定时期的总体政策路线与奋斗方向的确定。[①]
如中国提出的"一带一路"倡议就是带有大战略属性的宏大设想与方案，其
将在未来相当长一段时期内，指引中国在相关地区的对外交往与国际交流合
作活动。[②] 与此相对照，俄罗斯、哈萨克斯坦、白俄罗斯、吉尔吉斯斯坦和
亚美尼亚等组建的"欧亚经济联盟"建设计划，也是类似的大战略大方案，
该联盟旨在 2025 年实现联盟内部商品、服务、资本和劳动力等要素的自由
流动并形成统一的市场，这与"一带一路"倡议呼吁推动的加强地区一体化
联通与经贸合作是一致的。2015 年 5 月，中俄两国在莫斯科发表的关于"丝
绸之路经济带"建设和"欧亚经济联盟"建设对接合作的联合声明明确表示，
要通过推进这两大构想的对接，以此实现促进地区经济增长与和平稳定等战
略目标，双方将秉持透明、相互尊重、平等、开放等原则，借助各种双边多
边机制尤其是上海合作组织（SCO）平台开展合作。[③] 除此之外，"欧亚经
济联盟"已与越南于 2015 年正式签署自贸协定，于 2018 年与伊朗达成建立
自贸区的临时协议，于 2018 年与中国签署经贸合作协定。俄罗斯总统普京
2019 年表示，中国是欧亚经济联盟的战略伙伴，欧亚经济联盟建设应与"丝
绸之路经济带"建设对接好。[④]

　　中国自"一带一路"倡议提出后，也与多个国家确定了以"一带一路"

---

① 在国际关系学领域，"大战略"一词也较为流行，常指国家在对外事务上
所作出的全局性、根本性、统筹性规划部署。可参阅 Gray Colin S., "Geography and
grand strategy", *Comparative Strategy*, Vol.10, No.4, 1991, pp. 311-329; Murdock Clark
& Kallmyer Kevin, "Applied Grand Strategy: Making Tough Choices in an Era of Limits
and Constraint", Orbis , Vol. 55, No. 4, Fall 2011, pp. 541-557; Layton Peter, "The Idea
of Grand Strategy", *The RUSI Journal*, Vol.157, No.4, 2012, pp.56-61; Milevski Lukas,
The Evolution of Modern Grand Strategic Thought, Oxford: Oxford University Press,
2016; Balzacq Thierry, Dombrowski Peter & Simon Reich, "Is Grand Strategy a Research
Program? A Review Essay", *Security Studies*, Vol.28, No.1, 2019, pp.58-86.

② F.Leverett & Wu B., "The New Silk Road and China's Evolving Grand Strategy",
The China Journal, Vol.77, 2016, pp.110-132; Ploberger Christian, "One Belt, One Road
– China's new grand strategy", *Journal of Chinese Economic and Business Studies*, Vol.15,
No.3, 2017, pp.289-305.

③ 《中华人民共和国与俄罗斯联邦关于丝绸之路经济带建设和欧亚经济联盟
建设对接合作的联合声明》，新华网，2015 年 5 月 9 日，http://www.xinhuanet.com/
world/2015-05/09/c_127780866.htm。

④ 李奥：《普京：中国是欧亚经济联盟的战略伙伴》，新华网，2019 年 5 月 29
日，http://www.xinhuanet.com/world/2019-05/29/c_1124559503.htm。

为背景和合作框架的战略对接意愿。如 2016 年 9 月，中国与白俄罗斯在双方发布的《联合声明》中，专门提到了加强"一带一路"与白俄罗斯发展战略对接的条款。[①]2017 年 3 月，中国和新西兰签署了关于加强"一带一路"倡议合作的《中新关于加强"一带一路"倡议合作的安排备忘录》，明确提出双方将在重大发展战略、规划和政策等方面定期开展高级别对话与交流，就各自的重大宏观政策调整加强沟通合作，推动双方重大发展战略、规划及政策的对接和融合。[②]截止到 2017 年 5 月，全球已有 40 多个国家和国际组织等，基于自身的发展战略，主动与"一带一路"倡议进行战略对接，包括俄罗斯的"跨欧亚大通道建设"、哈萨克斯坦的"光明大道"、蒙古国的"草原之路"、印度尼西亚的"全球海洋支点"、越南的"两廊一圈"构想、柬埔寨的"四角战略"、"环孟加拉湾多领域经济技术合作倡议"以及澳大利亚的"北部大开发"计划等。[③]大战略层次的国际对接，为规划国家层面的总体合作提供了顶层设计蓝图。

（二）政策与规则对接

相比国家级大战略对接，对外合作政策与相关法制、技术标准规则等方面的对接，则又往实处迈前了一步。2019 年 4 月 25 日，来自约 50 个国家和 20 多个国际组织的官员与学者，就围绕"坚持共商共建共享，加强政策对接"和"坚持高质量高标准高水平，深化规则对接"两个议题展开深入交流，并形成 60 多项高含金量成果。[④]事实上，重大战略性合作离不开各国政策的支持与法制规则的保障，政策与规则的对接是战略对接推进的重要前提。而在具体项目实施上，还需要重视知识产权、技术标准、环保标准、投资保护、投资贸易便利化、全球公共产品等规则与制度对接，借鉴相关国际标准，统一规则体制和技术标准。如在基础设施规划和建设上，就涉及轨距

---

① 《中华人民共和国和白俄罗斯共和国关于建立相互信任、合作共赢的全面战略伙伴关系的联合声明》，新华网，2016 年 9 月 29 日，http://www.xinhuanet.com/world/2016-09/29/c_1119649865.htm。

② 《中新关于加强"一带一路"倡议合作的安排备忘录》，国务院新闻办公室网站，2017 年 3 月 31 日，http://www.scio.gov.cn/31773/35507/htws35512/Document/1546654/1546654.htm。

③ 赵萍：《以战略对接的视角加强政策沟通》，《中国经济时报》，2017 年 5 月 16 日。

④ 贺勇：《推动政策和规则的"软联通"》，《人民日报》，2019 年 4 月 26 日。

标准的设定问题，如果各地标准不一，就会给互联互通带来新的困扰或增加转换成本。还比如在海关检验检疫等方面，也需要加强沟通，统一质量与技术检测标准，以此保障进出口的高效畅通。

（三）合作机制与平台对接

组建合作机制、搭建合作平台，也是促进和落实国际对接的重要内容。机制和平台的设立，可以发挥长效作用，为各方对话交流提供常态性管道，稳定各方行为预期。这些合作机制可以是国际性论坛，也可以是国际组织，或者是其他的高层会晤机制以及战略对话机制等。实际上，"一带一路"倡议高峰论坛就是促进"一带一路"倡议国际对接的重要平台之一。不仅如此，正如中国国家主席习近平在"一带一路"国际合作高峰论坛开幕式上的演讲所指出的，中国将在此次高峰论坛后建立一系列后续联络机制，这些机制将涵盖财经发展、产业及项目建设、融资合作、能力建设等多个领域，以及同沿线国家和地区建设民间组织合作网络，打造新闻合作联盟、音乐教育联盟以及其他人文合作新平台等，[①]以为促进"一带一路"国际对接构建顺畅的交流、沟通、磋商渠道。[②]

（四）重大项目建设和产业发展对接

重大项目通常是指建设周期长、投资额大、社会影响面广和综合意义显著的基础性、枢纽性项目，有助于带动国家和地区经济发展、改善国计民生、增进国际交往，也是国际战略对接的重要抓手和标志性实务工程。战略对接是否取得突破性实效，就要看是否有重大项目纳入规划和顺利推进实施。"一带一路"倡议提出以来，已在重大项目规划建设上取得了显著进展，初步形成了以"六廊六路多国多港"等核心项目为支撑的合作格局。[③]这其中的"六廊"包括新亚欧大陆桥、中蒙俄经济走廊、中国—中亚—西亚经济走廊、中

---

① 《习近平在"一带一路"国际合作高峰论坛开幕式上的演讲》，新华网，2017 年 5 月 14 日，http://www.xinhuanet.com//politics/2017-05/14/c_1120969677.htm。

② 赵萍：《以战略对接的视角加强政策沟通》，《中国经济时报》，2017 年 5 月 16 日。

③ 《大道致远！"六廊六路多国多港"谱写新篇章》，新华网，2019 年 4 月 25 日，http://www.xinhuanet.com/world/2019-04/25/c_1210119122.htm。

国—中南半岛经济走廊、孟中印缅经济走廊和中巴经济走廊等，[①] "六路"则包括铁路、公路、航运、航空、管道以及空间综合信息网络等，"多国"则指已经参与"一带一路"共建的国家，"多港"则指若干保障海上运输大通道安全畅通的合作港口，这些大项目若成功实施，将把亚洲经济圈和欧洲经济圈联结得更为紧密，增强欧亚各国之间的凝聚力。

产业发展对接是指基于各国产业结构和产业比较优势的差异，寻求产业间的一体化互补协同发展。制造业落后和基础设施薄弱是许多发展中国家的通病，这主要受制于经济发展水平的相对落后，以及工程建设能力和技术管理人才等的不足。中国在近几十年的发展中，在制造业发展和基础设施建设领域取得了长足进展，积累了丰富的建设经验，拥有大量高素质的专业人才队伍和施工建设队伍，成为一些国家致力于加强战略对接的重要目标。如印度莫迪总理在2015年访华前接受媒体访谈时就声称，印方期待与中方共同制定出提升两国经济关系的路线图并寻求中国更大程度地参与印度的经济增长，尤其是在改善印度的制造业和基础设施行业。[②]在莫迪总理看来，印度具有成为全球制造中心的充足潜力，而中国在发展制造业方面眼光宏大、发展速度迅猛，并在培育所有需要的技术，印度必须学习中国制造业的规模、速度和技术。

项目和产业对接也将给各国企业带来新的商机和发展空间。各国企业也可以围绕这些项目和相关产业，充分利用好相关政策的优惠扶持措施，实现相互对接，在国际战略对接中迎来新的成长。

（五）部门与地方层次的发展对接

贸易、金融、智库媒体以及包括教育文化旅游在内的人文等各个方面对接，也是国际对接合作的一部分。这些通常归属国家各个部门管理的事务，往往由各相关政府部门牵头，组织对接沟通。在大战略或重大项目对接的时机不够成熟、条件尚不具备的情况下，也可以从部门层次分领域推进国际间

[①] 2017年底，中国习近平主席与缅甸国务资政昂山素季还达成了共建"中缅经济走廊"的共识，次年9月，两国政府正式签署了共建"中缅经济走廊"的《谅解备忘录》。详见武鹏飞：《共建中缅经济走廊，打造"一带一路"务实合作典范》，光明网，2020年1月17日，http://theory.gmw.cn/2020-01/17/content_33489963.htm。

[②] 牛震：《莫迪谈访华期待——"中印发展战略对接空间广阔"》，《文汇报》，2015年5月13日。

对接。

如在贸易方面，双方可以通过商谈构建自贸区或增进贸易便利化等方面的合作，加强双方在贸易政策与制度方面的对接合作，提高双方贸易额，更好地发挥贸易对经济发展的拉动作用。据统计，得益于共建"一带一路"等带来的国际对接措施效应，仅在2013—2018年期间，中国与"一带一路"沿线国家的货物贸易进出口总额就超过6万亿美元，年均增长率高于同期中国对外贸易增速，占中国货物贸易总额的比重达到27.4%。[1]

在金融投资合作方面，国际对接的需求也很旺盛。各国可以在本币互换、联合设立投资基金、加强金融信息分享与金融风险管控以及完善投资制度等方面展开对接合作，为各方推进战略对接提供必需的金融保障。从"一带一路"建设的情况看，各相关国家在加强金融合作、构建开放的投融资体系上已经起步。截至2018年底，已有11家中资银行"走出去"，在28个沿线国家建立了76家一级机构，同时也有来自22个沿线国家的近50家银行"走进来"在华开展业务，中国央行与21个沿线国家央行签署了双边本币互换协议，中国财政部还在借鉴国际货币基金组织和世界银行相关经验的基础上制定了《"一带一路"债务可持续性分析框架》，以帮助各伙伴国管控债务风险。[2]

除此之外，部门层次的对接还包括有各国智库媒体以及教育、旅游、文化等部门的衔接沟通。这些部门的对接，将为国际间战略性对接提供智力、舆论和民意支持，让国际合作走得更顺更好。

考虑到国家内部的地域差异性，地方政府也可以在各国中央政府授权或政策文件允许的前提下，开展相应的国际对接活动。如新疆地处中国西部内陆，紧邻中亚南亚国家，被视为陆上"丝绸之路经济带"核心区，其对接方向主要是中亚、南亚与西亚等相关国家，福建、广东等省位于中国东部沿海，被定义为"21世纪海上丝绸之路"核心区，对接方向则可以考虑以东南亚、南亚、欧洲等沿海国家为主，与此同时，一些地方政府也主动开展与相邻区域的跨国对接合作。[3]如云南对与其相邻的南亚国家、广西对与其相邻的东南亚国家的对接，都相当热情主动。这些都是值得鼓励的尝试与努力。

---

① 王海林：《货畅其流》，《人民日报》，2019年4月26日。
② 赵展慧：《合力推动丝路投融资合作》，《人民日报》，2019年4月26日。
③ 程大为：《如何理解"一带一路"倡议中的"对接"策略》，第84—86页。

五、国际战略对接的实施机理与方式

（一）国际战略对接的实施机理

国际战略对接如何由概念、口号或呼吁落地到实际？这就需要考察影响国际战略对接是否得以成立的相关因素。有学者谈到如何在"一带一路"建设的过程中实现中外战略对接时，曾提出要从两个方面来考察战略对接实施的可能性，即战略规划能力和战略执行能力，为此，以战略制定和执行能力的高低为维度，可将世界各国分为四种类型：第一类是有高质量战略和高质量执行能力的国家；第二类是有高质量战略和低质量执行能力的国家；第三类是有低质量战略和低质量执行能力的国家；第四类是既没有战略更没有执行能力的国家；对于前三类国家，都具备对接的可能性；而对第四类国家，还需要采取谨慎态度，耐心等待对待时机的到来。[①]这种观点颇有道理，也具启发性，但是它只强调了对接能力因素，然而结合国际政治和国际合作相关理论看，影响国际战略对接的因素应该不止能力一个维度，应该是由以下多个因素组成的集合：共同利益、意愿偏好、能力、机制、任务等。

共同利益。共同利益是国际合作的前提与基础。众所周知，追求国家利益是国家对外行为的根本指南。[②]这种共同利益既包括安全利益，也包括经济利益，还包括声誉和国际地位等政治和社会利益。因此，国际战略对接的前提必然是对接方能够找到对接带来的利益增量。它与两国的意识形态或两国的相互身份定位等，并无必然的联结关系。即便是对处于以竞争为主导特点的国家间，只要战略对接能够创造新的共同收益，那么，战略对接都会具备可行性。这种共同利益既可以是物质的，也可以是虚幻的道义或规范等非物质形态的收获。正如国际合作广泛存在于国际社会所有国家之间一样，国际战略对接从理论上讲也是可以适用于所有的跨国主体。这也是战略对接概念所具备的开放性的体现之一。在实践中，对接方应当清楚地找到或阐明这种共同利益所在，或说明其具体表现形式为何，这样就有助于增强对国际对

---

① 张维为：《"一带一路"过程中，如何实现战略对接？》，观察者网，2017年5月18日，https://www.guancha.cn/ZhangWeiWei/2017_05_18_408895.shtml。

② Morgenthau Hans J., *Politics Among Nations: The Struggle For Power And Peace*, New York: Alfred A. Knopf, 1948.

接的支持，削弱反对对接的阻力。

意愿偏好。意愿偏好等本身是心理学概念，带有较强的主观性，反映行动主体的认知与情感倾向等。但是在国际关系中，行为体的意愿偏好不是凭空产生的，而是受历史记忆、文化价值观、政党理念以及精英偏好等因素所左右，因此往往又表现出一定的延续性、规律性和可认知性。意愿偏好可以认同共同利益的价值，也可以否定共同利益的价值，是行动主体的主观能动性和自由度的外在体现。只有当行动主体通过各种言语、书面或行动正式表达出来，才能确认意愿偏好的意图。但表达出来的意愿偏好也具有不确定性，只有真实表达的意愿偏好，才能视作可行的意愿。因此，这里还要区分真实的与礼仪式的意愿偏好表达。

能力。对于何谓战略能力学术界至今仍见仁见智。如詹家峰着重从国家应对能力的角度考察国家将战略资源转化为现实处理能力的高低，国家战略能力因此由两方面变量所决定，一是静态性的资源总量或国家实力大小情况变量；二是国家对资源和实力的运用能力变量，这种能力运用既体现为非战争状态下处理危机、营造和形成有利安全战略态势的能力，也表现为国家在战争状态下遏制战争和赢得战争的能力。①唐永胜等则从历史的维度考察了人们对战略能力这一概念的认识变化，认为战略能力的内涵已经历了多阶段演变，在不同时期都有不同的特点与侧重：如在20世纪50—70年代的冷战激烈对抗阶段，战略能力主要是指国家的军事战略特别是核战略能力，进入20世纪80年代，随着美苏关系的缓和和国际形势的变化，战略能力不再以核威慑打击能力为主导，开始扩展到维护国家全面安全战略的能力之上，再往后发展，随着国家安全由传统的重视军事安全转向重视全方位的军事、经济综合安全等，战略能力概念也着眼于实现国家安全发展目标的需要，而将其内涵延伸到更加广泛的经济、管理领域以及更为立体、多元的国家安全层次发展。同时他们还依据战略能力的赋能要素不同，而将其区分为要素型战略能力和结构型战略能力两种，前者是指基于国家自身所拥有的要素资源状况而具备的维护国家战略目标的绝对性能力，后者则是基于国家在国际体系

———————
①　詹家峰：《国家战略能力与综合国力关系浅析》，《现代国际关系》，2005年第4期，第21页。

中所处的相对实力或地位而拥有的维护国家战略目标的相对性能力。[①] 王正春等将国家战略能力细化为三个方面的内容：一是国家设定战略目标的能力；二是国家实现安全战略目标的能力；三是国家实现发展战略目标的能力。[②] 凌胜利则认为，战略能力主要是指对国家资源战略转化能力，[③] 并提出了将国家资源实力转化为国际影响力的主要手段，即战略动员、国际合作、国内外制度等，突出强调国家战略能力的实践性。[④] 总之，无论如何，战略对接能力至少包括两种基本的能力：战略制定能力和战略执行能力。[⑤] 仅有意愿，而缺乏能力，战略对接也实施不下去。除此之外，还应加上战略判断与决断能力这一点。即行为主体是否具备战略眼光、是否能够从战略高度来看待共同利益和处理对外关系，将影响其战略对接意愿偏好的形成。这都与对接主体的国内政治结构与政治生态有关。国内政治稳定发达的国家，相对来说战略判断能力和制定执行能力都更强，成功实施国际对接的可能性更大。反之亦然。

机制。这里的机制类似于国际机制的一般定义，就是"国家间达成的关于国际关系特定系列问题的包含明确规则的安排"。[⑥] 正如国际机制理论所指出的，国际机制对于促进国际合作意义甚大，包括创建法律责任模式、降低交易成本、提供更为完备的信息等，[⑦] 此外，它还具备因路径依赖而产生

---

① 唐永胜、佟明翔：《结构型战略能力：概念、来源与研究方法》，《世界经济与政治》，2007 年第 4 期，第 13—18 页。

② 王正春、管仲全：《廓清国家战略能力的模糊认识》，《中国国防报》，2011 年 8 月 15 日。

③ 凌胜利：《战略能力、共同利益与安全合作——基于印度与美国亚太盟友安全合作的分析》，《南亚研究》，2016 年第 1 期，第 9—10 页。

④ 凌胜利：《主场外交、战略能力与全球治理》，《外交评论》，2019 年第 4 期，第 1—31 页。

⑤ X.Wu, Howlett M. & Ramesh M., "Policy Capacity: A Conceptual Framework for Understanding Policy Competences and Capabilities", *Policy and Society*, Vol.34, No.3/4, 2015, pp.165–171; A. S.Bali & Ramesh M., " Policy Capacity : A Design Perspective", in Howlett M. & Mukherjee I. (eds.), *Routledge Handbook of Policy Design*. New York: Routledge, 2018, pp.331-344.

⑥ Hasenclever Andreas, Mayer Peter & Rittberger Volker, *Theories of International Regimes* ,London: Cambridge University Press, 1997, p.1.

⑦ 门洪华：《罗伯特·基欧汉学术思想述评》，《美国研究》，2004 年第 4 期，第 103—118 页；石斌：《相互依赖·国际制度·全球治理——罗伯特·基欧汉的世界政治思想》，《国际政治研究》，2005 年第 4 期，第 32—50 页。

的制度惯性，可以为合作提供稳定的沟通平台管道。因此，是否有战略对接的合作机制，也是影响战略对接可行性的重要因素。

任务。这里的任务是指战略对接所要完成的具体工作，包括各类工程施工建设项目、各类活动或行动、各种政策或文件的制定发布以及对接方所确定的其他目标任务。对接任务应该与对接战略目标是统一的，是战略目标的具体分解或解构出来的子模块，任务可以分阶段、分区域来执行。只有战略对接倡议，而没有具体的任务，那么，战略对接就是空泛的流于纯粹的形式，其意义与价值乏善可陈。任务愈是清晰，作业安排愈是周密，那么，战略对接获得成功的可能性就越大。

总之，影响战略对接由理论变成现实的因素十分复杂，里面还牵涉到国内政治与社会结构的内部博弈等问题，[1] 导致战略对接要顺利落地，并不容易。

（二）国际战略对接的实施流程与方式

国际战略对接从构想提出到方案成功执行，客观上会经历一个反复的沟通协调和磨合协作过程。这一过程牵涉时间长、涉及面广、不确定性因素多，随着外部环境和形势的不断变化，可能还会不断遇到新矛盾新问题，为了保障战略对接的顺利推进，就需要引入科学的管理手段，完善管控机制，实施全链条、全流程科学管理。

借鉴战略联盟管理的理论，可以将国际战略对接分为以下几大环节，对其实行生命周期管理。在管理学上，所谓的战略联盟，就是指两个或两个以上的企业或组织通过知识、资源和能力的共享，提高各自核心竞争能力而形

---

① 大量文献探讨了国内政治与国家对外政策两者间复杂关系问题，可参阅 Kukucha Chris, "Domestic politics and Canadian foreign trade policy: Intrusive interdependence, the WTO and the NAFTA", *Canadian Foreign Policy Journal*, Vol.10, No.2, 2003, pp.59-85 ; Smith Michael, "Toward a theory of EU foreign policy-making: multi-level governance, domestic politics, and national adaptation to Europe's common foreign and security policy", *Journal of European Public Policy*, Vol.11, No.4, 2004, pp.740-758; McDonald Matt, "Australian Foreign Policy under the Abbott Government: Foreign Policy as Domestic Politics?", *Australian Journal of International Affairs*, Vol.69, No.6, 2015, pp.651-669; Noor Elina & Qistina T. N., "Great Power Rivalries, Domestic Politics and Malaysian Foreign Policy", *Asian Security*, Vol.13, No.3, 2017, pp.200-219.

成的一种长期而紧密的互利合作关系。[①]实际上，实施国际战略对接也类似于组建一种经济或商业意义上的战略联盟，它是一种临时的、基于特定战略目标或战略利益而结成的策略性、功利性合作联盟。它在理论上与国际政治意义上的结盟无关，不是结成国际政治学意义上的同盟关系。国际无政府状态下的国际战略对接，与商业上的企业竞争合作关系有着本质的相似，即各国既存在安全经济上的竞争，同时也不排斥合作的可能，因此，即便是在竞争的对手之间，为了共同的战略目标或战略利益而携手合作，也是可行的。这很有可能帮助双方提高自身在复杂系统性环境下的生存发展能力，更好地应对其他风险与挑战。这些风险很可能外在于对接的双方，由其他难以预测的第三方或别的不可控因素所引致。

如图 1 和表 1 所示，一次完整的战略对接大致包括以下几个阶段，针对这些阶段采取相应的手段，才能有效管理好战略对接过程的活动。

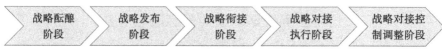

图 1　国际战略对接的全过程

表 1　国际战略对接的全过程管理示意图

	战略酝酿	战略发布	战略衔接	对接执行	控制调整
特点	战略设想的拟定	战略的宣示发布	战略的商谈	战略执行	反馈控制
任务	拟定战略构想与目标	通过各种渠道释放战略信息	安排相关渠道或平台，进行沟通协商	指定相关部门、机构或企业落实行动	收集信息、评估并提出调整方案
主体	对接发起国政府机构及相关智库	对接发起国首脑或高层官员	对接国家首脑或高层官员	对接国家相关部门、企业或其他组织机构	对接国家相关部门、企业与组织或其他组织机构

战略酝酿是国际战略对接的第一阶段。即战略对接发起国，基于国内战略需要和国际形势特点，提出了国际合作的战略构想，然后将这种意图传达给国内相关智库及政府机构等，论证提出更为具体的战略设想与方案；最后，

---

① 朱泽：《战略联盟的生命周期和管理》，《科技进步与对策》，2000 年第 5 期，第 94 页。

拟定对接的战略框架获得国内领导人认可，成为正式的战略方案。这一阶段的行动主体是对接发起国的相关政府机构及智库等。

战略发布是国际战略对接的第二阶段。战略制定国家承担起对接发起者角色，向国际社会公开宣示战略构想与方案。通常由发起国领导人或高层官员，以演讲、致辞、对话或发布倡议式文稿等方式，向国际社会公布其战略意图和对接邀请，向国际社会释放对接的合作意愿与合作信息。

战略沟通衔接是国际战略对接的第三阶段。在发起国公布对接合作信息后，可由发起国主动向潜在的对接伙伴国发起对话与沟通，或由潜在的对接伙伴国主动与发起国进行联系商谈，通过接受公开访谈、高层访问或论坛对话等渠道，推动两国围绕战略对接达成高层共识，该共识既可以外交声明、官方备忘录等正式外交协议的方式，也可以非正式的口头认可或口头承诺的方式得以确认。

战略对接执行是国际战略对接的第四阶段。在对接双方取得共识后，即转入关键性、务实性的对接执行阶段。这一阶段将由双方相关部门的官员或负责人一起，联合制定对接的具体实施计划与任务安排，并将这一任务分派到其下的各个子部门。在这一阶段中，将由双方业务部门的官员负责组织实施，其他的企业或社会机构将有机会参与到这一过程中，投入具体的项目实施中去。只有进入这一阶段，才意味着战略对接真正落地。

战略评估调整是国际战略对接的最后阶段。双方相关部门可制定对接进度安排表，根据设定的对接目标制定评估标准，或者也可以聘请第三方机构参与进度监督控制，同时对于战略对接执行中反馈出来的问题，进行进一步磋商协调，并根据需要和双方的共同认可，对对接方案作出相应的调整，以保证对接计划的继续执行和圆满完成。

综上，国际战略对接的实施是一个完整的闭环式流程，只有系统谋划、精心组织、综合统筹，才能让国际战略对接开花结果，取得实效。

第二章
中国理念与中国方案的
生成逻辑及思想蕴含

伴随中国对外开放合作的不断深入，中国正以负责任的新兴大国姿态涉入全球治理领域。中国理念、中国方案的提出，有助于打破西方国际关系理念一统天下的局面，为处理当代及未来的国际关系、积极改善全球治理，注入新的智慧与能量，为世界未来前行方案的选择提供具有鲜明中国蕴含与特色的新路标。本部分旨在介绍中国理念与中国方案的蕴含与特点，并从中国发展建设和对外交往的角度，阐述中国理念与中国方案的提出背景与生成逻辑及其基本蕴含。

一、中国理念与中国方案的生成逻辑

"中国方案"这一专有名词和特指概念首次出现在国际外交舞台，应是在2013年9月，时任中国外长在介绍中国领导人出席二十国集团（G20）第八次领导人峰会情况时表示："新形势下，中国正站在更高、更广的国际舞台上纵横驰骋。我们将为世界奉献更多的中国智慧，提供更多的中国方案，传递更多的中国信心，同各国一道，致力于建设持久和平、共同繁荣的和谐世界。"[1]2014年3月，习近平主席在德国科尔伯基金会发表演讲时正式提出了"中国方案"一词，铿锵有力地指出："我们将从世界和平与发展的大义出发，贡献处理当代国际关系的中国智慧，贡献完善全球治理的中国方案，为人类社会应对21世纪的各种挑战作出自己的贡献。"[2]同年7月，在出席金砖国家领导人第六次会晤期间，习近平主席在接受拉美媒体采访时再次提及"中国方案"，他指出，中国将更好地发挥负责任大国作用，"我们将更多提出中国方案、贡献中国智慧，为国际社会提供更多公共产品"，[3]由此，"中国方案"的提法进一步引发国

---

① 盛卉、谭洁羽：《专家谈习近平提出"中国方案"：对中国外交提出新要求》，参考消息网，2014年7月15日，https://china.cankaoxiaoxi.com/2014/0715/424535.shtml。

② 习近平：《历史是最好老师，给每一个国家未来的发展提供启示》，新华网，2014年3月29日，http://www.xinhuanet.com/world/2014-03/29/c_1110007614_2.htm。

③ 王海林、王石等：《金砖峰会力推世界更公平 提供发展全新视角》，《环球时报》，2014年7月16日。

际舆论关注重视。大致也正是在同一时期，中国领导人还在国际外交舞台上发布了建设"新型大国关系""一带一路"倡议以及构建"人类命运共同体"等新理念新主张。蕴含着中国思考与中国智慧结晶的一系列中国理念与中国方案，自此被推向世界，成为当代中国以大国责任感和人类使命感向世界交出的沉甸甸的关于人类前途命运走向问题的答卷。

任何新的政治理念与政治方案的产生，往往有其深厚的思想、哲学、文化和实践基础。当代中国面向国际社会提出的一系列中国理念与中国方案，同样也源于传统文化、外来思想以及自身实践经验等多因素影响。正如有学者所指出的，当代中国有关世界政治和对外政策的意识形态的形成，可以视为受以下三类因素的综合影响：一是马列主义、毛泽东思想的国际关系视野和国际关系根本信念；二是爱国主义或现代激进民族主义思想；三是畅行于世界各国的现实主义政治理念。① 结合到中国理念与中国方案的特点看，普遍流行于全球的"现实政治"理念，因其并不为中国所贡献，也就谈不上是中国理念，其更不为中国所弘扬，而传统文化思想、以马克思主义为主要代表的外来思想以及对当代实践经验的摸索总结，则构成了塑造当代中国理念与中国方案的主要智慧源泉。正是以此为基础，孕育生成了颇具理想型色彩的中国理念与中国方案。

（一）中国传统文化的基因传承

中国是迄今为止最负盛名的文明古国之一。上下五千年历史，给中国留下了无数辉煌的记忆以及灿烂美好的传统文化。如周秦伟业、两汉文明、大唐盛世、宋季富土、元朝拓疆、明代兴旺、康乾胜景等，奠定了中国古代文明的多座巅峰，中国的影响还通过丝绸之路等延及海外，远至西域、中亚、罗马，形成气势恢宏的东方文明圈，就连当时的伊斯兰世界和基督教世界，也对中国充满向往，大量移民涌向这片富庶的大地。② 与发达的物质文明相伴的，还有学术以及思想上的繁荣，如早在2000多年前就以"百家争鸣、百花齐放"而闻名的诸子百家，留下了大量经典传世之作，他们提出的许多

① 时殷弘：《当代中国的对外战略思想——意识形态、根本战略、当今挑战和中国特性》，《世界经济与政治》，2009年第9期，第18—24页。

② 金元浦：《"中国梦"的文化源流与时代内涵》，《人民论坛·学术前沿》，2013年第4上期，第48—57页。

思想与观念，影响至广至深，已成为融入中华民族血脉的优秀文化基因，对当代中国的世界观和国际观形成，产生着不可磨灭的重要影响。

中国古代经典之一的《礼记·礼运》曾经这样描绘过理想的大同世界："大道之行也，天下为公，选贤与能，讲信修睦。故人不独亲其亲，不独子其子，使老有所终，壮有所用，幼有所长，矜、寡、孤、独、废、疾者皆有所养。"[①]如此美好的画面至今仍令人神往，与尔虞我诈、强权政治横行的国际社会现实形成强烈反差。概括起来看，传统文化为当代中国提供了经久不竭的理念原型，中国的传统文化伦理、政治理念和治理哲学，也在对经典著作的传诵学习和人们行为的内化中，而得以代代相传。如今中国自信宣扬的合作包容、和平发展、互利共赢等中国理念和中国方案中，可以清楚看到，中国传统道德信念与精神旨趣，有着如影随形般的影响。在此，我们可以简要选取描述几种理念，从中管窥其延续至今的旺盛生命力和强大影响力。

首先，在中国传统文化中，追求天下和谐合作、共生共荣的和合文化，毫无疑问是中国传统文化精髓的代表之一。所谓和合文化，学术界尚无统一的定义，但大多是指追求自然、社会、人际、人自身心灵等和谐共存状态的一种信仰偏好，在政治领域，则指崇尚家庭、国家、天下等内部治理良好、上下协调一致这种状态的文化。作为一个具有集体协作传统、崇尚团结互助、爱好和平的民族，中国积淀了具有深厚思想底蕴、致力于使不同观念、不同宗教信仰的民族能够互相和谐、达到合作的目标的和合文化。有学者认为，和合文化至少包含了以下基本思想：一是天人合一的生态观，用以阐述人与自然、个体与群体、人的感性欲求与社会伦理道德以及整个社会乃至于全宇宙的和谐共处状态；这里的和谐，其本意均指音乐的合拍与禾苗的成长，引申表示为事物间的有序与协调；[②]二是和而不同的辩证包容观。和合文化并不只是强调同一性和一致性，也承认差异性与矛盾的存在，但是认为这不排斥和谐的可能。在尊重差异的前提下，亦能通过更高层次的追求而求得和谐，即可以求大同而存小异；和谐实际上允许包容不同，而不是否定或彻底消除不同；三是以和为贵的价值观。在人际和对外交往处理中，尽可能避免冲突

---

① 辛向阳：《"中国梦"与"两个一百年"》，《中共贵州省委党校学报》，2013 年第 4 期，第 20—24 页。

② 王义桅、韩雪晴：《国际关系理论的中国梦》，《世界经济与政治》，2013 年第 8 期，第 21—39 页。

对抗，以保持和谐局面为优先选项；四是天下大同的世界观。即如前所述，期盼天下最终能达到公正、公平、互帮互助、道德完美的境界。①

其次，仁道理念，也是中华传统文化的重要精神之一。有学者认为，"仁"是儒家思想的中心范畴和灵魂所在，尽管对何为"仁"学者们莫衷一是，但其确定含义之一便是"爱"，即仁者爱也。②在中国传统文化中，儒家宣扬的仁者之爱，其对象包罗万象，既爱己，这是最起码、最狭隘的自利之爱，也爱外在于己的他人，即"泛爱众"。经典儒家承认个人自利的必需性和合理性，但认为这种个人之欲应该有一个限度，不应无休止地扩张而损害他人或社会的利益。当两者发生冲突时，应当"克己复礼"，以"礼"来规范和约束自己。同时，儒家推崇的仁爱，还要求与仁爱对象达成心理与认知上的认同，做到"己所不欲，勿施于人"及"夫仁者，己欲立而立人，己欲达而达人"。这种推己及人的"仁爱"还可扩展到天地万物之上，从而进入"践仁以知天"的天人合一境界。儒家的"道"，在中国哲学家看来，则常指中国古代先王之道，即尧、舜、禹、文、武、周公一脉相承的文化传统，代表着儒家文化的价值理想和最高典范。③这里的价值理想和行为典范，实际上也包含着道德、道理或真理、规律等意思。儒家文化把"道"放在极其崇高的地位，要求为政为学者，必须成为弘道之士，做"道"的担当者、固守者，所谓"士不可以不弘毅，任重而道远"。这里的"道"不是指道路，而是指具有普遍性和包涵性的大道理和社会运转的基本法则。由此，守道弘道就具有超越个体的意义，而成为关乎社会整体利益的大事。中国传统文化中提倡的"仁道"，在政治上也就是推行仁政、善政的意思。"仁"与"道"的理念相结合，就从伦理道德学说发展成以王道为体现的政治理想。与靠暴力蛮横维系统治的霸道相对应，王道重视民本民生，视教化为主要手段，强调民心归顺。仁政思想还反对不正义的战争，战争造成生灵涂炭、百姓遭殃，为"王道"所不容。"得道者多助，失道者寡助"，正是行王道与行霸道的两种截然不同的后果，而后者因不得人心而失败的命运则是注定的。

---

① 吴春梅、雷定鹏：《中国传统和合文化视阈下的中国梦研究》，《武汉科技大学学报》（社会科学版），2015 年第 5 期，第 27—31 页。
② 李霞：《儒家仁道精神的内涵及其现代价值》，《江淮论坛》，1997 年第 5 期，第 78—82 页。
③ 韩星：《仁道——人权理论的价值基础》，《河北学刊》，2015 年第 1 期，第 20—25 页。

　　"天下为公"也是中国传统文化中传播广泛、影响深远的重要政治理念。这一理念之所以具有绵长生命力的原因，在于其贯穿了讲求公平的政治原则和与此相适应的博爱观念。[①]这种理念特征，即便在今天看来，也完全具备毫不陈旧过时的时代性和普适性。"天下为公"中的"公"，既包括一视同仁的"公平公正"，也指超越了狭隘个体利益考量的"公心""公益"，前者如同"选贤与能，讲信修睦"，后者如同"人不独亲其亲，不独子其子；使老有所终，壮有所用，幼有所长，鳏寡、孤独、废疾者皆有所养"。"天下为公"中的"天下"，也就不是个人所有、单独维护君王或个体利益的私器，而是能照顾到所有天下人利益的公器，即"天下非一人之天下也，天下之天下也"。按照为公之理念执政的"天下"，也就带有浓重的博爱色彩，如同"以天下为一家，以中国为一人"以及"四海之内皆兄弟"。超越自我利益，"大公无私"，"公"待天下，也就成了中国传统文化中影响深远之至的理想政治原则与政治规范。为此，有学者曾指出："无论是统治思想的代言人，还是持不同政见者，无论是帝王将相，还是庶民百姓，都在不同程度上认同公天下论。历代著名思想家更是自觉地把公天下作为自己政治理论体系的重要组成部分，把政治之公作为自己的政治诉求。在中国古代，除了少数昏聩暴虐的帝王及阿谀之徒外，几乎找不到公然反对公天下的人。就连许多阴谋家、野心家也往往打着公天下的旗帜牟取私利，装潢门面。这表明，'天下为公'的若干基本信条获得普遍的认同。"[②]

　　无论承认与否，中国传统文化思想已经成为当代中国对外理念的核心源泉之一，事实上，中国领导人对此也时常提及，明白指出当代中国理念有着悠久的文化传承色彩，如 2006 年 4 月 21 日，时任中国国家主席胡锦涛在耶鲁大学的演讲中，表示"和谐世界"理念与传统中华文明的道德政治追求一脉相承，这些道德政治追求包括以民为本、注重和谐互助和亲仁善邻与和睦相处等。[③]2014 年 5 月，习近平主席在出席中国国际友好大会暨中国人民对外友好协会成立 60 周年纪念活动时再次指出："在 5000 多年的文明发展中，

---

　　①　向世陵:《从"天下为公"到"民胞物与"——传统公平与博爱观的旨趣和走向》，《中国人民大学学报》，2015 年第 2 期，第 71—79 页。

　　②　张分田:《公天下、家天下与私天下》，载于刘泽华、张荣明等:《公私观念与中国社会》，北京：中国人民大学出版社，2003 年，第 309 页。

　　③　时殷弘:《当代中国的对外战略思想——意识形态、根本战略、当今挑战和中国特性》，第 18—24 页。

中华民族一直追求和传承着和平、和睦、和谐的坚定理念。以和为贵，与人为善，己所不欲、勿施于人等理念在中国代代相传，深深植根于中国人的精神中，深深体现在中国人的行为上。"①

（二）基于马克思主义中国化的执政理念坚持

马克思主义是新中国革命建设事业的基本思想纲领和实践指南。但中国并非机械照搬马克思主义学说，而是将其基本哲学理念与中国实际相结合，不断推动马克思主义中国化，探索建设具有中国特色的社会主义道路。在这一前无古人和先例可以遵循借鉴的实践基础上，提炼总结具有马克思主义底色的国际交往新理念和世界发展新方案。

众所周知，在近代以前，中国长期走在世界发展前列，无论就人口、经济总量或是文明程度而言，都是世界上屈指可数的大国强国。但自15世纪起，西方主要国家相继经过文艺复兴、启蒙运动、资产阶级革命和产业革命后，极大地解放和发展了生产力，率先由封建时代挺进资本主义时代。出于开拓市场和实现资本积累的目标，新兴西方强国走上了对内剥削、对外掠夺乃至发动侵略战争的资本主义道路，中国由此成为列强欺凌的对象和压榨的目标，特别是在1840年鸦片战争以后，旧中国逐渐进入到苦难深重的半殖民地半封建社会时期，正所谓"长夜难明赤县天，百年魔怪舞翩跹"，②救亡图存成为当时中国的头等要务，引发一波又一波仁人志士的不懈探索奋斗。旧中国先后见证了一系列由农民阶级、地主阶级、资产阶级改良派、资产阶级革命派等各阶级阶层代表人士所发起的各种起义、革命和改良运动（如"太平天国"运动、"洋务运动""戊戌变法"和"辛亥革命"等），③以及从"改良主义""无政府主义"到"实用主义"，从"君主立宪制""多党制"到"总统制"，从"军事救国""实业救国"到"教育救国"，从"洋务梦""变法梦"到"宪政梦"

---

① 《习近平在中国国际友好大会暨中国人民对外友好协会成立60周年纪念活动上的讲话》，人民网，2014年5月15日，http://politics.people.com.cn/n/2014/0515/c1024-25023279.html。

② 李少奇、罗文东：《中国梦与中国道路解析》，《重庆社会科学》，2013年第6期，第18—24页。

③ 李少奇、罗文东：《中国梦与中国道路解析》，第18—24页。

等等各种尝试，^①然而，正如毛泽东同志所说："这些东西也和封建主义的思想武器一样，软弱得很，又是抵不住，败下阵来，宣告破产了。"^②最终，这一历史重任落到了中国工人阶级及其先锋队——中国共产党的身上。

1921 年正式诞生的中国共产党，在马克思列宁主义指引下，创造性地动员起中国产业工人和农民队伍的伟大力量，经过艰苦探索和浴血奋斗，终于成功地将帝国主义、封建主义和官僚资本主义这三大剥削势力逐出了中国历史舞台，建立起了人民当家作主的社会主义新中国，将中国革命和建设事业带入了新时代新历程。遵循历史辩证唯物主义的思想，^①以及革命斗争实践中获得的经验教训，中国共产党人深刻认识到，不能僵化地墨守马克思主义，而应将其与特定的环境与时代相结合，创造性地发展具有中国特色的马克思主义，用以指导中国日新月异的建设发展实践活动。

为此，当代中国的执政理念表现出与时俱进的动态性和创新性，从而形成了一系列各具时代特色、又具有内在一致性的执政哲学与发展建设理念。如在新民主主义革命时期以及新中国建设初期，在总结中国革命和建设经验基础上，形成了以毛泽东思想为代表的革命和建设理论体系；进入到改革开放时期后，又在以邓小平同志为核心的中国共产党第二代中央领导集体领导下，创立了邓小平理论，提出了建设中国特色社会主义的基本纲领与原则框架；^④进入 20 世纪 90 年代以后，在以江泽民同志为核心的中国共产党第三代中央领导集体领导下，创立了"三个代表"重要思想，进一步丰富发展了中国特色社会主义理论体系；进入新世纪后，在以胡锦涛同志为中国共产党总书记的党中央领导下，创立了科学发展观，给中国特色社会主义理论体系增添了重要新成果；2012 年中国共产党第十八次全国代表大会成功召开后，习近平总书记发表了一系列重要讲话，提出了新时期下治国理政的一系列新理念新战略新举措，其内容涵盖到内政外交的各个方面，视野开阔，高屋建瓴，给中国特色社会主义理论体系注入了新思想新智慧，受到党内外、国内

---

　　①　刘建武：《中国梦与马克思主义中国化的新境界》，《毛泽东研究》，2015年第 1 期，第 25—26 页。

　　②　《毛泽东选集》（第 4 卷），北京：人民出版社，1991 年，第 1513—1514 页。

　　①　《列宁选集》（第 2 卷），北京：人民出版社，1995 年，第 311 页。

　　④　Wilson Ian, "Socialism with Chinese characteristics: China and the theory of the initial stage of socialism", *Politics*, Vol.24, No.1, 1989, pp.77-84.

外高度关注，①是当代中国最鲜活、最管用的马克思主义。②

在当代中国的执政理念中，最为突出的特点之一就是强调发展是硬道理，坚持实践是检验真理的唯一标准的唯物观。这与马克思主义坚持将生产力作为社会发展的决定性因素，并从生产力和生产关系的矛盾运动与辩证关系角度出发来观察世界的思想完全一致。正如邓小平同志所指："搞社会主义，一定要使生产力发达，贫穷不是社会主义。"③事实也是如此，人权的基础首先就是温饱权、生存权与发展权。是存在决定意识，而不是相反。没有生产力的发展与物质供给上的基本保障，其他一切都是无源之水、无根之木。根除贫穷就是起码的公平与正义。按照邓小平同志的设想，如果在 21 世纪中叶，中国能够基本实现社会主义现代化，"到那时就能够更好地显示社会主义制度优于资本主义制度，就为世界四分之三的人口指出了奋斗方向，更加证明了马克思主义的正确性"。④为此，在长期执政中，中国共产党人始终坚持以最大多数人民的利益为根本利益，以促进发展为根本目标，将发展作为解决矛盾与分歧的根本手段，视发展为人类得到自由和解放的必由之路。

在对外关系上，中国也同样强调发展，主张各国携起手来，共同谋划加快发展，共同促进各国发展。基于发展离不开稳定有序的社会环境和国内国际秩序，中国长期呼吁并大力支持国际和平事业。正如马克思主义经典作家曾指出过，社会主义具有内在的和平属性，反对霸权欺凌和剥削压榨，并倡导全世界联合起来为贫穷和不公等而共同拼搏，当代中国在对外关系上也一直坚持"和平共处"五项原则，与世界各国建立友好合作关系。习近平主席则指出，当前激励着中国人民努力奋斗的中华民族伟大复兴梦想，"不仅致力于中国自身发展，也强调对世界的责任和贡献；不仅造福中国人民，而且造福世界人民"，⑤"中国人民珍惜和平，希望同世界各国一道共谋和平、共

---

① 学习小组：《这三年，习近平治国理政的"四大支柱"》，中国新闻网，2016 年 1 月 26 日，http://www.chinanews.com/gn/2016/01-26/7734285.shtml，2020 年 1 月 13 日。

② 刘靖北：《为人类对更好社会制度的探索提供中国方案——论中国特色社会主义的基本特征及其世界意义》，《中国浦东干部学院学报》，2017 年第 4 期，第 74—82 页。

③ 《邓小平文选：第 3 卷》，北京：人民出版社，1993 年，第 225 页。

④ 同上，第 196 页。

⑤ 《习近平关于实现中华民族伟大复兴的中国梦论述摘编》，北京：中央文献出版社，2013 年，第 70 页。

护和平、共享和平。历史将证明，实现中国梦给世界带来的是机遇不是威胁，是和平不是动荡，是进步不是倒退"，[①]"中国梦与中国人民追求美好生活的梦想是相连的，也是与各国人民追求和平与发展的美好梦想相通的"。[②]而中国为了实现这一伟大的民族复兴梦想而选择的中国特色社会主义道路，则"来之不易"，是对数十年、成百年、上千年的中国实践经验的总结而得出的，即是在"改革开放 30 多年来的伟大实践"，"中华人民共和国成立 60 多年的持续探索"，"近代以来 170 多年中华民族发展历程的深刻总结"，以及"中华民族 5000 多年悠久文明的传承"中走出来的一条具有"深厚的历史渊源和广泛的现实基础"的中国道路。[③]因此，当代中国的执政理念在很大程度上源于对马克思主义中国化的不懈追求，它遵循马克思主义正确原理与基本内核，同时又创造性地将其与中国实际相结合，以应对和解决内外实践工作的需要。

（三）中国和平发展实践的成功经验总结

中国理念与中国方案提出，还源于当代中国和平发展的行之有效的伟大实践经验。[④]特别是改革开放以来，中国实现了与世界的深度融入，勇敢地参与到经济全球化的浪潮中，依靠友善、协作及和平的国际政治经济科技文化交往，取得了举世瞩目的巨大发展成就，一跃成为全世界举足轻重的巨型经济体。从 1978 年起，中国经济已保持了连续 40 年的高速增长，国内生产总值（GDP）规模从 1978 年的 3678.7 亿元增长到 2017 年的 827121.7 亿元，位居世界第二位，仅次于美国；扣掉通胀因素，中国 GDP 增长了 34.46 倍，年均增速高达 9.5%；中国人均 GDP 从 1978 年的 156.4 美元提高到 2017 年的 8826.99 美元。[⑤]以世界银行的界定标准来看，中国已由过去的低收入国家成长为中等偏上收入国家。人民生活水平显著提高，城乡居民实际消费水

---

① 习近平：《在中法建交 50 周年纪念大会上的讲话》，《人民日报》，2014 年 3 月 29 日。

② 《习近平关于实现中华民族伟大复兴的中国梦论述摘编》，北京：中央文献出版社，2013 年，第 74 页。

③ 习近平：《在第十二届全国人民代表大会第一次会议上的讲话》，《人民日报》，2013 年 3 月 18 日。

④ 时殷弘：《中国的变迁与中国外交战略分析》，《国际政治研究》，2006 年第 1 期，第 37 页。

⑤ 李建伟：《中国经济增长四十年回顾与展望》，《管理世界》，2018 年第 10 期，第 17—29 页。

平在过去40年间提高了16倍。①这是世界经济史上也少有的纪录。不仅如此，以汇率法计算的中国GDP规模，已位列全球第二大，仅次于美国，成为全球仅有的两个年GDP超10万亿美元级别的大国之一。另外，中国还已成为名副其实的"世界工厂"和全球100多个国家的头号贸易伙伴。

纵观世界经济发展历程，很少有像中国这样规模的大国，完全是依靠和平的方式、凭借自身的辛劳拼搏而取得如此辉煌的发展。不少西方发达国家，在其发展过程中，都或多或少地，借助殖民掠夺或战争侵略等不正义方式，以此完成原始资本积累和市场开拓，实现了自身崛起。而当代中国，却几乎完全是依靠亿万国民的血汗付出，并在由西方发达国家主导制定的各种国际规则的激励约束下，才逐渐摆脱贫穷孱弱的面貌，成长为颇具分量的新兴大国。当代中国的和平成长，未曾给任何国家带来侵略与战乱，中国未向任何国家施加过强制开放市场或国门的压力，中国也不谋求向别国输出中国的发展模式与价值观，中国更不主动非法参与干涉别国的内政，因此，中国从总结自身发展实践经验看，可以合乎逻辑地得出这样的结论：和平发展既是正确而道义的，也是可行的，更是值得倡导的。

有学者指出，大国崛起往往都代表着一种新的时代精神的兴起，如大英帝国上升时期，以自由贸易精神为名，为其扩张鸣锣开道，美国在摆脱英帝国殖民统治取得独立后，则大力倡导民主自由，而中国，则始终高举和平与发展的伟大旗帜。②早在1982年召开的中国共产党第十二次全国代表大会上，就作出了和平与发展是当今时代两大主题的重要论断，为中国此后的改革开放和现代化事业指明了方向。③新世纪初，以中国加入世界贸易组织（WTO）等为标志，中国改革开放事业进入新阶段，迎来新的经济高速增长期，中国再次向世界公开表示，和平发展的方针路线将矢志不变，将感同身受地继续反对侵略主义和扩张主义，努力探索推动自身发展和民族复兴的和平新路子，这一表态已经在中国共产党的第十七大、第十八报告和中国共产党党章中得到正式体现。2013年初，中国共产党总书记习近平再次强调，走和平发展道路，

---

① 蔡昉：《中国经济改革效应分析——劳动力重新配置的视角》，《经济研究》，2017年第7期，第4—17页。

② 郑永年：《"丝绸之路"与中国的时代精神》，（新加坡）《联合早报》，2014年6月10日。

③ 何银：《发展和平：联合国维和建和中的中国方案》，《国际政治研究》，2017年第4期，第9—32页。

是中国共产党顺应时代发展潮流和维护中国根本利益而作出的战略抉择。[①]

中国和平发展道路曾被概括为具有"五合一"特点：一是强调发展的和平性；二是强调发展的自主性；三是强调发展的科学性；四是强调发展的合作性；五是强调发展的共同性。[②] 而中国走和平发展的理念与道路之所以可行，从根本上讲，既得益于经济全球化潮流所创造的时代机遇，也符合社会现代化规律的客观要求，还得到了中国社会制度和传统文化的价值取向支持。特别是，经济全球化给中国带来了前所未有的时代机遇，正是中国从 20 世纪 70 年代末开始调整政策，主动融入时代潮流，充分发挥中国的人力、自然资源丰富和市场广阔等比较优势，积极参与国际贸易投资合作，才得以搭上新一轮国际产业转移的全球化顺风车，带动中国经济高速成长，并与世界各国建立起以一荣俱荣的经济依存关系，在推动自身发展的同时，也日渐成为拉动世界经济增长的重要新生力量，从而闯出了一条以经贸合作为基石、互惠互利的和平发展道路。[③] 从中国自身实际看，尽管中国保持着经济高增长，但由于长期的发展欠账，中国仍面临着按人均指标普遍偏低以及发展质量不高和经济结构有待优化等问题，中国还需要和平稳定的国际国内环境来继续追赶先进国家；而如前所述，作为社会主义国家和文明古国，中国崇尚"天下为公""和为贵"，捍卫国际公平正义，因此不搞侵略扩张也是中国从近代以后自身苦难遭遇中推己及人而必然得出的正确选择。

中国的和平发展战略实践，既有积极顺应时代潮流、主动融入国际秩序与主流规范的一面，也有中国坚持独立自主原则、在发展自身的同时努力为国际作贡献的另一面在内。从 20 世纪 70 年代以来至今，中国已经加入了国际经济、政治安全、文化等各个领域的若干重要组织，实现了与国际制度与规则的全面接轨，在这一过程中，中国始终以合作性参与的态度，在坚持独立自主的和平外交的同时，尊重国际制度并参与多边规则，从而使得中国得以与国际体系和世界主要国家保持着长期的良性互动关系。[④] 与此同时，正如有学者所关注到的，

---

① 王毅：《坚定不移走和平发展道路，为实现民族复兴中国梦营造良好国际环境》，《国际问题研究》，2014 年第 1 期，第 8—25 页。

② 戴秉国：《坚持走和平发展道路》，《当代世界》，2010 年第 12 期，第 4—5 页。

③ 刘传春：《中国梦的国际认同——基于国际社会对中国和平发展道路质疑的思考》，《当代世界与社会主义》，2015 年第 2 期，第 44—59 页。

④ 秦亚青、毛莉：《为国际秩序变革贡献"中国方案"——外交学院院长秦亚青谈中国和平崛起》，《中国社会科学报》，2014 年第 1217 期。

中国也在以自己特有的方式不断影响国际体系的构成特征，向世界贡献中国创意和中国方案。如在中国参与的联合国维和行动上，中国的理念与做法就与某些西方国家的有所不同，更加考虑当事国的基本需求，更为注重当事国的民生和经济发展；在对外援助上也是如此，中国没有效仿某些西方国家为援助开设相应的政治条件的做法，而是坚持践行"和平共处"五项原则，反对打着各种人权幌子或民主名义而施行国际干涉主义之实。[①] 在对外投资上，中国也利用国内搞经济开发区的经验，在一些发展中国家设立工业园区，以推动其发展，这些做法普遍受到当事国的欢迎，也为国际社会所认可，从而向世界传播了一个与西方"民主和平"有别、被称为发展和平的新规范。[②]

尽管随着中国实力不断向前增长，国际社会仍不时响起"中国威胁论"论调，[③] 但是各种外来的质疑或杂音并不能影响，也不会动摇中国走和平发展道路的决心。中国国家主席习近平明确指出，中国梦与和平发展道路的内在要求是一致的，中国梦是我们的崇高目标，和平发展道路是实现这一目标的唯一正确途径。[④] 在和平发展战略思想的指引下，中国也必然进一步寻求与世界各国发展深化合作共赢的伙伴关系，让世界尽可能远离冲突与对抗。

综上所述，中国理念和中国方案的提出绝非偶然，而是中国基于传统文化与现实问题、自身命运与世界前途等各种要素、各种关系综合思考所得的产物。而中国对这些问题的思考探索也非自今日始，而是自鸦片战争以来百余年就萦绕在中国心头的主题所在。[⑤] 随着新兴大国的群体性崛起，当前全球秩序正在面临重建。中国理念与中国方案的提出则正当其时也。

---

① Brautigam Deborah, *The Dragon's Gift: The Real Story of China in Africa*, New York: Oxford University Press，2009.

② 何银：《规范竞争与互补：以建设和平为例》，《世界经济与政治》，2014年第3期，第107—123页。

③ Broomfield Emma V., "Perceptions of Danger: The China threat theory", *Journal of Contemporary China*, Vol.12, No.35, 2003, pp.265-284; Edward Yang Yi & Xinsheng Liu, "The 'China Threat' through the Lens of US Print Media: 1992–2006", *Journal of Contemporary China*, Vol.21, No.76, 2012, pp.695-711; Andrew Stephen Campion, "From CNOOC to Huawei: securitization, the China threat, and critical infrastructure", *Asian Journal of Political Science*, Vol.28, No.1, 2020, pp.47-66.

④ 王毅：《坚定不移走和平发展道路，为实现民族复兴中国梦营造良好国际环境》，第8—25页。

⑤ 任平：《走向世界的中国学术：解答新全球化时代问题的中国方案》，《苏州科技大学学报：社会科学版》，2017年第1期，第1—11页。

二、构建新型大国关系的中国理念

冷战结束以来，全球形势急剧变化，国际体系面临新的转型，大国阵营涌现新的成员，大国间关系也处于新的调整演变之中。在改革开放的有力推动下，中国迈入了经济高增长轨道，朝着地区大国及世界级大国的方向前进。为了在复杂形势下妥善处理好中国与其他世界大国间的关系，中国领导人审时度势，提出了建构以"新型大国关系"为代表的新型国际关系新主张。"新型大国关系"由此成为当代中国外交战略思维中的核心新理念和官方外交政策术语，正式走向国际关系理论场域及实践舞台。

（一）"新型大国关系"概念的提出

从国内媒体报道和理论研究成果看，"新型大国关系"一词频繁曝光，也就始于 21 世纪第二个十年初。此后，"新型大国关系"不时出现于外交报道，并激起国内外学术研究热情。[①] 不少学者认为，"新型大国关系"这一战略理念的正式问世，大致就是在这一时期。如 2010 年 5 月，时任中国国务委员戴秉国在中美第二轮战略与经济对话期间提出，中美应"开创全球化时代不同社会制度、文化传统和发展阶段的国家相互尊重、和谐相处、合

---

① 李永成：《战略意图与中美新型大国关系的构建》，《外交评论》，2013 年第 5 期，第 19—38 页；吴心伯：《构建中美新型大国关系：评估与建议》，《复旦学报（社会科学版）》，2014 年第 4 期，第 88—94 页；王缉思：《分道扬镳，还是殊途同归？——构建中美新型大国关系之路》，《中国国际战略评论 (2014)》，北京：世界知识出版社，2014 年；王浩：《中美新型大国关系构建：理论透视与历史比较》，《当代亚太》，2014 年第 5 期，第 51—75 页；达巍：《中美新型大国关系：概念化与操作化》，《国际政治科学》，2015 年第 1 期，第 4—24 页；M. S.Chase, "China's search for a 'new type of great power relationship'", *China Brief*, Vol.12, No.17, 2012, pp.12—16; Kerr David, "What prospects for a 'new kind of great power relations' between China and America?", *International Affairs Forum*, Vol.4, No.2, 2013, pp.145-151; Lampton David M., "A New Type of Major-Power Relationship: Seeking a Durable Foundation for U.S.-China Ties", *Asia Policy*, No.16, 2013, pp.1-18; Zoelick Robert B., "U.S.,China and Thucydides", *The National Interest*, Jul/Aug 2013, pp.22-30; Joseph Y. S. Cheng, "Xi Jinping's 'New Model of Major Power Relationships' for Sino-American Relations", *Journal of Comparative Asian Development*, Vol.15, No.2, 2016, pp.226-254; Suisheng Zhao, "American Reflections on the Engagement with China and Responses to President Xi's New Model of Major Power Relations", *Journal of Contemporary China*, Vol,26, No.106, 2017, pp.489-503.

作共赢的新型大国关系"。[1] 还有学者认为，"新型大国关系"理念的正式提出，应始于2012年，[2] 同年2月，时任中国国家副主席习近平访问美国，站在战略高度勾画出了中美关系的宏大愿景：中美两国应该构建前无古人，但后启来者的新型的大国关系。[3] 同年5月，时任中国国家主席胡锦涛在出席第四轮中美战略与经济对话开幕式致辞时指出，随着人类历史进入21世纪第二个十年，（中美）应"以创新的思维、切实的行动，打破历史上大国对抗冲突的传统逻辑，探索经济全球化时代发展大国关系的新路径"。[4] 这是中国领导人对新型大国关系理念的又一次官方宣示。同年7月，时任国家副主席习近平在北京出席"世界和平论坛"开幕式致辞中，再次提出"新型大国关系"理念，指出中美构建相互尊重、合作共赢的新型大国关系，既符合两国与世界共同利益，也将成为国际关系史上的一个创举。为此，中国将继续推动和"着力构建21世纪新型大国关系和国际关系"。[5] 同年11月，中国共产党十八大举行，会议报告中重申："中国坚持在和平共处五项原则基础上全面发展同各国的友好合作。我们将改善和发展同发达国家关系，拓宽合作领域，妥善处理分歧，推动建立长期稳定健康发展的新型大国关系。"[6] 十八大闭幕后中国新一届领导班子上台，新型大国关系进一步成为中国外交的一个核心话语。[7]

2012年12月，新任中共中央总书记习近平在会见美国前总统卡特时表示，"新形势下，中美双方要不畏艰难，勇于创新，积累正能量，努力建设相互尊重、互利共赢的合作伙伴关系，开创中美构建新型大国关系新局

---

[1] 《戴秉国在第二轮中美战略与经济对话开幕式上致辞》，中央政府门户网站，2010年5月24日，http://www.gov.cn/ldhd/2010-05/25/content_1613069.htm。

[2] 杨洁勉：《新型大国关系：理论、战略和政策建构》，《国际问题研究》，2013年第3期，第9—19页。

[3] 周文重：《十年展望：探索构建中美新型大国关系之路》，《第一财经日报》，2012年第1228期。

[4] 陈健：《试论新型大国关系》，《国际问题研究》，2012年第6期，第11—17页。

[5] 习近平：《携手合作共同维护世界和平与安全——在"世界和平论坛"开幕式上的致辞》，中央政府门户网站，2012年7月7日，http://www.gov.cn/ldhd/2012-07/07/content2178506.htm。

[6] 《胡锦涛在中国共产党第十八次全国代表大会上的报告》，人民网，2012年11月18日，http://cpc.people.com.cn/n/2012/1118/c64094-19612151-11.html。

[7] 陈志敏：《新型大国关系的形态分析》，《国际观察》，2013年第5期，第14—20页。

面"。①2013 年 3 月，新任中国国家主席习近平出访俄罗斯，其间发布的《中俄联合声明》中，习近平主席与俄罗斯总统普京共同呼吁，在大国之间要"建立长期稳定健康发展的新型大国关系"。②同年 5 月，李克强总理访问印度，提出中印两国要发展新型大国关系。③同年 6 月，习近平主席在与时任美国总统奥巴马的安纳伯格庄园会晤中，用三句话精辟概括了中美构建新型大国关系的核心内容：一是不冲突、不对抗，二是相互尊重，三是合作共赢。④至此，构建"新型大国关系"这一理念，在经过了从 20 世纪 90 年代起的不断酝酿、探索实践和深思熟虑这一发展过程之后，已经成为中国共产党和中国政府最高层所确定的战略性外交理念和正式外交话语。中国领导层也将这一大国关系新理念不断地推向世界，并得到了包括美国在内的世界主要大国回应与关注，意味着新型大国关系理念从概念层面上讲已经臻于定型。

（二）"新型大国关系"概念的核心内涵

正如 2013 年 6 月中国国家主席习近平在与时任美国总统奥巴马举行非正式会晤时所概括的那样，中美构建新型大国关系的基本内涵包括三点：一是不对抗、不冲突，二是相互尊重，三是合作共赢。⑤这既是中国领导人针对中美关系实际，对新型大国关系的内涵作出的具体阐释，也体现了中国对如何正确处理新时期大国关系这——般性问题的深入思考，从三个不同层次的内容与目标，勾画出了构建新型大国关系的基本框架和主要路径，因此，这三句话联为一体，事实上构成了新型大国关系理念的核心内涵。

所谓"不对抗、不冲突"，是指大国之间要尽可能避免发生对抗与冲突，无论这种对抗或冲突是由某一方主动为之，或者纯粹是被动引起，都应当尽

① 《习近平会见美国前总统卡特时强调：要为中美关系发展积累正能量》，人民网，2012 年 12 月 14 日，http://cpc.people.com.cn/n/2012/1214/c64094-19893436.html。

② 《中华人民共和国和俄罗斯联邦关于合作共赢、深化全面战略协作伙伴关系的联合声明》，新华网，2013 年 3 月 22 日，http://news.xinhuanet.com/world/2013-03/23/c_124494026.htm。

③ 《专家解读李克强总理访印及中印发表联合声明》，中央政府门户网站，2013 年 5 月 23 日，http://www.gov.cn/jrzg/2013-05/22/content_2408994.htm。

④ 《杨洁篪谈习近平主席与奥巴马总统安纳伯格庄园会晤成果》，外交部网站，2013 年 6 月 9 日，http://www.fmprc.gov.cn/mfa_chn/zyxw_602251/t1048973.shtml。

⑤ 温宪、陈一鸣：《跨越太平洋的合作——国务委员杨洁篪谈习近平主席与奥巴马总统安纳伯格庄园会晤成果》，《人民日报》，2013 年 6 月 10 日。

可能地予以消除。这是新型大国关系有别于传统大国关系最为基础的一点。当然，考虑到不同国家在国情、需求、利益与偏好等方面千差万别，国家之间产生分歧或矛盾往往在所难免，但即便如此，也不意味着两国要通过激烈的对抗冲突形式予以化解，比如像过去那样，通过战争的方式获得国际主导权，进而满足本国的欲望，相反，应当通过沟通协调的方式，尽可能地通过和平手段加以解决，从而打破崛起大国与守成大国必然走向冲突的"修昔底德陷阱"。如就中美两国而言，所谓"不冲突"，就是指中美两国要避免20世纪上半叶德国、日本崛起导致两次"热战"那样的悲剧；所谓"不对抗"，就是指中美还要避免出现第二次世界大战后的美苏之间长达40余年全面对抗的冷战。[1] 能否以及如何实现大国间不冲突、不对抗呢？这就需要大国间进行密切的沟通交流合作，建立相应的保障机制，确保两国关系避开对抗冲突的陷阱。当代大国间的核恐怖平衡机制为新型大国关系的构建提供了一定的现实可行性，但仅靠这一根支柱还远远不够，还需要有其他的外交安全、经济和文化交流机制等予以配合。如果两国关系上做到了不对抗、不冲突，新型大国关系理念就完成了第一个层次，也是最基本层次上的要求。

"相互尊重"作为第二层次对大国关系的要求更高。这里的"相互尊重"，包括了多个方面的丰富内涵。首先是相互尊重对方作为国家这样一个实体的存在，即尊重对方的领土和主权完整性，不对对方的领土主权产生非分之想进行侵略或挑衅，这就在相当程度上排除了两国发生大规模战争的可能；其次是尊重对方的政治上层建筑，包括对方的社会政治经济法律制度和发展模式等；这一点对于当代大国关系具有特别的意义。因为冷战结束以后，在西方发达国家一度掀起了一股"民主获胜"的"历史终结论"，[2] 这让一些西方大国认为，只有选择了西式民主政治制度，才代表了人类前进的方向，否则就有必要将其推翻，将其纳入所谓的"第三波"或后续"第四波"民主浪潮之中。[3] 如果持有此种狭隘的西式民主宗教激进主义思维，那么，就很难对有别于西方大国体制的其他大国予以应有的对待，反而会再度引发如同冷

---

① 达巍：《构建中美新型大国关系的路径选择》，《世界经济与政治》，2013年第7期，第59—73页。

② Fukuyama Francis, *The End of History and the Last Man*. New York: Free Press, 1992.

③ Huntington, S. P., *The Third Wave of Democratization in the Late Twentieth Century*. London: University of Oklahoma Press, 1991.

战期间的意识形态新对立；再次是尊重对方的核心利益和重大关切；这里面的核心利益，也就包括对方所正式或非正式表达出来的最为重要的物质和非物质方面的利益，以及基于任何国家对核心利益所持有的最为一般的看法，比如领土和主权的完整性、独立性捍卫、对财富和经济利益的正当追逐等；①最后还应包括尊重对方的文明与文化，以求同存异、包容互鉴的精神看待对方。也即，无论各国经济发展水平有多少差异，但是各国文明文化并无高下之别。对此，不能以"自我中心论"和文明优越感看待他国，而是应当尊重各国的风俗文化，支持文明交流互鉴而非鼓吹文明冲突与文明断层。当然，新兴大国在处理与守成大国的关系上，还要特别留意尊重守成大国的既得利益或霸权利益等。比如对美国而言，它并不在乎本国作为一个国家所通常要尽可能捍卫的安全与发展利益，因为这些对它的现有实力而言，根本没有任何国家能构成现实的威胁，它眼下更为担忧的核心利益在于其国际主导权和国际霸权利益不要受到太大的冲击和威胁。这是它所特别关注的领域。只要照顾到了它的霸权担忧，对它的尊重才算落到了实处。事实上，只要做到了相互尊重，就意味着大国间已经排除了在重大利益上的冲突与分歧，双方能够保持较高的战略互信，从而两国就不仅能够避免冲突对抗，甚至有条件朝着深化合作方向发展。

"合作共赢"这一要求则将大国关系推向了一个更高的发展层次。它体现出积极的进取性和有为性，要求大国间展开主动性合作，积极培育共同利益，并共同分享合作利益。这里的共同利益，就既包括了大国作为国家所共同关心的利益，如安全、发展、福利和价值观维护等，也包括了大国作为国际社会的中坚力量在维护国际秩序上所应肩负起来的国际责任以及由此带来的相应利益等。更具体一点说，作为对构建国际秩序发挥不可或缺作用的大国，除了要推进双边合作以谋求取得相应的政治、经济和安全利益之外，还要在提供国际公共品等方面通力合作，以此营造出良好的国际发展环境，治理好无世界政府状态下所可能出现的各种无序和混乱现象。这一点也是国际

---

①　2009 年 7 月，时任中国国务委员戴秉国在第一轮中美战略与经济对话结束后曾对中国核心利益作过界定："中国的核心利益第一是维护基本制度和国家安全，其次是国家主权和领土完整，第三是经济社会的持续稳定发展"，详见李静、吴庆才：《首轮中美经济对话：除上月球外主要问题均已谈及》，中国新闻网，2009 年 7 月 29 日，http://www.chinanews.com/gn/news/2009/07 — 29/1794984.shtml。

社会成员对大国所具有的特别期待，它要求大国发挥领导力和示范作用，以引领国际社会朝着正确而可持续的方向前进。

（三）"新型大国关系"概念的延展

综上可见，习近平主席对新型大国关系内涵所作的以上表述，已经囊括了其核心本质，就中美这对世界最受关注的大国关系何去何从阐明了中国的态度与愿望，但同时也应看到，中国所提出的构建新型大国关系始于但并不限于中美两国，习近平主席对新型大国关系的以上表述，是特别针对中美关系而论的，然而实际上中国所指的新型大国关系也包括广义上的大国关系在内，即与包括美、欧、日等传统大国以及以金砖国家为代表的新兴大国之间的相互关系，都属于新型大国关系的范畴。正如有学者所指出的，中国新型大国关系理念的内涵其实比较宽泛，且兼具道义规范和解决问题的双重意义。[1] 中国突出强调的是新型大国关系的目标和原则诉求，主张维护国际关系的公正性、公平性和合理性。因此，从更为一般性的角度看，中国的新型大国关系理念还包括以下三点基本内涵。

一是强调独立自主，反对霸权主义。如同 2013 年 3 月习近平主席在莫斯科国际关系学院演讲时所指出的："世界的命运必须由各国人民共同掌握。各国主权范围内的事情只能由本国政府和人民去管，世界上的事情只能由各国政府和人民共同商量来办。这是处理国际事务的民主原则，国际社会应该共同遵守。"[2] 这就是说，中国既要求别国尊重中国的独立自主性，反对别国的霸权主义，同时中国自身也尊重别国的独立、主权与尊严，中国对外也不会搞霸权主义，不会以各种借口干涉他国内政。

二是强调公正平等、互利共赢。中国主张包括与大国在内的国际关系都应是平等关系，各国都享有平等的权利与相应的义务。没有任何国家能以任何借口凌驾于他国之上；各国在平等交往中寻求共同发展和共同利益。

三是坚持和平共处、合作安全。各国应当避免对抗冲突，坚持以和平的方式解决彼此间的分歧矛盾，同时在安全问题上反对排他性结盟，倡导以"合

① 杨洁勉：《新型大国关系：理论、战略和政策建构》，《国际问题研究》，2013 年第 3 期，第 9—19 页。
② 姚遥：《人民、国家与世界：中国视角下的外交伦理观——建构中国国家软实力的另一维度》，《国际论坛》，2014 年第 2 期，第 51—56 页。

作安全、集体安全、共同安全"为特点的新安全观。①

此外，根据不同大国的不同特点，中国还对不同新型大国关系的建设重点作了专门的区分，比如中俄关系被视为新型大国关系的典范，中美关系被视为新型大国关系的建设重点，中国与其他金砖国家的关系被视为新型大国关系的增长点，中欧关系被视为新型大国关系建设的着力点，以及中日关系被视为新型大国关系建设的难点等一系列命题，②这反映出中国所指的新型大国关系实际上并非仅限中美之间，而是包含世界所有重要大国间关系在内。

三、"一带一路"倡议

"一带一路"倡议是指由中国领导人提出的共建"丝绸之路经济带"（即"一带"）和"21世纪海上丝绸之路"（即"一路"）倡议的简称。2013年9月中国国家主席习近平访问哈萨克斯坦，其在纳扎尔巴耶夫大学发表的讲演中首次提出了包括欧亚在内的各国共建"一带"的倡议，即"为了使我们欧亚各国经济联系更加紧密、相互合作更加深入、发展空间更加广阔，我们可以用创新的合作模式，共同建设'丝绸之路经济带'。这是一项造福沿途各国人民的大事业"。③同年10月，中国国家主席习近平访问印度尼西亚时又在印尼国会发表的演讲中提出了共建"一路"的倡议，即"东南亚地区自古以来就是'海上丝绸之路'的重要枢纽，中国愿同东盟国家加强海上合作，使用好中国政府设立的中国—东盟海上合作基金，发展好海洋合作伙伴关系，共同建设'21世纪海上丝绸之路'"。④此后，习近平主席提出的"一带一路"倡议迅即被纳入中国发展议程当中，上升到顶层规划和国家统筹推动层面。

（一）"一带一路"倡议纳入国家议程

2013年11月，推进"丝绸之路经济带"和"21世纪海上丝绸之路"建设

---

① 李文：《构建新型大国关系》，《人民日报》，2013年4月17日。

② 杨洁勉：《新型大国关系：理论、战略和政策建构》，第9—19页。

③ 孙海峰、姚奕：《习近平：创新合作模式 共同建设"丝绸之路经济带"》，人民网，2013年9月7日，http://cpc.people.com.cn/n/2013/0907/c164113-22840646.html。

④ 《习近平：中国愿同东盟国家共建21世纪"海上丝绸之路"》，新华网，2013年9月7日，http://www.xinhuanet.com/world/2013-10/03/c_125482056.html。

被写入中国共产党第十八届中央委员会第三次全体会议通过的《中共中央关于全面深化改革若干重大问题的决定》中，该决定表示要以此加快同周边国家和周边区域的基础设施互联互通建设，形成全方位开放新格局。①2014 年 3 月，李克强总理在政府工作报告中将"抓紧规划建设'丝绸之路经济带'、'21 世纪海上丝绸之路'，推进孟中印缅、中巴经济走廊建设，推出一批重大支撑项目，加快基础设施互联互通，拓展国际经济基础合作新空间"等作为当年政府的重点工作。②2014 年 11 月，习近平主席主持召开会议，研究"丝绸之路经济带"和"21 世纪海上丝绸之路"规划、发起建立"亚洲基础设施投资银行"和"设立丝路基金"，并强调指出："'丝绸之路经济带'和'21 世纪海上丝绸之路'倡议顺应了时代要求和各国加快发展的愿望，提供了一个包容性巨大的发展平台，具有深厚历史渊源和人文基础，能够把快速发展的中国经济同沿线国家的利益结合起来。要集中力量办好这件大事，秉持亲、诚、惠、容的周边外交理念，近睦远交，使沿线国家对我们更认同、更亲近、更支持。"③ 在 2015 年 3 月举行的博鳌亚洲论坛上，中国政府授权发布了《推动共建丝绸之路经济带和21 世纪海上丝绸之路的愿景与行动》白皮书，面向世界，系统阐述了"一带一路"倡议的基本构想，④ 就如何推动该倡议提出了方向性、框架性、意向性的设计。至此，推动"一带一路"倡议的实现，已成为中国关注的重点任务之一。⑤

2017 年 5 月，首届"一带一路"国际合作高峰论坛在北京举行，有28 个国家的元首和政府首脑应邀参加，另有来自 110 多个国家的各界人士和 61 个国际组织的负责人或代表出席了会议，会议形成了 5 大类、76 大项、279 项具体成果，⑥标志着"一带一路"倡议这一理论创想，已经实现了落地，

① 《中共中央关于全面深化改革若干重大问题的决定》，搜狐网，2018 年 1 月 14 日，https://www.sohu.com/a/216562168_99914060。

② 《李克强：抓紧规划建设丝绸之路经济带、21 世纪海上丝绸之路》，人民网，2014 年 3 月 5 日，http://lianghui.people.com.cn/2014npc/n/2014/0305/c376646-24533303.html。

③ 《习近平：加快推进丝绸之路经济带和 21 世纪海上丝绸之路建设》，新华网，2014 年 11 月 6 日，http://www.xinhuanet.com/politics/2014-11/06/c_1113146840.htm。

④ 《授权发布：推动共建丝绸之路经济带和21 世纪海上丝绸之路的愿景与行动》，新华网，2015 年 3 月 28 日，http://www.xinhuanet.com/world/2015-03/28/c_1114793986.htm。

⑤ 李晓、李俊久：《"一带一路"与中国地缘政治经济战略的重构》，《世界经济与政治》，2015 年第 10 期，第 30—59 页。

⑥ 陈炜伟、安蓓：《首届"一带一路"国际合作高峰论坛成果全部得到落实》，新华网，2019 年 4 月 22 日，http://www.xinhuanet.com/2019-04/22/c_1124399474.htm。

进入到全面实践的新阶段。①2019 年 4 月，中国政府再度在北京举办了第二届"一带一路"国际合作高峰论坛，有 40 位国家和重要国际组织的领导人出席圆桌峰会。这届论坛达成 6 大类、283 项务实成果，将"一带一路"建设推向了一个新阶段。② 很显然，"一带一路"倡议已被纳入中国对外交往的大规划中，成为当代中国向世界贡献的"中国理念"与"中国方案"的名片之一，"一带一路"倡议已经以机制化、平台化方式走向国际外交大舞台。③

---

① 白洁、郑明达、郁琼源：《贡献全球治理的中国方案——迎接"一带一路"国际合作高峰论坛系列述评之四》，人民政协网，2017 年 5 月 9 日，http://www.rmzxb.com.cn/c/2017-05-09/1524949.shtml。

② 张旭东、熊争艳、于佳欣等：《"登高赋新诗"——写在第二届"一带一路"国际合作高峰论坛闭幕之际》，新华网，2019 年 4 月 28 日，http://www.xinhuanet.com/world/2019-04/28/c_1124425298.htm。

③ "一带一路"倡议也已受到不少国外学者关注，并从中国崛起、大战略、多边主义、包容性全球化、全球政治经济网络、地缘政治以及国际秩序等不同角度予以解读，可参阅 D Dollar, "China's rise as a regional and global power: The AIIB and the 'One Belt, one road'". *Horizons: Journal of International Relations and Sustainable Development*, Vol.4, 2015, pp.162-172; Aoyama Rumi, "'One Belt, One Road': China's New Global Strategy", *Journal of Contemporary East Asia Studies*, Vol.5, No.2, 2016, pp.3-22; M.Callaghan & P.Hubbard, "The Asian infrastructure investment bank: Multilateralism on the silk road", *China Economic Journal*, Vol.9, No.2, 2016, pp.116-139; F.Leverett & Bingbing, W., "The new silk road and China's evolving grand strategy". *The China Journal*, Vol.77, 2016, pp.110–132; W.Liu & M.Dunford, "Inclusive globalization: Unpacking China's belt and road initiative". *Area Development and Policy*, Vol.1, No.3, 2016, pp.323-340; Summers Tim, "China's 'New Silk Roads': sub-national regions and networks of global political economy", *Third World Quarterly*, Vol.37, No.9, 2016, pp.1628-1643; Nadège Rolland, "China's 'Belt and Road Initiative': Underwhelming or Game-Changer?", *The Washington Quarterly*, Vol.40, No.1, 2017, pp.127-142; Blanchard Jean-Marc F. & Flint Colin, "The Geopolitics of China's Maritime Silk Road Initiative", *Geopolitics*, Vol.22, No.2, 2017, pp.223-245; Ohashi Hideo, "The Belt and Road Initiative (BRI) in the context of China's opening-up policy", *Journal of Contemporary East Asia Studies*, Vol.7, No.2, 2018, pp.85-103; Jones Lee & Jinghan Zeng, "Understanding China's 'Belt and Road Initiative': beyond 'grand strategy' to a state transformation analysis", *Third World Quarterly*, Vol.40, No.8, 2019, pp.1415-1439; Benabdallah Lina, "Contesting the international order by integrating it: the case of China's Belt and Road initiative", *Third World Quarterly*, Vol.40, No.1, 2019, pp.92-108; Ngai-Ling Sum, "The intertwined geopolitics and geoeconomics of hopes/fears: China's triple economic bubbles and the 'One Belt One Road' imaginary", *Territory, Politics, Governance*, Vol.7, No.4, 2019, pp.528-552.

（二）"一带一路"倡议的历史渊源

追根溯源，当代中国领导提出的"一带一路"构想，其创意正源自古老而著名的"丝绸之路"。[①] 正如中国国家主席习近平所指出的："2000 多年前，我们的先辈筚路蓝缕，穿越草原沙漠，开辟出联通亚欧非的陆上丝绸之路；我们的先辈扬帆远航，穿越惊涛骇浪，闯荡出连接东西方的海上丝绸之路。古丝绸之路打开了各国友好交往的新窗口，书写了人类发展进步的新篇章……古丝绸之路绵亘万里，延续千年，积淀了以和平合作、开放包容、互学互鉴、互利共赢为核心的丝路精神。这是人类文明的宝贵遗产。"[②]

据考证，首次明确提出"丝绸之路"(Seidenstrassen) 概念的学者，是19 世纪 70 年代德国地理学家李希霍芬 (Ferdinand von Richthofen)，在其1877 年出版的《中国》第一卷中，首次提出了"丝绸之路"的概念，并在地图上进行了标注，这一术语后来被广泛采纳。[③] 这条传统的丝绸之路，自公元前 114 年至公元 127 年间起，从中国古代都城长安（即今天的西安），经中亚、中东等地，抵达地中海，全长 6000 余公里，是东西方互通有无的贸易之路，也是横贯亚欧大陆的古代东西方文明交汇之路，而丝绸则是最具代表性的货物，因而被命名为"丝绸之路"。[④] 在陆上丝路之前，也有海上丝绸之路，主要从古代中国沿南海向西方运送丝绸、瓷器并输入香料等。

1903 年，法国汉学家沙畹 (Edouard Chavannes) 曾将"陆地丝绸之路"和"海上丝绸之路"进行分别阐述："丝路有陆海二道，北道出康居，南道为通印度诸港之海道，以婆庐羯泚 (Broach) 为要港，又称罗马犹斯丁 (Justin) 与印度诸港通市，而不经由波斯，曾于五三一年遣使至阿拉伯西南也门 (yemen) 与希米亚提 (Himyarites) 人约，命其往印度购丝，而转售之于罗马人，缘其地常有舟航至印度。"[⑤] 这就是"陆上丝绸之路"与"海上丝绸之路"

---

① Hansen, V., *The silk road: A new history*. Oxford: Oxford University Press, 2012.
② 《习近平在"一带一路"国际合作高峰论坛开幕式上的演讲》，新华网，2017 年 5 月 14 日，http://www.xinhuanet.com/world/2017-05/14/c_1120969677.htm。
③ 许心怡：《揭秘"一路一带"："丝绸之路"名称谁"发明"？》，央广网新疆分网，2015 年 4 月 16 日，http://xj.cnr.cn/2014xjfw/2014xjfwws/20150416/t20150416_518332229.shtml。
④ 同上。
⑤ 沙畹：《西突厥史料》，冯承钧译，中华书局，1958 年，第 167 页，转引自张辉、易天、唐毓璇：《"一带一路"背景下的新型全球化格局》，《政治经济学评论》，2018 年第 3 期，第 201—217 页。

的历史根基所在。

尽管后来因为战乱等原因，丝绸之路被中断，但是其有关记载和内在精神却传承下来，成为当代中国"一带一路"倡议的灵感来源。"一带一路"倡议贯穿欧亚大陆，东边连接亚太经济圈，西边进入欧洲经济圈，正是借用古代丝绸之路的历史符号，旨在弘扬传统丝绸之路的和平交往、开放合作与互惠互利等精神，充分依靠中国与有关国家既有的双、多边机制，借助既有的行之有效的区域合作平台，积极发展与沿线国家的经济合作伙伴关系，在复兴海陆丝绸之路沿线欧亚经济圈繁荣合作的同时，共同打造"政治互信、经济融合、文化包容"的"利益共同体、命运共同体和责任共同体"，推动全球化朝向开放、包容、均衡、普惠、可持续方向发展。[1]

（三）"一带一路"倡议的基本内涵

作为新时期当代中国对外开放的重大举措和倡导国际合作的大倡议，"一带一路"倡议绝非空洞的口号，而是被赋予了具体内容和丰富内涵。如在中国领导人最早提出"一带一路"倡议的演讲中，就从"五通"角度概括了"一带一路"合作的基本内容，认为可以通过把"五通"先做起来，以点带面、从线到片，逐步形成区域大合作。这"五通"就包括政策沟通、道路联通、贸易畅通、货币流通和民心相通等。[2] 这"五通"思路，连同《推动共建丝绸之路经济带和 21 世纪海上丝绸之路的愿景与行动》白皮书中明确提到的"打造政治互信、经济融合、文化包容的利益共同体、命运共同体和责任共同体"，[3] 实际就勾勒出了"一带一路"倡议的核心精神与任务框架，既有深厚内涵，又有鲜明指向性和可操作性，是深入理解"一带一路"倡议内在蕴含的根本指南。

其一，政策沟通是共建"一带一路"的前提与基础。"一带一路"是跨越国界的大合作、大倡议，它既不同于完全由自己做主的国内建设，也不同于国际施压或是强权干涉，而是由各国在自主决策的前提下，平等自愿地加

---

① 张永庆：《"一带一路"倡议：中国经验、国际方案、世界贡献》，《东北亚经济研究》，2018 年第 6 期，第 16—24 页。

② 孙海峰、姚奕：《习近平：创新合作模式 共同建设"丝绸之路经济带"》，人民网，2013 年 9 月 7 日，http://cpc.people.com.cn/n/2013/0907/c164113-22840646.html。

③ 《授权发布：推动共建丝绸之路经济带和 21 世纪海上丝绸之路的愿景与行动》，新华网，2015 年 3 月 28 日，http://www.xinhuanet.com/world/2015-03/28/c_1114793986.htm。

入进来。而各国在贸易、金融、设施建设以及文化教育等不同领域，都存在多少不等的政策、标准或法律差异，因此，为了实现各国对接，首先就要通过各种对话和沟通协商，就政策许可等方面达成共识，从而为各种后续的功能性、务实性合作放行。因此，政府间签署各种合作协议或合作备忘录，往往是双方推进"一带一路"合作的必备前提。在此授权框架允许下，两国企业和民间组织也才有信心加入后续的项目合作。在此基础上，还要促进政策与规则的联通。政策壁垒导致的要素流动障碍，使得"一带一路"地区面临着严重的分割，如果未来能够实现"一带一路"区域国家标准、规则、法规对接，打造"大通关体制"，那么，将收获巨大的政策对接红利。据世界经济论坛估计，如果全球供应链壁垒的削减能够达到最佳实践水平的一半，全球 GDP 预计将增长 4.7%，贸易量将增加 14.5%，远超取消所有关税所带来的福利收益。东盟东亚经济研究中心（ERIA）报告表明，2021—2030 年，由于有效消除了供应链壁垒以及各种非关税壁垒，将使东盟各国的 GDP 总共增加 31.19%，东亚各国的 GDP 总共增加 7.76%。[①]

其二，设施联通是共建"一带一路"的优先领域。众所周知，道路、桥梁、港口以及网络、能源等基础设施，对于促进经济增长和国际经贸合作意义至关重大。而跨境性的道路（高速铁路和高速公路）、港口、输油管道以及通信电缆等基础设施，就更具有国际公共品性质，令其覆盖范围内的所有群体都能从中受益。这正如美国学者帕拉格·康纳在其《超级版图：全球供应链、超级城市与新商业文明的崛起》一书中所指出的，当前的基础设施建设，已成为对全球至关重要的公共产品。[②] 但从现实来看，"一带一路"沿线中有相当一部分国家的基础设施有巨大缺口，需要中国和其他国家一起合作提供这些耗资巨大、回报期漫长的公共产品。仅从电力领域来看，世界银行最新数据显示，2014 年，包括缅甸、柬埔寨、孟加拉国、老挝、尼泊尔、菲律宾、阿富汗等的通电率均没有达到 100%；将近二分之一的国家（地区）人均用电量低于世界平均水平，这与产业发展和居民消费对电力日益增长的需求极不相适应。而在过去几十年中，中国倒是在基础设施建设的各主要领域如公

---

① 张茉楠：《"一带一路"倡议愿景与战略重点》，《上海证券报》，2017 年第 720 期。

② ［美］帕拉格·康纳：《超级版图：全球供应链、超级城市与新商业文明的崛起》，崔传刚、周大昕译，北京：中信出版社，2016 年，第 32 页。

路、铁路、港口、机场、通信网络以及油气管道等方面，取得了长足进展，并掌握了大量基础设施建设实践经验和熟练的技能技巧，完全能够与"一带一路"的相关沿线国家展开这方面的投资、工程技术和劳务合作。[①] 这些跨国性基础设施项目的推进，既能满足"一带一路"沿线国家和地区人民的生产生活需求，还能以此形成新的洲际性人流、物流、资金流和知识流、信息流网络，将亚欧非大陆联系得更加紧密。[②]

其三，贸易畅通是共建"一带一路"的重点内容。正如有学者指出的，[③] 国际贸易历来就是丝绸之路的题中之义，这一跨国贸易活动，也派生出了一系列的货币和资金流通、货物运输、人员往来等辅助性活动，由此可见贸易一直都是丝绸之路得以出现、不断发展和趋向繁荣的核心动力。[④] 相比以往，现代国际经贸合作在内容上更加丰富，在主体上更加多元，在规则上更加复杂，在影响上比过去更加巨大，因此，要将促进贸易畅通和经贸大发展作为"一带一路"合作的重中之重。还有学者表示，"一带一路"合作框架可以看作是一种新型的"贸易协同战略"，它的提出，意味着中国将调整原有的贸易架构，引入新的合作模式，如由此前以贸易为主导的战略，转向贸易与投资并重的综合性合作战略，由传统的产业间贸易，转向分工更为细化的产业内贸易，这由此又会导致贸易结构与贸易条件发生相应的变化，并对双边合作的制度和规则框架提出了新的协调需求。[⑤] 如果各国能够在促进互联互通、降低非关税壁垒、提高贸易投资便利化等方面作出大的改进，从而加速资源要素流动，那么将会创造出巨大的贸易红利。

其四，资金融通是共建"一带一路"的重要保障。仅仅设施联通一项就耗资巨大，非任何一国所能独力承担，必须加强金融运作，多元化、多渠道筹集资金。政策性金融和开发性金融机构可以作为"一带一路"跨境金融合作的先导，同时也可组建专门的投资基金或金融机构支持"一带一路"建设。

---

① 李向阳：《构建"一带一路"需要优先处理的关系》，《国际经济评论》，2015 年第 1 期，第 54—63 页。

② 孙劲松：《习近平"一带一路"倡议：参与全球治理的中国智慧》，《贵州省党校学报》，2016 年第 5 期，第 23—28 页。

③ 夏先良：《"一带一路"战略与新的世界经济体系》，《人民论坛·学术前沿》，2016 年第 5 期（上），第 56—75 页。

④ 同上。

⑤ 张茉楠：《"一带一路"倡议愿景与战略重点》，《上海证券报》，2017 年第 720 期。

目前中国已经主导成立了 20 多个基金支持"一带一路"建设，[①] 如中国出资 400 亿美元组建的丝路基金、中国—东盟投资合作基金、中非产能合作基金、中国—中东产能合作基金、中国保险投资基金、丝绸之路黄金基金等，都共同致力于推进"一带一路"建设，另外近年新设立的亚投行（AIIB）、金砖国家新开发银行（又名金砖银行）等，也可参与"一带一路"建设投资。除此之外，各国还可加强货币合作以及金融安全合作等，促进"一带一路"国家货币跨境支付、结算和清算体系加速建立。据统计，仅仅到 2016 年 10 月，中国与"一带一路"沿线国家的跨境人民币结算金额就已超过 2.63 万亿元，中国人民银行已经与 21 个"一带一路"沿线国家的央行签订了双边本币互换协议；中国银监会已与 28 个"一带一路"国家的金融监管部门签署了监管合作谅解备忘录或合作换文；中国证监会则已相继同 59 个国家和地区的证券期货监管机构签署了监管合作谅解备忘录。[②] 未来相关国家在推进金融创新、创新国际化的融资模式以及打造多层次金融平台，以建立起服务"一带一路"建设长期、稳定、可持续、风险可控的金融保障体系上，还大有空间可为。

其五，民心相通是"一带一路"建设的社会根基。国之亲在于民相亲，民相亲在于心相通。促进民心相通是国际合作的基础性工程。"一带一路"沿途是世界上最为典型的多类型国家、多民族、多宗教聚集区域之一，是世界古文明最为重要的发源地之一，也是世界几大主要宗教的发祥地并由此传播到世界各地，[③] 面对如此复杂的多元文化、多元文明并存的情况，要想推动各国民众实现相互理解、形成合作合力并不容易。为此，要通过加大人文交流力度，通过旅游、留学、文娱表演及体育赛事活动等促进人际流动，及时消除彼此的隔阂与误解，为推动"一带一路"合作发挥支持作用。[④] 同时，还要从历史和现实的维度出发，尊重文明的多样性，树立平等互鉴、包容对话的文明观，通过文化交流推动文化的认同、实现文化包容。[⑤]

---

① 刘英、马玉荣：《"一带一路"赋予全球化新的内涵》，人民网，2017 年 8 月 18 日，http://theory.people.com.cn/n1/2017/0818/c83859-29478930.html。
② 朱瑞：《扶满"金桥"座座助发展》，《解放军报》，2016 年 10 月 28 日。
③ 孙志远：《"一带一路"战略构想的三重内涵》，《中国经济时报》，2014 年 8 月 11 日。
④ 同上。
⑤ 高扬：《民心相通："一带一路"建设的根基》，《学习时报》，2019 年 4 月 28 日。

总之，通过实行以上"五通"，全方位推进务实合作，"一带一路"沿线国家就有望发展成为政治互信、经济融合、文化互容的利益共同体、责任共同体和命运共同体。古丝绸之路精神将因此而焕发出新的时代光芒，亚欧非这片广袤的大陆上就将出现一个新兴经济活力带，"一带一路"倡议也将对世界和平与发展作出巨大贡献。[①]

四、人类命运共同体思想

面对 21 世纪以来国际形势的风云变幻和全球化的深入发展，中国领导人高瞻远瞩，放眼长远，提出了积极构建人类命运体的新理念，获得了以联合国为代表的国际社会的广泛认同，也成为当代中国理念、中国方案的又一重要体现。

（一）"人类命运共同体"思想的提出与国际认同

据考证，2011 年 9 月 6 日，《中国和平发展》白皮书首次提出了命运共同体的概念，[②]引起国际社会关注。2012 年 11 月，《中国共产党第十八次代表大会报告》中再次提出，"要倡导人类命运共同体意识，在追求本国利益时兼顾他国合理关切，在谋求本国发展中促进各国共同发展"。[③]但当代中国真正在国际外交舞台面向国际社会提出人类命运共同体新理念，则始于 2013 年 3 月习近平主席在莫斯科国际关系学院所发表的演讲，他在演讲

---

① Sarker Md Nazirul Islam , Md Altab Hossin, Xiaohua Yin &Md Kamruzzaman Sarkar, "One Belt One Road Initiative of China: Implication for Future of Global Development", *Modern Economy*, Vol.9 No.4, April 18, 2018；Veysel Tekdal, "China's Belt and Road Initiative: at the crossroads of challenges and ambitions", *The Pacific Review*, Vol.31, No.3, 2018, pp.373-390; 万成才：《"一带一路"内涵丰厚 意义深远》，新华网，2015 年 3 月 29 日，http://www.xinhuanet.com/world/2015-03/29/c_127632204.htm。

② 即"要以命运共同体的新视角，以同舟共济、合作共赢的新理念，寻求多元文明交流互鉴的新局面，寻求人类共同利益和共同价值的新内涵，寻求各国合作应对多样化挑战和实现包容性发展的新道路"。参阅《中国的和平发展》白皮书，国务院新闻办公室网站，2011 年 9 月 6 日，http://www.scio.gov.cn/tt/Document/1011394/1011394_4.htm。

③ 胡锦涛：《坚定不移沿着中国特色社会主义道路前进，为全面建成小康社会而奋斗——在中国共产党第十八次全国代表大会上的报告》，《人民日报》，2012 年 11 月 18 日。

中表示："这个世界，各国相互联系、相互依存的程度空前加深，人类生活在同一个地球村里，生活在历史和现实交汇的同一个时空里，越来越成为你中有我、我中有你的命运共同体。"① 此后，习近平主席还在国内外不同场合，上百次阐述中国这一超越民族、国家和意识形态的全球观，② 将打造人类命运共同体这一中国理念、中国方案不断推向世界，激起了全球性的回响与赞誉。

2013年4月，习近平主席在博鳌亚洲论坛2013年年会主旨演讲中指出："我们生活在同一个地球村，应该牢固树立命运共同体意识，顺应时代潮流，把握正确方向，坚持同舟共济，推动亚洲和世界发展不断迈上新台阶"；③2015年3月，习近平主席又发表了以《迈向命运共同体 开创亚洲新未来》为名的博鳌亚洲论坛主旨演讲，明确提出"我们要把握世界大势，跟上时代潮流，共同营造对亚洲、对世界都更为有利的地区秩序，通过迈向'亚洲命运共同体'，推动建设'人类命运共同体'"；④ 同年9月，习近平主席在纽约联合国总部出席第70届联合国大会一般性辩论时，发表了题为《携手构建合作共赢新伙伴 同心打造人类命运共同体》的重要演讲，提出要秉承《联合国宪章》精神，打造人类命运共同体，同时还对其内容作了阐述；⑤2016年9月，习近平主席在G20峰会开幕式主旨演讲中，呼吁"应该促进不同国家、不同文化和历史背景的人们深入交流，增进彼此理解，携手构建人类命运共同体"；⑥2017年1月，习近平主席出席在瑞士日内瓦举办的"共商共筑人类命运共同体"高级别会议，发表了《共同构建人类命运共同体》主旨演讲，指出："让和平的薪火代代相传，让发展的动力源源不断，让文明的光芒熠熠生辉，是各国人民的期待，也是我们这一代政治家应有的担当。中国方案

---

① 习近平：《顺应时代潮流 促进世界和平发展》，《人民日报》，2013年3月24日。
② 孙宝国：《全球治理的中国智慧和中国方案——人类命运共同体理念的提出与影响综述》，《视听》，2018年第10期，第52—53页。
③ 《习近平谈治国理政》（第二卷），北京：外文出版社，2014年版，第330页。
④ 吴绮敏、陈伟光、杜尚泽：《迈向命运共同体 开创亚洲新未来》，《人民日报》，2015年3月29日。
⑤ 《习近平在第七十届联合国大会一般性辩论时的讲话》，新华网，2015年9月29日，http://www.xinhuanet.com/politics/2015-09/29/c_1116703645.htm。
⑥ 《习近平出席B20峰会开幕式并发表主旨演讲》，中央电视台网站，2016年9月3日，http://news.cctv.com/2016/09/03/ARTIro1JhxTJP4thZpu3Zrf0160903.shtml。

是：构建人类命运共同体，实现共赢共享。"①

正是在习近平主席的不懈倡议推动下，"人类命运共同体"的理念和实践日渐深入人心，国际认同感日渐增强。2017年2月，构建"人类命运共同体"理念首次进入联合国决议，被写进联合国社会发展委员会第55届会议决议中，该决议还呼吁推进"一带一路"倡议等，以加强非洲的互联互通。②同年3月，在联合国安理会通过的阿富汗问题第2344号决议中也指出，应本着合作共赢精神和构建人类命运共同体的理念，推进包括阿富汗在内的区域合作。这是联合国安理会首次将构建"人类命运共同体"载入安理会决议。③同月，联合国人权理事会第34次会议通过的相关决议中也明确提到要"构建人类命运共同体"。④从构建"人类命运共同体"先后获准写入联合国决议、联合国安理会决议以及联合国人权理事会决议，说明作为中国理念和中国方案重要体现的"人类命运共同体"思想，已获得了世界范围的积极认同，⑤中国智慧正日益成为全人类共同的财富，如同联合国社会发展委员会第55届会议主席菲利普·查沃斯所说："从长远来看，世界各国和联合国都会从这一理念中受益"，"构建人类命运共同体理念是中国人着眼于人类长远利益的远见卓识。"⑥

（二）"人类命运共同体"理念的思想渊源与体系构成

命运共同体理念的思想渊源，可以追溯到社会学中的共同体理论。正如有学者指出的，"人类命运共同体则可以看作是一个目的共同体，其承载的

---

① 《习近平主席在联合国日内瓦总部的演讲》，新华网，2017年1月19日，http://www.xinhuanet.com/world/2017-01/19/c_1120340081.htm。

② 《联合国决议首次写入"构建人类命运共同体"理念》，新华网，2017年2月11日，http://www.xinhuanet.com/world/2017-02/11/c_1120448960.htm。

③ 梁奕：《安理会决议首次载入"构建人类命运共同体"理念 中方回应》，中国新闻网，2017年3月20日，http://www.chinanews.com/gn/2017/03-20/8178535.shtml。

④ 《人类命运共同体重大理念首次载入联合国人权理事会决议》，新华网，2017年3月24日，http://www.xinhuanet.com/world/2017-03/24/c_129517029.htm。

⑤ 刘靖北：《为人类对更好社会制度的探索提供中国方案——论中国特色社会主义的基本特征及其世界意义》，《中国浦东干部学院学报》，2017年第4期，第74—82页。

⑥ 《斑威特稿：中国方案的世界回响——写在人类命运共同体理念首次载入安理会决议之际》，新华网，2017年3月23日，http://www.xinhuanet.com/2017-03/23/c_129516885.htm。

人类同呼吸、共命运的价值共识，本身就是人们的向往和追求"。①具体看，这里的共同体是指与拥有相同身份、特质、本能、职业、地域、习惯和记忆的人群相关，是人与人结合而成的"现实的有机的生命"。②其共同性表现在，不同国家或不同人类之间在地域、民族、宗教、文化、利益、目标等方面所具有的或多或少、或强或弱、或显或隐的"一致性"特质。相同的价值观，以及同等重要的共同利益，将这些群体联系在了一起，成为同呼吸、共命运的大团体。历史地看，人类共同体正由早先的血缘共同体、国家共同体发展到后来的超国家共同体。③联合国、欧盟等是超国家共同体的典型代表。人类命运共同体的意识和理念，也正是随着人类历史由国别向区域和全球化过渡，以及超国家共同体实践的不断丰富而得到认同和扩散。

正是在把握人类社会发展大势和统筹应对纷繁复杂的世界格局的前提下，当代中国领导人站在人类社会发展的制高点上，提出了构建以共赢共享为核心的人类命运共同体理念和主张，将其发展成为内容丰富、涵盖全面的一整套处理当代国际关系的理念体系。④这一体系由政治、安全、经济、文明和环境生态等五大支柱构成了一个完整的整体，涉及国际交往中的方方面面，具体包括：一是政治上坚持平等和相互尊重。联合国的各成员国，无论国别在规模、实力和发展阶段上的悬殊差异，都拥有完全平等的国际地位和全球治理参与权，同时各国主权应受到尊重，反对干涉别国内政，维护国际公平正义；二是积极打造安全共同体，树立"共同、综合、合作、可持续安全"的新安全观，让联合国及其安理会在止战维和与促进集体安全等方面发挥核心作用，维护世界和平稳定；三是构建发展共同体，各国通过开放创新、包容互惠，实现公正、包容和可持续发展，积极推进互帮互助、互惠互利；四是树立包容互鉴的文明观，赞赏文明多元性，积极推动文明对话交流，坚决抵制唯我独尊、贬低其他文明和民族的做法，推动人类不同文明和谐相处、

---

① 周安平：《人类命运共同体概念探讨》，《法学评论》，2018年第4期，第17—29页。

② 陈曙光：《超国家政治共同体：何谓与何为》，《政治学研究》，2017年第5期，第68—78页。

③ Ernest A. Payne, "The Unity of Mankind", *Baptist Quarterly*, Vol.25, No.1, 1973, pp.2-9,

④ 刘靖北：《为人类对更好社会制度的探索提供中国方案——论中国特色社会主义的基本特征及其世界意义》，《中国浦东干部学院学报》，2017年第4期，第74—82页。

共同进步；五是打造尊崇自然、绿色发展的生态体系，注重人与自然的和谐共生，实现世界的可持续发展和人的全面发展。[①]

（三）"人类命运共同体"思想的价值蕴含

放眼当今世界，尽管经济全球化成功地改变了包括中国在内的许多国家的命运，全球化和网络化浪潮也令原本偌大而分割的地球变成了新的"地球村"和"共同体"，但与此同时，也滋生了贫富分化、政治不公、文化冲突、资源枯竭、恐怖主义抬头、生态环境恶化等诸多全球性问题和挑战，传统的全球治理体系和思路也日益显示出其不适应、不协调，[②]人类命运共同体理念正是在这种背景下应时而生，着眼于人类共同面临的难题，运用中国智慧而提出中国版的全球治理新方案。[③]因此，人类命运共同体思想具有十分睿智而深刻的价值蕴含。

其一，构建人类命运共同体理念提出了以"共建、共享、共赢"为核心价值的国际社会发展新准则。作为同一个"地球村"的村民，无论种族、肤色、地域、信仰或国籍为何，人类都生存于共同的地球家园和生态环境。这种共生关系是人类与生俱来的客观现实，要求人们能够超越狭隘的私利，摒弃传统的零和博弈或冷战思维，用更宏大、更有远见的眼光来处理彼此间的利益和矛盾冲突关系。特别是在人类社会已进入核时代的背景下，两次世界大战的悲剧不能重演，因为那很可能会导致整个人类未来的毁灭。唯一明智的出路，就是用发展的、和平的与合作的思维来创造利益、应对挑战。事实上，冷战终结以来得到蓬勃发展的国际合作，已经给世界带来了新的前景与机遇，一大批国家摆脱贫困，进入了新兴发展行列，各国相互依赖日渐加深，形成了跨越国界的、更有效率的产业分工链。这正是世界共建共享共赢的成果展现。大国之间也形成了诸多对话机制，以避免发生剧烈的对抗。与此同时，还有许多新的问题，如气候、移民、毒品犯罪以及太空、网络等全球公

---

① 陈向阳：《以"人类命运共同体"引领世界秩序重塑》，《当代世界》，2016年第5期，第18—21页。

② Halliday Fred, "Global Governance: Prospects and Problems", *Citizenship Studies*, Vol.4, No.1, 2000, pp.19-33; Keohane Robert O., "Global governance and legitimacy", *Review of International Political Economy*, Vol.18, No.1, 2011, pp. 99-109.

③ 杨金卫：《构建人类命运共同体与全球治理变革中国方案》，《东岳论丛》，2018年第5期，第31—37页。

域，没有任何国家靠单打独斗可以应付其中的问题，必须寻求国际协作。所有这些，都意味着人类社会要严肃思考国际政治伦理新准则的形成，不能再回到旧的权力争斗陷阱中去。各国必须树立起坚定的合作意识，发动尽可能多的力量参与全球治理，才能克服现有治理体系存在的无能与失效，这正是人类命运共同体理念所指出的正确前进方向。①

其二，构建人类命运共同体思想强调了追求公平公正、平等包容的国际政治秩序观。正如习近平主席曾指出的，建立公平公正合理的国际秩序是近代以来人类孜孜以求的目标。而构建这一公正秩序的根基，就是要遵从人类从数百年国际关系交往史中积累下来的一系列公认原则，这也是构建人类命运共同体需要遵从的基本规范之一。② 在这些原则中，主权平等就是最重要的准则，也是联合国及所有机构、组织共同遵循的首要原则。要落实这一点，主要是要防止以大欺小、恃强凌弱，对小国弱国等予以有差别的区别关照对待，确保所有国家在国际治理和合作中真正实现权利平等、机会平等和规则平等。尽管当代中国正在发展成为新兴大国强国，但是中国仍一如既往地坚持呼吁和积极追求国际关系民主化，反对凭借自身实力优势搞单边主义、霸权主义。从人类命运共同体思想看，世界命运由各国人民所决定，人类前途系于各国人民的自主抉择，全球事务就应当由各国共同参与治理，国际规则也应当由各国共同参与制定，世界上的事情应由各国人民商量着办，要按照相互尊重、平等协商原则处理国际事务和彼此关系。③

其三，构建人类命运共同体思想提倡交流互鉴、开放包容的文明观。冷战结束以后，西方有学者曾提出了轰动一时的"文明冲突论"，④ 认为文明冲突将成为未来世界战争的根源，即文化上的区别将超越意识形态或政治经

---

① Jun DING & Hongjin CHENG, "China's Proposition to Build a Community of Shared Future for Mankind and the Middle East Governance", *Asian Journal of Middle Eastern and Islamic Studies*, Vol.11, No.4, 2017, pp.1-14.

② 《习近平主席在联合国日内瓦总部的演讲》，新华网，2017 年 1 月 19 日，http://www.xinhuanet.com/world/2017-01/19/c_1120340081.htm。

③ 阎孟伟：《构建人类命运共同体的价值内涵》，《光明日报》，2019 年 2 月 11 日。

④ Huntington Samuel P., "The Clash of Civilizations?", *Foreign Affairs*, Vol.72, No.3, 1993, pp.22-49；Huntington Samuel P., *The Clash of Civilizations and the Remaking of World Order*, New York: Simon and Schuster, 1996; Alex Osborn Major & Army British: "The 'Clash of Civilisations' Thesis as a Tool for Explaining Conflicts in the Contemporary World", *Defence Studies*, Vol.5, No.3, 2005, pp.394-400.

济上的区别，成为后冷战世界中的最重要区别，同时所属不同文明的人民之间的冲突，也将压倒按照阶级、贫富或其他标准来划分的集团之间的冲突，成为"在这个世界里，最普遍的、重要的和危险的冲突"。①尽管"文明冲突论"抛出后已受到多方批驳，但不能不承认，这种以冲突观看待多元文明格局前景的思想仍不无市场，而且持有文明或种族优越感的在西方也大有人在。②正是受这种畸形文明观的指引，战争或对抗可能会找到新的借口，因为消灭劣等文明似乎符合人类进化思想。而中国提出的人类命运共同体思想，则反对这种荒谬的文明观，为世界上的多元文明和谐共处提出了互鉴互赏、百花齐放的新出路。恰如习近平主席所言，正是不同的历史、国情、民族和习俗，孕育了不同文明，它们丰富了世界。文明的交融借鉴，是推动人类进步的源泉。③每种文明都有其独特魅力和深厚底蕴，都是人类的精神瑰宝，它们没有高下优劣之分，只有特色地域之别。绝不应无端夸大文明差异的后果，更不应将文明差异视为世界动荡之源，相反，它以其多样性为人类文明发展提供了创新之源。不同文明之间应通过密切的交流互动，加深相互了解，化解误会隔阂，成为人类社会前进的动力和维护世界和平的纽带。

综上所述，当代中国提出的构建人类命运共同体思想，实质是在纷繁复杂的国际关系中，通过共同利益、共同责任、共同挑战把各国紧密联系在一起的状态，是国与国之间以共同利益为最大公约数，克服分歧和矛盾，和平发展、和谐相处、合作共赢的状态。④这一理念顺应了新的时代潮流与发展需求，回应了全球化时代各国应当如何相处这一根本性大问题，以中国意愿和实践为基础，向世界贡献出中国智慧和中国方案，因而能够受到包括联合国在内的国际社会广泛肯定与认同，对于中国自身发展和世界整体繁荣进步都具有重大的现实意义和深远的历史意义。⑤

---

①　姜卫平、蒋岩桦：《"文明冲突论"难掩霸权思维》，2019年6月12日。

②　冯钺：《冲突与优越感并存的西方文明观》，《人民论坛》，2019年第26期，第39—41页。

③　《习近平主席在联合国日内瓦总部的演讲》，新华网，2017年1月19日，http://www.xinhuanet.com/world/2017-01/19/c_1120340081.htm。

④　王寅：《人类命运共同体：内涵与构建原则》，《国际问题研究》，2017年第5期，第22—32页。

⑤　杨金卫：《构建人类命运共同体与全球治理变革中国方案》，《东岳论丛》，2018年第5期，第31页。

第三章
印度发展理念与发展战略的演变

印度与中国一样，在第二次世界大战结束以后，摆脱了外来的殖民统治，走上了独立自主的发展道路，进入了幅员辽阔、人口规模庞大的发展中大国行列。为了促进自身成长，印度在开国领导人尼赫鲁先生的带领下，建立起了以计划经济和市场经济相结合的经济发展模式，在对外战略上，则大力倡导主权平等和各国相互尊重，反对霸权压迫和强权干涉，与此同时，还树立了"大国梦"目标，这些举措使印度不断向前迈进。但随着时间的推移和内外形势变化，从20世纪90年代起，印度也迎来了经济改革和发展战略的重大调整。本部分旨在根据印度独立以来在经济政策和对外战略上发生的重大变化，将其发展实践划分为三个主要阶段，[①] 分别归纳阐述印度在不同阶段的经济外交战略选择及其特点，揭示印度在发展理念和发展战略上的演变轨迹。

一、20世纪90年代以前印度的发展理念与战略

（一）印度独立建国之前的殖民遗产

众所周知，在1947年独立前，印度经历了近200年的英国殖民统治，这给印度经济和人民生活造成了巨大的损失。[②] 在殖民统治和封建势力的桎梏下，印度经济畸形落后，广大人民生活异常困苦。[③]

---

① 这种划分无疑带有很大的主观选择性，但也考虑到了不同阶段在发展理念战略上有着显著差异等客观因素。正如美国学者威廉·罗宾逊（William I.Robinson）曾指出，"历史分期是社会科学家的一种分析工具，它被用来强调社会在历史长河中所发生的重要变化"。同时，对于像印度这样的大国来讲，通常是外交服从内政并为内政服务，而非相反，因而本研究阐述主要从内部经济发展理念发展战略和外交理念外交战略两个方面来展开，其他方面则略过不谈。参见［美］威廉·罗宾逊：《全球资本主义论》，高明秀译，北京：社会科学文献出版社，2009年，第5页。

② Sarkar, S. *Modern India*, 1885–1947. Chennai: MacMillan, 1983.

③ Dewey, C. & Hopkins, A.G. (ed.), *The Imperial Impact: Studies in the Economic History of India and Africa*, London: University of London, 1978.

来自印度官方的数据显示[①]，农业人口占印度全部人口中的比重，1950-1951 年度估计为 72.4%。1948-1949 年度，农业产值占国民收入的比重高达 48.1%，而现代工业仅占 8.3%，即使加上手工业也只占 19.8%。现代工业也主要是轻工业，仅纺织工业一项就占现代工业产值的 40% 左右，而重工业还不到 10%，机器制造业几乎是空白。在农业方面，受殖民当局漠视和封建关系的严重束缚，导致原有灌溉系统被破坏，耕地不断荒芜，生产日趋凋落。1911 年人均耕地面积为 0.9 英亩，到 1941 年减少到 0.72 英亩。1938-1939 年度每英亩谷物产量比 1909-1913 年间的平均数下降 25.9%。据杜德估计，第二次世界大战前，印度多数人的平均收入是 1 便士到 1.23 便士一天，这个数字意味着："印度人的平均收入只够喂饱三个人中的两个，或者一律给他们所需的三餐中的两餐，如果他们肯一丝不挂，终年露宿，没有娱乐和消遣，除了食物之外什么也都不要，而那食物是最低等的、最粗糙的、最缺乏营养的。"[②]

从政治上看，国内四分五裂，疮痍满目。由于英国实行"分而治之"政策，导致印、巴分治，这不仅在经济上人为地割裂了二者的原有联系，如主要的工业区和工业企业留在印度，而重要的工业原料（棉花、黄麻等）留在巴基斯坦，而且还导致了严重的教派冲突。[③]另外，还有土邦割据自治。所有这些都使得独立时的印度处于极其不利的发展起点上。

不仅如此，殖民统治还带给了印度畸形的资本主义经济发展和灾难性后果，导致独立后的印度对外来资本和外来商品的影响长期存有戒备心理。出于自利的目的，英国占领并控制印度后，立即给印度引入了资本主义的种子，将印度经济卷入资本主义世界经济体系之中。原本印度是手工业较为发达的典型自给自足型农业社会，其农业发展水平处于当时世界先进行列，其手工业中纺织业尤其发达，贝拿勒斯、阿默达巴德以及阿姆利等地的棉布丝绸产品等享有世界性声誉，[④]因而印度的农产品和工业品不仅可满足本国需求，还可出口海外。[⑤]但英国殖民者在入侵并占领印度后，打破了印度原先的封

---

① 亚宁耕：《战后发展中国家经济（分论）》，北京大学出版社，1988 年，第 14 页。
② 同上，第 15 页。
③ 同上，第 16—17 页。
④ ［印度］鲁达尔·达特，［印度］K.P.M. 桑达拉姆：《印度经济》，雷启淮等译，成都：四川大学出版社，1994 年，第 31 页。
⑤ 同上，第 50 页。

闭状态，将印度纳入了全球贸易网络，印度的正常发展进程被中断，沦为了殖民宗主国的商品销售市场和原材料、廉价劳动力提供地。[①]为此需要，英国殖民者鼓励本国人投资印度，开办工厂，建设配套的运输和港口等基础设施，促成了畸形的印度资本主义经济发展。[②]1947 年政治独立后，印度仍对外国资本势力的影响心存忌惮，大力发展印度民族经济和民族产业。[③]

尽管如此，殖民统治者给印度社会带来的变化，也成为印度改革发展的基础。[④]新的诸多变革，如土邦归并和全国行政整合、成人普选制的建立、建立完整的工业化体系、实行土地改革和发起"绿色革命"等，都不过是为了更好地适应印度国情发展需要而作的深入改变。不仅如此，在长期以来反殖民的民族主义运动中，印度也涌现出了以甘地和尼赫鲁为代表的现代杰出政治思想家和领导人。其中，出身于下级种姓吠舍的一支班尼亚的甘地，其思想渗透着浓郁的宗教道德气息和狭隘的复古色彩；而出身于婆罗门高级种姓的尼赫鲁，其思想则具有明显的科学世俗色彩和开阔的现代气息；甘地重直觉，尼赫鲁重理性。[⑤]尽管这两人的风格大相径庭，但在争取印度独立解放的运动中，两人却合作共事，并肩战斗，带领印度走向独立新生，对印度的后来的发展走向产生了异常深远的影响。

（二）20 世纪 90 年代前印度的经济理念与发展战略

当代印度从开国初到 20 世纪 90 年代前，其间主要经历了以发展混合经济为特点的"尼赫鲁模式"时期，以及英·甘地、拉·甘地经济调整时期。其中，作为开国总理的尼赫鲁，对于当代印度发展理念和发展战略的缔造，

①　Das Gupta Ranajit, "Plantation labour in colonial India", *The Journal of Peasant Studies*, Vol.19, No.3-4, 1992, pp.173-198.

②　Buchanan, D.H., *Development of Capitalistic Enterprises in India*, London: Frank Cass, 1966; Bagchi, A.K., "Colonialism and the Nature of 'Capitalist' Enterprise in India", *Economic and Political Weekly*, XXIII(31), July,1988, pp.30.

③　文富德：《经济全球化与印度经济发展》，《当代亚太》，2001 年第 11 期，第 28—35 页。

④　Lange, M. K., "British colonial legacies and political development". *World Development*, Vol.32, 2004, pp.905–922;林承节：《印度史上的断裂、改变和延续》，《南亚研究》，2004 年第 2 期，第 57—60 页。

⑤　默父：《论尼赫鲁与甘地的思想特征和政治风格》，《湛江师范学院学报》(哲社版)，1997 年第 1 期，第 22—27 页。

具有举足轻重的影响。[①] 从 1947 年 8 月 15 日正式就任印度总理，到 1964 年病逝，尼赫鲁执政印度长达 17 年，作为享有崇高威望的开国元勋，尼赫鲁的思想理念奠定了当代印度的制度和战略基础。即便在他去世后，他所一手塑造的印度发展理念与战略框架，仍基于制度内在的稳定性等而在相当程度上得以传承，继续发挥作用，继任的几任总理不过是作了一些修补与调整，但并未从根本上推翻尼赫鲁政府拟定下的经济发展模式。[②] 杰出人物对于历史发展所具有的那种特殊推动作用，在当代印度相当时期内显得特别突出。因此，在介绍当代印度独立以来的发展理念、发展战略时，尼赫鲁模式下的内政外交思想与政策必然要成为最为核心的内容之一。

尽管尼赫鲁总理出身于一个富裕的资产阶级家庭，在英国接受的是通常只有贵族或资产阶级才能承担得起费用的正统英式教育，但在英国受教的同时，尼赫鲁却受到了西方自由主义传统和费边社会主义两大思潮的影响，[③] 这使得尼赫鲁的思想体系中，滋生了许多社会主义思想成分。[④] 在担任总理后，他的这些社会主义思想便与西方资本主义以及甘地主义等思想结合，并付诸实践，让原本不是社会主义国家的印度，其在发展理念和发展战略上反而与社会主义国家呈现出诸多相似之处。1955 年，尼赫鲁郑重提出了在印度建设"社会主义类型社会"的理论，在此理论指导下形成的印度式发展模式也被称为"尼赫鲁模式"。根据其各种讲话以及所制定的各种政策，可将尼赫鲁模式的基本内容概括为以下几点。

一是坚持自力更生、运用社会主义方法实现独立自主发展。早在独立之前，尼赫鲁就强调优先发展经济的重要性，提出国家的目标就是"尽可能要做到自给自足"以"应付国内的粮食、原料和制成品的需要"，[⑤] 而且表示国家如果

①　Nehru Brown, J. M., *A political life*. New Delhi: Oxford University Press, 2003; Francine R. Frankel, *India's political economy, 1947–2004: The gradual revolution* (2nd ed.). New Delhi: Oxford University Press, 2005.

②　Rodrik, D. & Subramanian, A., *From Hindu Growth to Productivity Surge: The Mystery of the Indian Growth Transition*, IMF Working Paper No WP/04/77, May, Washington DC, 2004.

③　默父：《论尼赫鲁与甘地的思想特征和政治风格》，第 22—27 页。

④　Nehru Jawaharlal, *Toworad Freedom: An Autobiography*, Bostom: Baacom Press, 1963.

⑤　［印度］尼赫鲁：《印度的发现》，齐文译，北京：世界知识出版社，1956 年，第 526—552 页。

在工业上落后，将助长较发达国家的侵略倾向，并失去经济控制权。[①] 在当时西方国家经济危机频发及新生的社会主义国家却经济蓬勃增长的情况下，尼赫鲁认为只有用社会主义的方法，自力更生，才能更好地发展印度民族经济。[②] 在此后印度的五年计划中，自力更生和自给自足都被视为奋斗目标。[③] 在自力更生思想影响下，加上受当时流行的发展经济学进口替代战略思想的影响，印度还在对外经贸上采取了进口替代发展战略，优先发展重工业，实现重工业的"进口替代"；从 1952 年起，印度将对外经济纳入严格的许可证管理，对外资也施加严格限制，以保护本国民族工业和限制外来经济因素的影响。

二是建立严格管制的工业混合经济体制，支持以公营经济为主导的公私经济并举。一方面，印度政府将从英国殖民者手中接管的铁路、邮电、港口和军火等企业收归国有，同时由政府投资发展投资较大、周转期较长、收益较少的基础工业、重工业、国防工业和基础服务业等基础性和战略性产业，以此促进公营经济的壮大；另一方面，印度政府也大力扶植私人经济的发展，特别是扶植私人大财团经济的发展。在这两者关系中，尼赫鲁认为公营经济应当占据主导地位，以防止经济上的无政府状态，并保证社会财富的公平分配。1948 年，印度出台工业政策，将工业部门根据进入门槛分为三类，第一类由国家垄断经营；第二类是国家和私营资本都经营；第三类才是私人资本可自由参与经营的部门。1955 年，印度又推出行业准入政策和市场许可证制度，并重点扩大公营部门在经济中的主导控制地位，印度在经济体制上与严格管制的标准社会主义国家高度相似。

三是制订"经济计划"，加强对经济的宏观引导。独立后，如同同时期的苏联、中国等社会主义国家一样，尼赫鲁领导下的政府也组建了计划委员会，并由他亲任主席，从 1951 年起开始制订并实施"五年计划"，负责确定每 5 年中的发展目标、重点任务和资源分配，这样，既可以确保有限的资源能够得到集中统筹高效使用，也可以更好地服从服务于全局性和战略性目标任务。[④]

---

①　［印度］尼赫鲁：《印度的发现》，齐文译，北京：世界知识出版社，1956 年，第 539 页。

②　文富德：《经济全球化与印度经济发展》，《当代亚太》，2001 年第 11 期，第 28—35 页。

③　同上。

④　Hanson A. H., The Process of Planning, London: Oxford University Press, 1966; Patel G., Glimpses of Indian Economic Policy. New Delhi: Oxford University Press, 2003.

四是强调公平分配财富，保证社会平等。在具体政策上，尼赫鲁推行土地制度和租佃制度改革，试图消除依靠土地和资本的特权集团，以此改变印度的贫富分化现象。[1]从 1947 年起，印度在土地制度方面推出了一系列改革措施，以此遏制大地主对土地的垄断。[2]

五是主张通过民主和平的手段实现社会主义。面对印度亟须进行的社会变革，尼赫鲁反对采取暴力手段，主张通过和平的、非暴力的、法制的方法来实现。[3]对于这种模式，尼赫鲁自认为是一种有别于苏联式社会主义和欧美式资本主义的"中间道路"或"第三条道路"，是将前两种模式的精华结合起来的一种新的政治经济模式。[4]同时尼赫鲁还大力倡导合作精神，提高民众道德水平。[5]

在尼赫鲁模式的运行下，印度取得了巨大经济社会成就，但也暴露出了一些弊病。[6]如严格的政府管制在一定程度上窒息了经济活力，导致生产效率低下，经济增长速度远低于同期其他一些新兴发展中国家，贫困现象仍较严重等，因此，从 20 世纪 60 年代初到 80 年代末，继任尼赫鲁执政的甘地母子，对这一模式作了调整和修补。如逐步放松对经济的计划管制，提高了纳入许可证管理的投资额度；同时，推进税制改革，以增值税取代复杂的营业税，除了石油、烟草等少数行业外，对其他制造业行业一律实施增值税；[7]另外，加大促进出口的力度，放松对私营企业和出口的管制，注意引进外国直接投资，以及改善国营企业管理等。这些改革措施在一定程度上释放出了印度经

[1] 有学者比较了中印在经济目标、经济政策和发展战略上的不同，指出这正是印度在解决社会平等和贫富分化等问题上远没有中国成功的原因所在。详见 Weisskopf Thomas E ., "China and India: Contrasting Experiences in Economic Development", *American Economic Review*, Vol. 65, No.2, 1975, pp.356-364.

[2] 马颖：《印度渐进式市场经济体制改革成效探析》，《亚太经济》，2016年第3期，第68—74页。

[3] 朱明忠：《评尼赫鲁的社会主义思想》，第57—64页。

[4] ［美］弗朗辛·R·弗兰克尔：《印度的宗教文化观、政治渐进主义和经济发展》，施尧伯、凌静译，《南亚研究》，1982年第1期，第54页。

[5] 朱明忠：《评尼赫鲁的社会主义思想》，《当代亚太》，1998年第8期，第57—64页。

[6] Balakrishnan& Pulapre, " The recovery of India: Economic growth in the Nehru Era", *Economic and Political Weekly*, 42(45/46) (November 10–23), 2007, pp.52–66.

[7] 马颖：《印度渐进式市场经济体制改革成效探析》，《亚太经济》，2016年第3期，第68—74页。

济的活力，20 世纪 80 年代印度经济的年均增长率由 1951 年到 1979 年的不到 4% 上升到 5.5%。[①] 然而，由于自尼赫鲁执政下所建立起来的印度经济发展战略与模式并未从根本上得到改变，最终其收效仍较为有限。

（三）以不结盟为核心的外交理念与战略

在外交方面，独立后的印度确定了以不结盟为核心、以大国梦为底色的总体方针，这与印度摆脱殖民统治、重获自由发展后所珍视的独立自主精神一脉相承，也与以尼赫鲁为首的印度开国领导人们怀抱的大国梦相一致。在不结盟的旗帜下，印度在国际舞台上长袖善舞，发起不结盟运动，努力为印度营造左右逢源的外部环境，也致力于提高印度的国际声望。

正如有学者指出的，独立之初的印度之所以将不结盟方针视为其外交政策的基石，有特定背景与深刻原因，总的看是受英国长期殖民统治和战后美苏冷战对抗这两大因素的影响，导致印度形成了以反殖、反帝、中立和不结盟为核心的独立外交政策。[②] 具体看表现在以下四个方面：一是服从于国内发展的需要。独立后的印度需要营造稳定的外部环境，以集中精力搞国内建设。二是面对国际上业已形成的两极对峙格局，只有实行不结盟政策，才能保住印度的独立地位，避免再度沦为美苏两个超级大国的附庸。三是印度精英的大国雄心抱负，决定了印度不甘于做其他大国的棋子。正如尼赫鲁的一句名言所称，印度"是不能在世界上扮演二等角色的。要么就做一个有声有色的大国，要么就销声匿迹"。[③] 事实上，强烈的大国抱负一直是理解印度外交理念与实践的最为重要的钥匙之一。其四，印度实行的西方式议会制度，意味着很难在结盟对象的选择上达成共识，国内政治上的这种分歧，使得不倒向任何方的不结盟政策反而更能获得通过。[④]

所谓的"不结盟"政策，就其字面意思而言，就是不与当时冷战双方的任一方结盟，不加入对抗中的任一集团。早在独立之初，尼赫鲁就表示印度

① 文富德：《经济全球化与印度经济发展》，《当代亚太》，2001 年第 11 期，第 28—35 页。

② 王琛：《1949 年尼赫鲁访美的背景及失败原因》，《史学月刊》，2004 年第 11 期，第 80—87 页。

③ ［印度］贾瓦哈拉尔·尼赫鲁：《印度的发现》，第 57 页。

④ 黄正柏：《试论尼赫鲁时期印度的不结盟外交》，《华中师范大学学报》（人文社科版），2002 年第 6 期，第 92—98 页。

总的政策是摆脱大国政治的纠缠和被纳入任何大国集团，[①] 而且"无论何人主持印度外交，均不能过分偏离上述政策"。[②] 但是，不结盟政策不等于彻底实行中立或在美苏两大阵营间保持等距离关系；而是视情况的需要，实际上也就是视印度国家利益的需要而采取行动，[③] 即将印度的利益放在事情本身的是非曲直之前来考虑对外问题。[④] 正是由于未加入两极阵营，印度在国际事务上也就获得了新的自由度，那就是既可以游走于美苏两方之间，以灵活地借机获取利益，同时，还可以与其他一些同样不愿在两极阵营中选边站队的国家一道，结成非联盟的联盟，以"第三势力"的身份对两极形成制衡，从而提高自身在国际格局中的话语权和影响力。而这也与印度的大国梦相契合。因此，在尼赫鲁的世界观中，印度自身所处的亚洲被寄予了引领世界潮流的厚望，他为此设想过未来将建立包括中国和印度等国在内的"大印度联邦"——一个"以印度为神经中枢的亚洲联邦"的前景。[⑤] 在这种泛亚洲主义构想中，印度当然处于核心的领导地位，但因此他也对亚洲乃至世界其他发展中国家保持团结和谐寄予了热情期待。

正是在实行不结盟政策和泛亚洲主义思想等背景下，印度积极支持民族解放运动，推动亚非团结，倡导和平共处五项原则，召开万隆会议，发起不结盟运动，由此以发展中大国的身份，成为两极阵营之外的发展中国家的主要代言人之一。印度还与中国一道，在国际上倡导了著名的和平共处五项原则，为国际社会提供了影响深远的国际新规范。1955 年，印度联合多个发展中国家共同召开了亚非国家万隆会议，并邀请中国参加，在会上尼赫鲁阐述了印度的不结盟政策，并与中国联合倡导了著名的万隆十项原则，形成了亚非团结反帝反殖、与"和平共处五项原则"主旨完全一致的"万隆精神"。此后，印度还与埃及、南斯拉夫等国共同发起了不结盟运动，提出反对军事

---

① Nanda B.R., *Indian Foreign Policy: The Nehru Years*, Delhi: Vikas Publishing House, 1975, pp.134-135.

② Nehru Jawaharlal, *India's Foreign Policy: Selected Speeches*, September 1946-April 1961.Delhi: Ministry Inform& Broadcasting ,1964, pp.80. 转引自陶亮：《尼赫鲁"世界和平"思想刍议》，《东南亚南亚研究》，2014 年第 4 期，第 23—30 页。

③ D.C.瓦特：《国际事务概览·1961 年：下册》，上海译文出版社，1988 年，第 91 页。

④ Saleem Kidwai, *Indo-Soviet Relations*, New Delhi: Rima Publishing House. 1985, pp.5-6.

⑤ 黄正柏：《试论尼赫鲁时期印度的不结盟外交》，第 92—98 页。

集团、呼吁建立世界范围的集体安全，实行裁军，加强不发达地区的发展等倡议，[①] 从而掀开了发展中国家反霸权、求和平、争解放运动的新篇章。

总的来看，尼赫鲁总理亲手制定下的不结盟政策具有很多积极的成分，反映出独立初期的印度对于独立自主的珍视、对于国际和平的追求以及对于发展中国家共同愿望与利益的感同身受。这些理念与当时的霸权主义、超级大国沙文主义和冷战对抗思想格格不入，是进步的观念。特别是尼赫鲁在反对同任何大国集团结盟的同时，支持在和平共处五项原则的基础上同世界上一切国家发展友好关系，这明显有别于西方国家盛行的现实主义外交观，为国际社会和谐相处提供了具有理想主义色彩的新理念、新规范。

然而，要完整理解印度独立以后的对外战略，不能仅仅停留于其对外政策宣示，还须认识到印度不结盟思想与政策存在的狭隘性与局限性，认识到其实际行为与理念原则的偏差，并将不结盟政策与印度的大国梦抱负结合起来看待。正如有学者指出的，印度之所以采取不结盟外交政策，也是为了更好地平衡发展经济与发展军备这两者在资源占有上的矛盾关系，在集中资源优先发展经济的同时，通过外交工作来弥补军事上的不足。[②] 因此，从独立后到 20 世纪 50 年代末，印度主要依靠"非暴力"、不结盟与和平共处五项原则为核心内容的"软权力"(softpower)，甚至一定程度上还包括尼赫鲁本人所特有的"人格魅力"等，[③] 参与国际政治权势角逐，但与之同时，在根深蒂固的大国思想和强国梦想驱动下，印度也并未忽视军事的作用，而是竭尽所能地在周边地区扩张权势。其表现就是印度军队的规模和军力在不断扩大，并且开始运用军事力量谋求边界战略外推。[④] 事实上，独立后的印度

---

① 中国国际问题研究所编辑部：《不结盟运动主要文件集》，北京：中国对外翻译出版有限公司，1987 年，第 11—13 页。

② 关于尼赫鲁的建国思想，有印度学者将其归纳为四个相互关联的观点：第一，新独立国家的首要任务是迅速实现工业化；第二，实现这一目标的最佳途径是建立计划经济体制和实行民主社会主义的政策；第三，国内经济改革的迫切性要求将用于国防的开支压缩到最低限度；第四，实现这些目标的同时，把国防开支维持到最低限度的最佳方法是奉行对所有国家都友好的政策，即不结盟与和平共处的外交政策。详见陈平生：《印度军事思想研究》，北京：中国军事科学出版社，1992 年，第 180 页；转引自宋德星：《论尼赫鲁政府的和平核政策》，《史学月刊》，2002 年第 5 期，第 77—84 页。

③ Karunakar Gupta, *Indian Foreign Policy: In Defence of National Interest*, Calcutta: The World Press Private Ltd.,1956, p.5.

④ 宋德星：《试析印度在中印边界问题上的战略构想》，《世界经济与政治》，1999 年第 6 期，第 76 页。

不时出现对邻国和小国的某些偏离和平共处五项原则的言行，[1] 其中既包括 1962 年挑起的中印边界冲突，[2] 更有独立后印度在南亚地区奉行的一系列地区主导政策，[3] 在此政策下，南亚地区政治版图迎来了第二次世界大战后新变化，[4] 如支持东巴基斯坦从巴基斯坦中独立出来成立孟加拉国，锡金被并入印度等。[5] 而在关键性的核武器问题上印度的态度也在发生转变，印度逐渐成为一个虽无其名却有其实的"核"国家。[6] 这些事实清楚表明，独立自主的不结盟思想与和平共处五项原则等，虽在很大程度上反映了印度外交理念的主流，但绝非全部。

二、20 世纪 90 年代至莫迪政府前的经济改革与发展战略调整

（一）经济改革的背景与起因

长期发展绩效欠佳，任何改革都源于对现状的不满，这意味着既有的制度框架或办法，要么是失败的，要么是低效的，要么已经过时。评价现行制度好坏的标准，就是看其输出的经济绩效如何。这种绩效评价既可以基于主观的判断，也可以参考国际同行的情况。而结合印度从独立建国到 20 世纪 80 年代末的经济表现情况看，很显然印度的绩效是无法令人满意的。[7] 印度经济出现了计划经济、私营经济低效率、人民生活低水平低、

---

① 陶季邑：《尼赫鲁和邓小平的不结盟思想比较研究》，《新疆大学学报》（哲学人文社科版），2005 年第 2 期，第 18—21 页。

② ［澳大利亚］内维尔·马克斯韦尔：《印度对华战争》，陆仁译，上海：三联书店，1971 年。

③ Krishna Prasad Khanal, "Anti-India Feeling in South Asia, A Case of Nepal", In Verinder Grover(ed.),*International Relations and Foreign Policy of India*,Vol.2,New Delhi: Deep & Deep Publications,1992,pp.235.

④ ［澳大利亚］内维尔·马克斯韦尔：《印度对华战争》，第 66 页。

⑤ Mira Sinha Bhattacharjea, China,the World and India, New Delhi:Samskriti, 2001, pp.11.

⑥ 宋德星：《论尼赫鲁政府的和平核政策》，《史学月刊》，2002 年第 5 期，第 77—84 页。

⑦ Joshi, V. & Little, I.M.D, *India: Macroeconomics and Political Economy, 1964–1991*, Washington, DC: World Bank and Oxford University Press.1994.

经济增长低速度、发展模式低运作的"五低"现象。[1]从20世纪50年代到70年代末，当亚洲"四小龙"以年均8%—9%的速度增长时，印度的平均增长速度只有3.5%，慢腾腾的"印度增长速度"，成为独立后的印度为人诟病的标签之一。[2]

国际格局的变化。到20世纪90年代初，伴随苏联解体和冷战终结，国际格局也发生剧变，两极对抗格局不复存在，国际体系变成了单极主导，而多强和多极化态势还尚未完成定型。僵化保守的苏式计划经济体制和计划经济模式一同受到摒弃，印度奉行的传统经济发展模式也相应失去了重要理论依据。与此同时，西欧、日本实现了战后复兴，以东亚为代表的一批新兴国家得到快速发展，[3]中国也已启动了声势浩大的改革，这些都使得印度重新思考此前建立起来的赋予政府以广泛经济控制权的印度发展模式。[4]

国内政治格局的变化。在独立以来的相当长时期内，印度国内政治舞台一直由国大党所主导。但随着早先元老式权威领导人物逐渐退出政坛，加上多年执政已经为人们所熟悉，人们开始求新求变，希望能有新生力量带给印度以新的希望与生机。而印度人民党的崛起则正好适应了民众心理的变化，其借助印度宗教力量，效仿圣雄甘地的谋略和手法，[5]掀起印度教民族主义，逐渐对国大党的权威和政治主导地位构成强有力的挑战，由此带动印度国内政治版图发生结构性改变。[6]如在1989年印度第九届人民院大选中，各政党均未过半数，先后出现了印度人民党和人民党（社会主义）联合其他政党

---

①　晓傅：《从"尼赫鲁模式"到市场经济——印度经济的发展轨迹》，《中国改革报》，2000年第630期。

②　陈晓晨：《六十年镜鉴之印度："发展的贫困"》，《第一财经日报》，2009年10月12日。

③　World Bank, *The East Asian Miracle, Economic Growth and Public Policy*, Oxford and New York: Oxford University Press, 1993.

④　Ahluwalia Montek, "Understanding India's Reform Trajectory: Past Trends and Future Challenges", *India Review*, Vol.3, No.4, 2004, pp.269-277.

⑤　Kazuya Ishii, "The Socioeconomic Thoughts of Mahatma Gandhi: As an Origin of Alternative Development", *Review of Social Economy*, Vol.59, No.3, 2001, pp.297-312; Ornit Shani, "Gandhi, citizenship and the resilience of Indian nationhood", *Citizenship Studies*, Vol.15, No.6-7, 2011, pp. 659-678.

⑥　陈峰君：《论印度现代化的转型》，《战略与管理》，2000年第4期，第46—51页。

执政的局面。新的政治力量的登场，往往也预示着新的发展方针与路线的到来，因为它不但没有背负旧的包袱，而且出于政治斗争的需要，需要在国家政策上展开标新立异的尝试。

外债危机的导火索作用。进入 20 世纪 80 年代后，印度曾陆续采取一些经济调整政策，包括部分放松许可证制度，扩大部分国营企业自主权，放松某些紧缺产品的进口限制，以及贬值货币以促进出口等，这在刺激经济增长的同时，也引起了财政赤字与外债水平的上升，到 1990 年，印度外债总额高达 700 亿美元，偿债率接近 40%。[①] 同年 8 月，海湾战争的爆发和石油价格的暴涨，令印度国际收支压力大增，同时还动摇了外国投资者的信心，资本外流加快，尽管印度政府猛烈压缩进口，并动用了黄金储备，但到1991 年 6 月，印度外汇储备仍降到了仅够支付两个星期进口的约 10 亿美元水平，从而将印度推到了无法清偿外债的边缘，[②] 印度遇到了独立以来最严重的国际收支危机，被迫向 IMF 寻求贷款，并在 IMF 的力压下，[③] 启动在印度现代经济史上具有里程碑意义的结构性经济改革。[④]

---

① 陈晓晨：《六十年镜鉴之印度："发展的贫困"》，2009 年 10 月 12 日。

② 于新东：《90 年代的印度经济改革：政策、成效及其启示》，《世界经济研究》，1999 年第 6 期，第 43—46 页。

③ 与此同时，拉奥政府还积极与国际货币基金组织和世界银行交涉，寻求大笔信贷。这两个国际金融机构提出了下列借贷条件：从 1991/92—1994/95 年，印度中央政府的财政赤字必须由占国内生产总值的 6.5% 降到 4%；对外贸易实行自由化，取消对进口数量的限制，分阶段降低关税；在工业领域中引进倒闭机制，改革公营企业，进行私有化，关闭病态企业，取消对公营企业的财政支持等。拉奥政府虽未完全接受上述条件，但也承诺要对国内经济及外贸进行重大改革。结果，国际货币基金组织于1991 年 7 月向印度发放了 1.66 亿特别提款权；之后又于 10 月 31 日批准在今后 20 个月内分 8 次向印度提供 16.56 亿特别提款权（约合 22.62 亿美元）。随后，世界银行也于同年 12 月批准向印度提供 9 亿美元的贷款。以上详见陈明华：《拉奥政府的经济改革》，《世界经济与政治》，1993 年第 1 期，第 10—15 页。

④ Aseema Sinha："A theory of reform consolidation in India: From crisis-induced reforms to strategic internationalization"，*India Review*, Vol.18, No.1, 2019, pp.54-87.

（二）发展新理念与经济改革的实施推进

1. 发展新理念的来源

第二次世界大战后，非殖民化运动的兴起和新生的第三世界国家的大量出现，引发了学界为这些国家提供用以制定"发展政策"的政治经济理论基础的浓厚兴趣。[①]这些理论兴起于 20 世纪 50 年代，在随后的几十年时间里，经历了浮沉兴衰的演变过程，涌现出了形形色色的流派分支。尽管这些理论很少以政策依据的正式形式出现于发展中国家的制度设计中，但是，它们却通过知识观念的广泛传播而对实务部门产生了潜移默化的影响，构成了许多发展中国家发展理念的重要源泉。[②]

恰如斯蒂格利茨教授所言，在所谓正统学派的新古典学经济学家看来，发展被视为主要是一个技术性的经济学问题，[③]主要与增加资本投入和提高资源配置效率有关，欠发达国家与发达国家除了在因市场机制发育不足而导致资源配置效率低下方面有所区别外，其他基本一致。正如著名的发展经济学家艾伯特·赫斯曼（Albert Otto Hirschman）1958 年在《经济发展战略》一书中指出，发展的任务就是刺激投资。[④]换言之，发展政策就是要想尽办法，来努力增加国内储蓄和争取更多的外援。

然而，新古典学派对发展问题的乐观主义看法并没有结出丰硕的果实。许多国家都并未如罗斯托于 1960 年发表的《经济增长阶段》中所描述的那样，进入到显著的经济起飞阶段（国内储蓄率提高到得以自我维持的水平的阶段）。[⑤]这样，一种带有悲观主义论调的依附论观点在 20 世纪 60 年代出现了。从渊源上讲，依附论源于那些力求使民族经济摆脱发达工业国控制的拉丁美洲学者和研究帝国主义的新马克思主义作家。正如戴约（Frederic C. Deyo）所

---

① Howard J. Wiarda, *Political Development in Emerging Nations: Is There Still a Third World?*, Belmont: Wadsworth/Thomson Learning, 2004.

② 张立、王学人：《从发展理论的视角看印度经济崛起》，《南亚研究季刊》，2010 年第 1 期，第 46—50 页。

③ ［美］约瑟夫·斯蒂格利茨：《走向一种新的发展范式》，王燕燕译，《经济社会体制比较》，2005 年第 1 期，第 1—12 页。

④ ［美］赫希曼：《经济发展战略》，曹征海、潘照东译，北京：经济科学出版社，1991 年。

⑤ Rostow W. W., *The Stages of Economic Growth: A Non-Communist Manifesto* (third edition). Cambridge: Cambridge University Press, 1990.

言，尽管提出依附论的作家们在许多理论观点上存在尖锐的分歧，但他们却一致认为，世界资本主义体系中的外围国家（即发展中国家）与核心国家（即工业国）的联系，导致外围国家遭受剥削与经济停滞，而不是增长。[①] 其主要论据是，第一，发展中国家的经济加入扩张性的世界资本主义体系，会鼓励供出口的农业和矿产品生产的专业化，并使初级产品出口部门同外国资本及市场建立起相应的联系；第二，虽然发展中国家的经济融入世界资本主义体系能在短期内推动经济增长和增加就业，但从长期来看，对核心国家市场、资本和技术的不断依赖会形成遏制发展的力量；第三，对核心国家的依赖，以及由此而形成的境内"飞地"的发展，还会加大地区和部门之间的不平等。因此，在依附论的指导下，发展策略越来越转为内向型和进口取代型或相似的类型。[②] 如同拉格纳·诺克斯指出的，由出口导致的增长时代已一去不复返，也不能期望贸易成为一种"发展的动力"；劳尔·普雷维什也呼吁在拉丁美洲实行"进口替代型"政策。[③] 这种对促使国内发展过程进行的外部环境抱悲观主义态度的观点在拉美的三个新兴工业国，即巴西、墨西哥和阿根廷的进口替代工业化战略中得到了最强烈的反映。

　　尽管依附论在许多方面是有用的，比如它对阐述发达和不发达性质的新古典经济理论作了有效的批判，另外也改变了世界发展以欧洲为中心的种种论点等，但东亚新兴工业国（地区）的发展又对依附论提出了更为根本的挑战。这些国家（地区）在 20 世纪六七十年代的经济增长，主要依靠为世界市场生产的劳动密集型产品。事实上，从 70 年代后期开始，与依附论主张截然相对的新自由主义学派就逐渐走红，成为现今经济学的主流和发展理论的轴心。[④] 新自由主义是从古典自由主义发展而来的，是对强调国家干预作用的凯恩斯主义的"革命"，在处理个人与国家、自由与民主、放任与约束、市场与政府、

　　① ［美］弗雷德里克·C. 戴约：《经济起飞的新视角：亚洲新兴工业化实体的政治经济分析》，北京：中国社会科学出版社，1991 年，第 1 页。

　　② Amiya Kumar Bagchi, *The Political Economy of Underdevelopment*. Cambridge, New York: Cambridge University Press. 1982.

　　③ ［印度］贾格迪什 .N. 哈格瓦蒂：《发展经济学：我们学到了什么？》，第 184 页；转引自［美］罗伯特·海尔布罗纳等：《现代化理论研究》，俞新天、邓新格译，北京：华夏出版社，1999 年。

　　④ Ha-Joon Chang, "How important were the 'initial conditions' for economic development?: East Asia vs. Sub-Saharan Africa", in Ha-Joon Chang, *The East Asian Development Experience*：*The Miracle, the Crisis and the Future*, London: Zed Books, 2006.

效率与公平的关系问题上形成了独特的理论体系。[①]总的来说，它更加偏好个人，自由、放任、市场、效率的一面，其提出的发展方案以宏观政策稳定化，经济自由化、市场化和开放化为特点。新自由主义的实施以 20 世纪 80 年代初美国总统里根、英国首相撒切尔夫人上台为标志，随后波及全球，虽然在这一过程中它也常受抨击，但时至今日仍影响巨大。而在 80 年代盛行于欧美的新自由主义，也被 IMF 等国际组织奉为圭臬，作为指导发展中国家进行结构改革调整以换取国际金融资助的思想指南。在此背景下，正巧落入外债陷阱的印度，也就抛弃了此前的高度计划管制和进口替代模式，转向了以开放化、自由化、市场化和私有化为特点的全球化发展新模式。

2.20 世纪 90 年代到莫迪执政前的印度经济改革

从 1991 年拉奥政府上台发起根本性改革起，到 2014 年莫迪政府执政，这期间印度经历了多届政府更迭，先后多位总理上任，如纳拉辛哈·拉奥（Pamulaparthi Venkata Narasimha Rao，任期：1991.06.21—1996.05.16）、阿塔尔·比哈里·瓦杰帕伊（Atal Bihari Vajpayee，任期：1996.05.16—1996.06.01）、德韦·高达（Deve Gowda，任期：1996.06.01—1997.04.21）、因德尔·库马尔·古杰拉尔（Inder Kumar Gujral，任期：1997.04.21—1998.03.19）、阿塔尔·比哈里·瓦杰帕伊（Atal Bihari Vajpayee，任期：1998.03.19—2004.05.22）和曼莫汉·辛格（Manmohan Singh，任期：2004.05.22—2014.05.21）等，推出了大大小小无数改革措施，这些不间断的改革反映出印度政府始终在致力于寻求经济发展制度框架的改进与完善。

拉奥政府的经济改革 (1991—1996)。1991 年 6 月纳拉辛哈·拉奥政府就职总理后，立即授权财政部部长曼·辛格负责协助处理突发的国际收支危机，向国际金融机构求助，并要求其制订长期经济改革方案，因此，这一阶段的改革也被称为"拉奥—辛格"改革。[②]拉奥政府声称，改革的基本方向就是要推动印度经济自由化和全球化，告别过去的严格管制体制，其新经济

---

① 孙琳：《新发展理念对新自由主义的超越》，《国外社会科学》，2019 年第 6 期，第 13—20 页。

② 即指拉奥总理与财政部长辛格两人共同推动下的改革。

政策涵盖了工业、外贸外资、财政金融内容等各个方面。[①] 在工业政策上，通过 1991 年 7 月发布的新工业政策声明等表示，除了因国家安全、发展战略、环境保护等原因而对 18 种生产行业仍继续保留许可证外，其他行业的生产许可证一律取消，实行自由准入，由此基本取消了已实行 40 多年的许可证制度，还鼓励私营企业发展，放松对垄断大财团限制，对部分国营企业实行私有化；在外贸政策上，普遍降低关税率，基本取消了进出口许可证，鼓励私营企业出口，对出口加工区和出口企业给予优惠，实行以出口限制进口的政策等；在外资政策上，由过去的限制外资转为大力吸引外资，将外资在印度冶金、电子、运输、食品加工等 34 个重点发展行业的参股限额由 40% 提升到 51%，开放外商投资领域；在财政方面，则致力于控制财政支出和放松价格管制，努力降低财政赤字以促进宏观经济的稳定；在金融方面，则准许私人开办银行和引进外资，提高国有银行在股市出让股份的比例。[②] 总的来看，这些改革就其广度和深度而言均超过以往任何改革，将印度带入自独立以来最为重要的变革时期，因而曼·辛格声称此轮改革是为了争取印度"第二次独立"。[③]

人民党联合阵线政府的经济改革 (1996—1998)。这一时期印度虽然政局不稳，经历了三轮政府更迭，但由于时任财政部长此前曾在拉奥政府中担任商业部部长，因而保证了经济政策的连续性。由其领导起草的联合阵线政府"最低共同纲领"仍致力于继续推进经济改革，主要内容有：废除更多工业部门的许可证限制；鼓励外资进入，提高外资在工业部门和印度资本市场上的参股投资比例；重组国营企业并继续推行私有化；进一步下调关税率和降低银行利率；推动农业改革，扩大农业信贷和重点扶持小农和边际农，支持农业市场化发展和促进农副产品出口等。[④] 这些改革旨在继续推动印度由计划管制经济向市场开放经济转型。

瓦杰帕伊联合政府的经济改革 (1998—2003)。经过前几年改革，印度经济形势大为好转，经济增速也由 1991-1992 财年的 0.5% 上升至 1996-1997

---

① Bhagwati, J., *India in Transition*, Delhi: Oxford University Press, 1993; Ahluwalia, I. & Little, I.M.D. (ed.), *India's Economic Reforms and Development: Essays for Manmohan Singh*, Delhi: Oxford University Press, 1998.

② 孙培钧、华碧云：《印度的经济改革：成就、问题与展望》，《南亚研究》，2003 年第 1 期，第 3—11 页。

③ 同上。

④ 同上。

财年的 8.1%，[①] 但接下来又爆发了亚洲金融危机，[②] 对印度经济产生不小冲击，同时巨额财政赤字问题也一直存在，在此背景下，瓦杰帕伊联合政府提出要推行第二代经济改革，时任印度财长曾指出，第一代改革是相对容易的，或多或少可以通过行政命令加以解决，而第二代改革则会牵涉到立法，属于早期改革常回避进行的更困难领域的改革，如同价格机制改革、劳工市场改革、减少小型工业的保留品种和利息率等，就属于过去很少触及的关键性改革。[③] 瓦杰帕伊联合政府表示，印度要开启从中央到地方的全方位的政策重大调整改革，以加快经济自由化和全球化的进程，具体包括：逐步废止管理价格机制，修改《工业纠纷法》《合同工法》等推动劳工市场改革，[④] 发布新的农业政策，通过鼓励信贷流入以促进农业增长，进一步扩大外资准入和提高外资控股比例，扩大私营企业和外资在保险、国防工业、银行、证券投资等重要行业的准入，降低国家在非战略性行业的国企比重，设立经济特区以吸引外资和促进出口，并设立农业和园艺出口加工区等。[⑤] 这些改革有的在实施中遇到了很大的阻力，比如劳工市场改革就受到反对党特别是左翼党派和政界人士以及工会的强烈反对，因此其实施效果就大打折扣了。

辛格政府的经济改革 (2004—2014)。2004 年上任的辛格总理，曾在 20 世纪 90 年代的印度经济改革中立下汗马功劳，被誉为"印度经济改革之父"。他就任后立即表态称，新政府将在延续前总理瓦杰帕伊经济改革的基础上，推行"人性化"改革，即改革将涉及并惠及各个阶层，特别是农村或落后地区的贫苦民众及少数民族团体，政府也将保护工人的利益，鼓励国有和私营企业共同发展。[⑥] "印度需要摆脱战争、物资短缺和剥削的阴影"，因此，

---

① Joshi, V. & Little, I. M. D, *India's Economic Reforms 1991-2001*, Oxford: Oxford Economic Press, 1996; Basu Kaushik & Pattanaik Prasanta K., "India's economy and the reforms of the 1990s: genesis and prospect", *The Journal of International Trade & Economic Development*, Vol.6, No.2, 1997, pp.123-133.

② Jonathan E. Leightner, "Asia's Financial Crisis, Speculative Bubbles, and Under-Consumption Theory", *Journal of Economic Issues*, Vol.34, No.2, 2000, pp. 385-392.

③ 孙培钧：《印度当前经济形势与第二代经济改革》，《南亚研究》，2001 年第 1 期，第 3—10 页。

④ Prem Shankar Jha, "The Political economy of the budget", *The Hindu*, March 3, 2001.

⑤ 孙培钧、华碧云：《印度的经济改革：成就、问题与展望》，第 3—11 页。

⑥ 《新总理要实施"人性化"改革》，《广州日报》，2004 年 5 月 21 日。

"人性化的经济改革必须继续进行"。[①] 在辛格第一届总理任期内，印度经济一直以 8.5% 左右的年平均速度增长，而且在金融危机中的表现也强于大多数国家，[②] 但金融危机的不利影响仍接踵而至，印度经济增速开始下滑。[③] 因而辛格在 2008 年再次执政后，新政府表示已制订计划，实施以市场为导向的经济改革，同时推动改善穷人福利、面对经济增长放缓和财政赤字膨胀的境况。这些措施包括：恢复出售国有公司的少数股权，鼓励更多外国投资流入，加大公共基础设施投资，对国有银行进行资本重组等。[④]2012 年 7 月，辛格兼任印度财长，撰文表示印度改革不会走回头路，要在建立有助于开放经济运行的制度环境和处理好分配关系上多下功夫。[⑤] 同年 9 月，辛格政府推出了新一轮改革措施，包括：通过进一步开放零售、航空和广播电视等行业的一揽子改革法令，相应增加外资在上述行业公司中的持股比例以及出售大型国有公司股份等。[⑥] 但这些改革仍面临巨大挑战，英国《金融时报》曾评论称，改革的一大困难在于，政府害怕民粹主义回潮，选民认为自由化只让少部分身居高位的内部人士获益，而且政府需要更加关注在放宽准入、发放行业牌照时的程序透明问题，清除改革中的政治腐败，使改革具备合法性，否则改革难以顺利推进。[⑦]

（三）对外战略的调整

伴随以市场化、自由化和全球化为面向的经济改革全面展开，印度对外战略也相应调整转变。[⑧] 基于服务于经济发展需要，经济外交成为印度外交

---

① 《辛格：总理权杖从天降》，《大河报》，2004 年 5 月 21 日。

② 《印度需更快速经济增长》，《世界新闻报》，2010 年 8 月 2 日。

③ 张立：《印度经济近期走势及前景展望》，《四川大学学报》(哲学社会科学版)，2009 年第 5 期，第 83～90 页。

④ 艾米·卡兹明 (Amy Kazmin)：《印度将重启市场化经济改革》，君悦译，全景网，2009 年 6 月 5 日，http://www.p5w.net/news/gjcj/200906/t2380990.htm。

⑤ 王晓薇：《印度经济双赤字倒逼辛格重启改革》，《华夏时报》，2012 年 8 月 24 日。

⑥ 汪平、赵旭：《印度经济改革面临巨大挑战》，网易新闻网，2012 年 9 月 15 日，https://news.163.com/12/0915/20/8BFJOLAE00014JB5_all.html。

⑦ 《国企私有化与腐败的印度政治》，观察者网，2012 年 3 月 25 日，https://www.guancha.cn/america/2012_03_25_67708.shtml。

⑧ Sumit Ganguly(ed.)., *India's Foreign Policy: Retrospect and Prospect*, New Delhi: Oxford University Press,2013.

的新重点；提出以"古杰拉尔主义"处理周边关系的新策略；在战略方向上，印度转向东亚，开启"东向"战略，融入全球化和区域化合作潮流。而所有这些，都服从服务于印度一以贯之的大国梦目标。[①]

1.经济外交成为外交新重点

在 20 世纪 90 年代以来经济全球化和全球自由化蔚为潮流之际，印度政府认识到，要保证经济改革的顺利进行，促进印度经济增长，就必须大胆地融入国际体系，积极营造良好稳定的周边和外部环境。因为发生边界冲突而长期处于低谷的印中关系自 80 年代拉·甘地执政以来开始回温，印巴关系在同期也开始有所缓和。进入 90 年代后，印度更加强调以外交手段，尤其是经济外交手段为主，以此促进发展、维护安全和提高其国际地位。[②]仅在拉奥政府执政的短短几年时间内，印度的外交形象就已焕然一新。印度既致力于打造以印度为中心的南亚经济圈，同时也与"潜在的强大对手"中国恢复和扩大贸易合作，努力避免由于印巴边界摩擦而酿成第四次战争，还积极将目光投得更远，拓展与东盟、非洲、欧盟、日本、俄罗斯以及美国的全方位经贸合作关系。[③]这些举措增大了印度外交的活动范围，有助于帮助印度拓展外资来源和出口市场，[④]对于印度加快经济现代化、增强综合国力和为国防建设提供物质保障具有显见的正面影响。如在 1995 年印度工业联盟成立 100 周年之际，拉奥政府特意邀请了一大批亚洲国家的高级官员和企业界重要人物出席

[①]　Baldev Raj Nayar & T.V. Paul, *India in the World Order: Searching for Major-Power Status*. Cambridge: Cambridge University Press, 2002.

[②]　吕志英：《印度经济改革概览》，《国际社会与经济》，1995 年第 8 期，第 18—20 页。

[③]　参见唐天日：《印度全力冲刺大国梦》，《人民政协报》，2001 年第 0315 期；马加力：《印度与俄罗斯的战略伙伴关系》，《和平与发展》，2001 年第 2 期，第 15—18 页；张文木：《印度的大国战略与南亚地缘政治格局》，《战略与管理》，2002 年第 4 期，第 85—90 页；吴永年：《论 21 世纪初印度外交战略的调整》，《南亚研究》，2004 年第 2 期，第 17—20 页；马加力：《印度的外交战略》，《和平与发展》，2006 年第 2 期，第 34—38 页；张茂春、杨恕：《非洲与印度的大国战略》，《国际资料信息》，2008 年第 9 期，第 5—10 页。

[④]　Vanaik, Achin, "Indian foreign policy since the end of the cold war", in Ruparelia & Sanjay (ed.), *Understanding India's new political economy: A great transformation*, London: Routledge, 2011, pp.221–236.

95

会议，开展积极主动的经济外交活动。[①] 在这次活动期间，印度同伊朗达成了铺设伊朗至印度的天然气管道协议和海洋运输协定，双方决定取消对船只和货物的非关税性限制，拟定在药品、化肥、纺织品以及渔业生产等方面开办合资项目，还商讨了两国和中亚地区国家间的转口贸易问题；印度同新加坡也签署了一系列经济合作协定；日本则提出了在此后两年内将向印度提供10亿美元的贷款、进一步降低对印度的出口保险金和投资保险金的比率、在孟买设立第二个对外贸易机构等加强印日经济关系的7点计划。

2. 提出以"古杰拉尔主义"处理周边关系的新理念

为了缓和南亚地区局势，为印度的改革发展营造不受束缚的"后院"环境，拉奥政府起就开始发展与南亚邻国的关系，而到古杰拉尔先后任外长和总理时，则正式提出了被称之为"古杰拉尔主义"的睦邻政策。该项政策以"牺牲中短期利益以换取长期收益"和"不求对等互惠而是尽力给予和提供帮助"为特征，以放宽对邻国的印度市场准入条件为核心内容，[②]具体包括五项原则：一是照顾到南亚邻国相对弱小的实际情况，以非互惠和非对称姿态处理印度与南亚中小邻国（巴基斯坦除外，以下同）关系；二是南亚各国不得在本国内从事损害其他邻国利益的活动；三是互不干涉内政；四是互相尊重领土完整和主权独立；五是以和平谈判方式解决各种争端。[③]古杰拉尔认为，这些原则将有助于重塑南亚地区各国关系，包括缓解长期困扰印巴双方的紧张关系。[④]

很显然，"古杰拉尔主义"的提出，相对以前的印度对南亚邻国政策而言，是重要的转变与进步。其积极意义体现在以下几点：首先，它遵循了印度文化所追求的和谐的哲学观；其次，它体现了圣雄甘地一直推崇的非暴力观点和对和平手段的看重；最后，它表明印度视南亚邻国为以历史和文化共同体作为轴心扩展而成的一个同心圆，各国存在着文化上的认同感，可以和谐共

---

① 李景卫：《印度开展经济外交》，《人民日报》，1995年1月13日。

② 吴兆礼：《印度亚太战略发展、目标与实施路径》，《南亚研究》，2015年第4期，第98—121页。

③ 黄正多：《古杰拉尔主义及其对印度外交的影响》，《南亚研究季刊》，2005年第4期，第55—60页。

④ IK Gujral, *Continuity and Change: India's Foreign Policy*, New Delhi: Macmillan India Ltd., 2003, pp.53-54.

存。[①] 对印度而言，"古杰拉尔主义"的目标就是为印度走向东方、寻求亚太身份认同以及与亚太地区开展广泛的合作奠定基础，[②] 其重要性"并不仅仅是给南亚的发展、秩序与和平带来希望，而且也使印度战略性地从这一地区脱身"。[③]

尽管古杰拉尔总理执政的时间很短，但这一睦邻政策理念却对此后的印度外交产生了深远影响，不仅联合阵线政府时期印度的南亚地区外交政策贯彻和实行了"古杰拉尔主义"，在此后的两任政府外交政策中也都有所体现。[④] 但需要指出的，"古杰拉尔主义"的原则和理念并非全新之举，[⑤] 而且更重要的是，表面上看来这些原则对各国都是公平的，但实际上这些原则有一个重要目的，就在于试图防止其他南亚中小邻国与域外国家合作而给印度利益造成损害，同时在印度一家独大的情况下，对"互不干涉内政"这一原则的实现也主要依赖印度的自我克制，事实上，民族主义实力外交和现实主义外交政策仍在瓦杰帕伊与曼莫汗·辛格政府中占有主导性地位。[⑥]

3. 大力实施"东向战略"

印度"东向战略"(Look East Strategy) 是在 20 世纪 90 年代初提出的。1991 年 9 月，在拉奥政府制定的一项外交政策决议中，开始提出了面向东方的新亚洲外交的重要性。对于印度"东向战略"的出台背景，学者们的看

① 黄正多：《古杰拉尔主义及其对印度外交的影响》，《南亚研究季刊》，第55—60 页。

② Bhabani Sen Gupta, "India in the Twenty-first Century", *International Affairs*,Vol.73, No.2,1997, pp.309.

③ Bajpai Kanti, "India-US Foreign Policy Concerns: Cooperation and Conflict",in Gary K.Bertsch, Seema Gahlavt & Aunpam Strivastava(eds.), *Engaging India: US Strategic Relations with the World's Largest Democracy*, New York: Rootledge,1999, p.198.

④ 印度前驻华大使曾表示："就外交政策而言，我们的外交政策的基本原则，诸如强调主权和不干涉的和平共处五项原则等，是依然有效的。"详见［印度］S.梅农：《印度的外交政策与印中关系——在南亚学会第六次代表大会上的讲话》，《南亚研究》，2000 年第 2 期，第 4—8 页。

⑤ 马嬿：《冷战后印度南亚政策的变化》，《当代亚太》，2004 年第 5 期，第18—23 页。

⑥ 孙士海：《印度的对外战略思想及核政策》，《当代亚太》，1999 年第 10 期，第 13—19 页；吴永年：《论 21 世纪初印度外交战略的调整》，《南亚研究》，2004 年第 2 期，第 17—20 页。

法基本一致，[①]认为"东向战略"是印度在国际格局剧变和全球区域经济一体化兴起的背景下审时度势而作出的对外战略大调整。

从 20 世纪 90 年代初正式启动至今的近 20 年里，印度的"东向战略"因时而变、不断演进，先后经历了两个大的发展阶段。[②]按照 2003 年时任印度外长雅斯万特·辛哈的说法，[③]20 世纪 90 年代初印度"东向战略"正式推出以后的前 10 年时间，是整个"东向战略"的第一阶段。这一阶段的特征是面向"东方"的各亚洲国家，发展经贸与投资联系。而随着印度与东盟之间经济联系的增强，从 2003 年起，印度已逐渐迈入其"东向战略"的第二阶段，这一阶段特征则在于跻身亚洲东部，加速与东南亚的融合进程。[④]印度整个"东向战略"的重点也正在超越原有的经济整合，开始寻求更为深入地介入安全军事等"高级政治"领域。[⑤]

印度"东向战略"的第一阶段。在印度将发展与东盟合作关系提升到战略高度、提出"东向战略"的最初几年中，受种种因素制约，双方合作一直停留在"雷声大，雨点小"的阶段，双边贸易额仅由 20 世纪 90 年代初的

① Ayoob, Mohammed, *India and Southeast Asia: A Study of Indian Perceptions and Policies*, London: Routledge, 1990; Ghoshal & Baladas (ed.), *India and Southeast Asia*, New Delhi: Konark Publishers, 1996; B. G. Verghese, *Reorienting India: The New Geo-Politics of Asia*, New Delhi: Konark Publishers, 2001; Faizal Yahya, "BIMSTEC and emerging patterns of Asian regional and interregional cooperation", *Australian Journal of Political Science*, Vol.40, No.3, 2005, pp.391-410; Rajiv Sikri, "India's 'Look East' Policy", *Asia-Pacific Review*, Vol.16, No.1, 2009, pp.131-145; Walter C. Ladwig III, "Delhi's Pacific Ambition: Naval Power, 'Look East', and India's Emerging Influence in the Asia-Pacific", *Asian Security*, Vol.5, No.2, 2009, pp.87-113; Amar Nath Ram (ed.), *Two Decades of India's Look East Policy: Partnership for Peace, Progress and Prosperity*, New Delhi: Manohar, 2012; Niranjan Chandrashekhar Oak: "India's look east to act east policy: tracking the opportunities and challenges in the Indo-Pacific", *Strategic Analysis*, Vol.41, No.3, 2017, pp.306-309.

② 张立：《印度东向战略：进展、影响及应对》，《南亚研究季刊》，2012 年第 1 期，第 14—20 页。

③ 张力：《印度迈出南亚——印度"东向政策"新阶段及与中国的利益关联》，《南亚研究季刊》，2003 年第 4 期，第 31—39 页。

④ Kuppuswamy, *India's Look East Policy: More Aggressive, Better Dividends*, South Asia Analysis Group Papers 1663，3 Jan. 2006.

⑤ 楼春豪：《印度"进军"东亚：以经济外交平衡中国影响力》，《第一财经日报》，2011 年 2 月 21 日。

23亿美元扩大到新世纪初的70亿美元。[①]但在1997年亚洲金融危机后，受中、日、韩与东盟确立了"10＋1"和"10＋3"合作模式的刺激，印度开始奋起直追。尤其是瓦杰帕伊1998年执政后，印度与东盟的合作才在机制构建、基础设施建设规划等方面取得了一系列实质性突破。[②]此后，印度与东盟国家的军事交往也开始升温，同新加坡、马来西亚、泰国、老挝和越南等多个东盟成员国签署了防务协议，[③]这意味着印度首次将"东向"的触角前伸至南中国海。

印度"东向战略"的第二阶段。如果说印度的"东向战略"在第一阶段带有试探性，[④]而在进入21世纪后，伴随印度经济的快速增长，其推进"东向战略"具备了更好的条件，也呈现出在地域和合作范围上日渐扩大之势。[⑤]其主要特点是：一是地域上的扩大，印度"东向"地域扩大到东亚和南太平洋；二是经济领域合作加深。2004年印度与东盟签署了《和平、进步与共同繁荣伙伴关系协定》，2005年，印度成为东亚峰会的成员国；2009年，印度与东盟签署了货物自由贸易协定(AIFTA)；到2011年初，印度和东盟的贸易额已猛增至570亿美元，最近10年内增加了8倍之多；[⑥]三是安全和战略领域合作不断深化。军事合作日趋频繁，军事合作层次不断提高，由军事交流逐步扩大到全面防务合作，联合军事演习的次数逐年增多、规模也不断扩大。[⑦]着眼于南海问题，印越军事互动也更为频繁；[⑧]四是加强

① S.D. Muni, "India's 'Look East' Policy: The Strategic Dimension", http://www.isas.nus.edu.sg/Attachments/PublisherAttachment/ISAS_Working_Paper_121-_Email-_India's_'Look-East'_Policy_The_Strategic_Dimension_01022011145800.pdf.2020-05-13.

② 钱峰：《印度全面推进东进战略 理性看待中国南下》，《环球时报》，2004年12月15日；《印度要做有声有色的大国 军事实力渐增》，凤凰网，2015年11月3日，http://ent.ifeng.com/phoenixtv/76571093564915712/20051103/678238.shtml.

③ 梁军、李欣仁：《透视印度"东向战略"——加深与东盟国家军事交往》，《解放军报》，2004年6月28日。

④ 任佳：《印度的"东向政策"及其发展》，《南亚研究季刊》，2007年第4期，第14—19页。

⑤ Brewster David, "Indian Strategic Thinking about East Asia", *Journal of Strategic Studies*, Vol.34, No.6, 2011, p.848.

⑥ Samir Hussain Mohammad & Janatun Begum, "India-ASEAN Economic and Trade Partnership", *The Journal of Turkish Weekly*, Monday, 31 October, 2011.

⑦ 吴崇伯：《印度与东盟军事与安全合作试析》，《南洋问题研究》，2008年第3期，第24—31页。

⑧ 陈庆鸿：《印度战略图谋的阴影》，《瞭望》，2011年第39期，第47页。

与东南亚地区的物理联结，促进彼此互联互通。印度总理辛格为此指出，与东盟的实体联结是印度的战略目标，具体的联结计划涵盖有陆路和水路相关项目。[①] 至此，印度"东向"的意愿和战略图谋也已全面展现。[②] 印度正在成为东南亚地区一个影响力渐增的行动者，[③] "东向战略"也成为印度在新时期、新阶段调整对外战略、努力实现其大国梦的重要体现。

三、"莫迪主义"

2014 年，印度人民党在大选中获胜，曾任古吉拉特邦邦首席部长的莫迪（Narendra Modi）当选为新总理，印度迎来莫迪执政时代。执政后的莫迪政府雄心勃勃，在内政上推出了一系列改革发展新举措，在外交上主动出击，左右逢源，掀起了一阵"莫迪旋风"。[④]鉴于莫迪执政以来展示出的新颖风格，出现了"莫迪主义""莫迪经济学"等说法，[⑤]以显示其执政上鲜明的独特性。莫迪经济学以三大发展战略为支柱："印度制造"、加强基础设施建设和吸引外国投资。[⑥]"印度制造"是近几届政府都力推的大战略，旨在为印度每年新增的 1000 多万劳动力解决就业问题，使制造业升级成为推动印度经济高增长的新动能，让印度跻身制造大国之列。基建落后则是印度面临的老问题，莫迪政府计划通过对几大主要工业走廊交通设施的建设和连接，迅速提升基建设施水平，形成对制造业战略的有力支撑。吸引外资既是莫迪在古吉拉特邦政府主政时的成功经验，也是激活印度潜在生产力的重要路径，为此莫迪继续大搞经济外交，主动出击，为印度的全球化增长战略造势蓄力。在

---

① 《印度拟建印缅泰公路加强与东南亚联系》，网易新闻网，2011 年 11 月 20 日，http://news.163.com/11/1120/10/7JA20PLI00014JB6.html。

② Batabyal A., "Balancing China in Asia. A Realist Assessment of India's Look East Strategy", *China Report*, Vol.42, No.2, 2006, p. 179.

③ Sikri & Rajiv, "India's 'Look East' Policy", *Asia Pacific Review*, Vol.16, No.1, 2009, p.131-145.

④ 龚欣怡:《就职近一年"莫迪旋风"中心是经济》，《人民日报》（海外版），2015 年 5 月 21 日。

⑤ Aakriti Tandon, "India's Foreign Policy Priorities and the Emergence of A Modi Doctrine", *Strategic Analysis*, Vol.40, No.5, 2016, p.351.

⑥ 甄博:《"执政一年，'莫迪经济学'得几分"》，凤凰网，2015 年 5 月 26 日，http://news.ifeng.com/a/20150526/43838836_0.shtml。

致力于实现大国梦的激励下，莫迪政府着力提升行政效能，发起税制改革，掀起废钞运动，推动修改征地法案和劳工政策，扩大对外开放。在外交上主动有为，深化印美日合作，提升对周边的影响力，积极参与区域合作和全球治理等，令印度政治经济外交等各方面呈现出一派新气象。[①] 2019 年 5 月，印度人民党再度赢得大选，莫迪成功获得连任，"莫迪主义"或"莫迪经济学"也将在未来 5 年里，继续强有力地主导印度的发展方向与前进进程。

（一）"莫迪主义"的由来及特点

所谓"莫迪主义"（Modi Doctrine），[②] 并没有一个权威的定义，时任美国南亚事务助理国务卿碧丝瓦尔 (Nisha Desai Biswal) 曾用该词形容莫迪政府的外交行事风格和行为模式特征等，[③] 而印度前外长斯瓦拉吉就将"莫迪主义"概括为："印度第一，邻国优先，争做大国，重视侨民，强调落实。"[④] 中国也有学者认为，"莫迪主义"是莫迪执政下的印度大国崛起和外交战略的体现，既植根于印度传统，也反映了莫迪总理个人的政治理念与施政风格。[⑤] 还有学者提出了"莫迪经济学"一词（Modinomics），[⑥] 以此表示莫迪的经济发展战略理念和施政方略。[⑦] 实际上，纵观各国实践，将领导人的名称后冠以"主义"一词并非常态，通常只有对那些具有突出个性化施政特

---

① 陈金英：《莫迪执政以来印度的政治经济改革》，《国际观察》，2016 年第 2 期，第 113—126 页。

② Mattoo & Amitabh，"The Modi Foreign Policy Doctrine: India as a Smart Power"，*The Conversation*, June 12. 2014; Louis, Arul，"A New Narendra Modi Doctrine for Indian Foreign Policy?"，*India West*, September 28, 2014; Jaffrelot & Christope，"A Modi Doctrine?"，*Indian Express*, November 20, 2014.

③ "'Modi Doctrine' Prime Ministe's Vision Gets a New Name In Washington"，NDTV, June 10, 2016, https://www.ndtv.com/india-news/as-indo-us-ties-aim-for-global-good-us-calls-pms-vision-modi-doctrine-1417612; Anirban Ganguly et al., *The Modi Doctrine: New Paradigms in India's Foreign Policy*, New Delhi: Wisdom Tree, 2016.

④ Subhash Kapila，"Neighbours First: Modi's Foreign Policy Mantra"，*Diplomatist Magazine*. September 2014，http://diplomatist.com/dipom09y2014/article012.html.

⑤ 荣鹰：《"莫迪主义"与中印关系的未来》，《国际问题研究》，2017 年第 6 期，第 1—13 页。

⑥ Jivanta Schöttli & Markus Pauli，"Modi-nomics and the politics of institutional change in the Indian economy"，*Journal of Asian Public Policy*, Vol.9, No.2, 2016, pp.154-169.

⑦ ［印度］阿尔文德·帕纳加里亚（Arvind Panagariya）：《莫迪经济学：为何印度将走向长期繁荣？》，《社会科学报》，2018 年 8 月 15 日。

点、极具革命性或创新性的领导人，或对后续发展具有深远影响的领导人，才会将其治国策略或主张冠以"主义"。譬如在印度独立以来的历程中，就只有"尼赫鲁主义""甘地主义""古杰拉尔主义"等为人所共知。就此意义而论，出现"莫迪主义"一词，说明人们已经认识到，莫迪政府的上台不是简单的政权更迭，它已经展示出鲜明的新特质、新理念和新行为。"莫迪主义"实际上代表着印度在国家发展思想和发展战略理念上出现了又一次大的新转折、新变化。[1] 它不应仅仅是在外交上，而应是一个综合性的概念，反映出以莫迪为首的印度政治精英，在引领国家发展道路上所施展出来的各种新政策、新理念的总称。[2] 因此，严格意义上的"莫迪主义"，实际上既应包括以"莫迪经济学"为概括的莫迪式内政发展战略，同时也包括国际关系学者们通常将"莫迪主义"所定义下的莫迪式外交战略，它应是这两方面的综合，共同体现了莫迪政府的执政风格、理念和战略取向特点。

从"莫迪经济学"的内容来看，它更多地带有延续性和传承性等特点，旨在将此前历届政府曾经提出的一些经济改革计划继续深入地推进下去。这些涵盖税制、金融、产业法律法规、引进外资和国有企业改革等众多领域的改革计划，早已被提出过，但阻力重重，改革很难真正落实。而莫迪政府上任后，则致力于凭借莫迪总理的超高人望和人民党在选举中获得的议会政治优势，以高效务实的作风深化这些改革，力图进一步消除阻碍印度经济增长的制度性障碍。而莫迪政府所强调的发展制造业、提升基础设施水平以及引进外资等战略，也是此前几届政府一直在努力，但收效却相对有限的事情。莫迪政府在内政发展上的创新性，则体现在其对新产业、新经济和自主发展能力的重视上，如其提出了"数字印度"战略，这无疑符合当下数字产业正

---

① 也有学者不赞同"莫迪主义"具有开创性的提法，认为莫迪政府的政策实践仍是务实主义导向的，且其施政目标与印度前两任领导人瓦杰帕伊总理和辛格总理执政时一脉相承，详见 Ian Hall, "Is a 'Modi doctrine' emerging in Indian foreign policy?", *Australian Journal of International Affairs*, Vol.69, No.3, 2015, pp.247-252；还有学者认为印度的对外政策也有着内在的连续性，详见 Priya Chacko, "The rise of the Indo-Pacific: understanding ideational change and continuity in India's foreign policy", *Australian Journal of International Affairs*, Vol.68, No.4, 2014, pp.433-452；Basrur & Rajesh, "Modi's Foreign Policy Fundamentals: A Trajectory Unchanged", *International Affairs*, Vol.93, No.1, 2017, pp.7-26.

② Aakriti Tandon, "India's Foreign Policy Priorities and the Emergence of a Modi Doctrine", *Strategic Analysis*, 40:5, 2016, pp.349-356.

加速发展的时代潮流；另外，还提出要加强国防装备的自主研发、设计和制造，^①在国防工业领域引入新模式，即向私营企业颁发大量国防生产许可证，允许这些企业竞标国防合同，^②同时通过招标选择外国厂商，并要求全部转让技术或部分转让技术，国内国有企业和私营企业公平竞争，胜出者与外国公司合作生产武器，以实现国防工业领域的"印度制造"。^③

　　而在外交发展战略上，"莫迪主义"则更多地体现出其大胆创新进取的一面。印度著名战略学者、曾任国家安全顾问委员会委员的拉贾·莫汉（C.Raja Mohan）在其专著《莫迪的世界：扩大印度的影响范围》一书中指出，莫迪政府正毫不犹豫地摒弃印度的传统对外政策理念，抛弃在国际事务上的传统性、防御性政策，借助国际形势加速印度崛起，逐渐开启印度"第三帝国时代"，^④这一新时代的主要特点，就是立足印度国家利益，更加积极主动地运筹外交关系，稳住周边、拉住美国、走向印太乃至全球，^⑤比如在海洋战略层面，"莫迪主义"就具体表现为从"战略自主"到"战略影响"、从"本土防御"到"力量投射"、从"聚焦印度洋"到"展望印太两洋"、从"侧重军事斗争"到"服从服务国家战略"的转变。^⑥美国有学者则认为，巩固印度的大国地位是莫迪政府外交政策的主要目标，为此，莫迪政府正试图以实用主义和现实主义来取代尼赫鲁时代所标榜的理想主义，以此重构印度与

----

①　《外媒：莫迪耗资千亿美元誓言提升印度国防实力》，新浪网，2014年8月17日，http://news.sina.com.cn/w/2014-08-17/124330698584.shtml。

②　中国国防科技信息中心：《印度国防制造业取得系列进展》，搜狐网，2018年6月27日，https://m.sohu.com/a/238000737_313834。

③　《莫迪的"印度制造"雄心：改革国防工业，不问姓公姓私》，搜狐网，2018年8月29日，https://www.sohu.com/a/250726166_260616。

④　Mohan C.Raja, *Modi's World: Expanding India's Sphere of Influence*, New Dehli: Harper Collins Publishers India ltd., 2015, pp.56-82.

⑤　"第一共和国"是指在冷战期间，印度外交坚持不结盟和反帝反殖，在周边搞"英迪拉主义"，提出"印度洋和平区"，反对美苏在印度洋争霸；"第二共和国"指冷战结束后至莫迪上台前，印度外交坚持不结盟，盘活大国外交，在周边搞以怀柔为主的"古吉拉尔主义"，在印度洋构建印度主导的地区机制。参见 Mohan C.Raja, *Modi's World: Expanding India's Sphere of Influence*, pp.67-75.

⑥　楼春豪：《战略认知转变与莫迪政府的海洋安全战略》，《外交评论》，2018年第5期，第98—131页。

外部世界的关系。① 这种视"莫迪主义"以实力主义和实用主义为对外政策导向的观点，在莫迪外交政策团队那里也得到了认同，② 后者主张"更加果断地坚持基于印度利益的实用主义"，③ 以使印度获得实际性利益。还有学者认为，莫迪主义突出反映了莫迪本人的政治理念和施政风格，具有以下内容和特征：一是恩威并施，加强对南亚邻国的掌控，更加强化印度在南亚的主导地位；二是东西并进，强化与大周边地区的利益捆绑。印度在从"东向"到"东进"的同时，也加快了"西进"中东、非洲；三是积极主动争当印太地区主导性力量；对美国发起的"印太战略"联盟持半推半就的暧昧态度；四是左右逢源，谋取大国互动中的更加有利地位；五是积极参与全球治理，提升印度在国际事务中的地位。所有这些，都表明莫迪主义的实用主义和投机色彩更加明显，为了攫取实利甚至不惜进行战略冒险。④

（二）莫迪政府的经济战略

莫迪政府是在印度经济低迷、"增长神话"面临破灭的背景下走马上任的。⑤2013-2014 财年，印度经济增长速度为 4.7%，连续两年经济增长率低于 5%，被称作是 25 年来最严峻的经济形势，同时还面临货币贬值、高通胀和财政贸易双赤字等一系列问题。⑥ 可以说，莫迪的当选，折射出了印度社会主流对重振经济的强烈渴求。⑦ 因此，2014 年莫迪新政府上台后，立即宣布了一系列最新经济改革计划，包括降低通胀、简化征税、创造就业、招商引资等，旨在振兴停滞不前的经济，计划内容几乎涵盖了印度国计民生的所

① Aakriti Tandon, "India's Foreign Policy Priorities and the Emergence of a Modi Doctrine", *Strategic Analysis* , Vol. 40, No.5, 2016, pp.349-356.

② 蓝建学：《莫迪治下的印度外交与中印关系》，中国社会科学网，2015 年 6 月 4 日，http://www.cssn.cn/zzx/wztj_zzx/201506/t20150604_2021118.shtml?COLLCC=1092745991&。

③ Harsh V.Pant, "Out with Non-Alignment, in with a 'Modi Doctrine'", *The Diplomat*, Nov.13, 2014.

④ 荣鹰：《"莫迪主义"与中印关系的未来》，《国际问题研究》，2017 年第 6 期，第 1—13 页。

⑤ Barry Bosworth & Susan M. Collins, "India's Growth Slowdown: End of an Era?", *India Review*, Vol.14, No.1, 2015, pp.8-25.

⑥ 驻印度经商参处：《印度 2013-14 财年经济增长 4.7%》，中国驻印度大使馆网站，2014 年 6 月 3 日，http://in.mofcom.gov.cn/article/jmxw/201406/20140600611116.shtml。

⑦ 张立：《莫迪执政印度后的中印关系发展新思考》，2015 年第 2 期，第 27—31 页。

有领域。[①] 接下来的几年中，莫迪政府提出了更加具体的经济发展战略，并雷厉风行地掀起了一系列改革行动。这些战略和改革行动具体包括：放松管制和提高外国资本在相关行业的比例限制，出台"印度制造"战略、"数字印度"战略以及到 2017 年建成 100 个"智慧城市"计划，对土地、劳工和投资制度进行了改革，以方便制造业发展所必须依赖的土地征用，提高在印度经商的便易程度，实行统一的商品服务税（GST）改革，推动以"善治"为目标的行政改革，[②] 包括改变官僚机构的作风，提高中央政府的效率，削减带有指令性计划特征的政府机构，比如废除了存在 65 年之久的实权部门计划委员会，以顾问咨询性质的"全国改革印度协会"（NITI）取而代之，在中央与地方之间推行合作联邦主义等。[③] 这些举措尽管推行效果有限，但仍充分展示出莫迪政府的锐意进取精神。据报道，在 2014—2019 的第一个五年任期内，莫迪政府共提出了约 30 项改革措施，然而，只有 9 项改革措施完成，15 项措施还在推进，有 6 项改革已经宣告失败，[④] 而其中，破产法 (IBC)、[⑤] 废钞行动和新的全国销售税计划等曾备受争议。[⑥]

2019 年 5 月 30 日，莫迪总理宣誓就职开启第二个总理任期，随后立即委任曾担任过印度商务与工业部部长并有"强硬谈判者"称号的原国防部部长尼尔玛拉·希塔拉曼出任财政部长，主导经济改革工作，这被外界视为传递出一种决心继续推动经济改革的强烈信号。[⑦]2019 年 7 月，莫迪首次提出，印度要在未来 5 年内经济增长近一倍，实现成为 5 万亿美元经

---

① 《莫迪政府推经济改革计划 欲借中国经验来转型》，中国社会科学网，2014 年 6 月 11 日，http://www.cssn.cn/hqxx/gjgch/201406/t20140611_1205550.shtml? COLLCC=3255405418&。

② Kumar, R., "Making Reforms Work for the Common People". *Economic & Political Weekly*, 51, 2016, pp.51-55.

③ 陈金英：《莫迪执政以来印度的政治经济改革》，《国际观察》，2016 年第 2 期，第 113—126 页。

④ 李亚洲君：《莫迪拟推出重大经济改革举措 改革 2.0 版本引期待》，《法制日报》，2019 年 6 月 10 日。

⑤ 《莫迪应当珍惜第二任期》，搜狐网，2019 年 6 月 24 日，https://www.sohu.com/a/322524841_100191067。

⑥ 《逆水行舟的莫迪改革》，澎湃网，2019 年 12 月 16 日，https://www.thepaper.cn/newsDetail_forward_5251776。

⑦ 李亚洲君：《莫迪拟推出重大经济改革举措 改革 2.0 版本引期待》，《法制日报》，2019 年 6 月 10 日。

济体的目标，为此，在 2019 年 8 月，莫迪表示继续推进改革，以帮助印度进入世界营商环境排名前 50 位的国家。[①]2019 年 11 月，为了应对出现下行态势的不利经济状况，莫迪总理再次宣布了多项改革措施，包括修改颇受争议的劳动法、放宽针对企业雇佣和裁员的限制，以吸引更多投资，以及推动十多年来规模最大的国有企业私有化计划，以削减财政赤字，打消外资对印度经济稳定性的疑虑等。[②]鉴于莫迪总理的第二任期才刚刚开始，重大的改革举措也许还在拟定中，但基于以往表现看，有理由相信，旨在促进印度增长发展的经济改革，以及旨在促进制造业发展、大力提升基础设施水平使之足以支撑印度的制造业战略和促进数字基础设施、电子政务和数字公民教育发展等的"数字印度"等一系列未竟大战略，仍会得到持续推进。

正如有学者所指出的，振兴制造业在莫迪政府的经济发展蓝图中占有非常重要的位置，[③]因为相比蓬勃发展的服务业，制造业部门占印度 GDP 的比重太过偏低，大致在 15%—17% 的水平，远远低于中国超过 30% 的比重，在 2013 年的全球出口中，印度仅占 1.7%，高于 1990 年的 0.5%，但仍远远落后于中国的 11%，[④]这大大限制了印度人口红利优势的发挥和就业吸纳，因而此前几届印度政府早已提出过制造业战略，[⑤]而莫迪政府也不例外。2014 年 9 月 25 日，执政刚 4 个月的莫迪政府便正式出台"印度制造"计划，[⑥]将汽车、化工、制药、纺织、信息技术、港口、航空、旅游、铁路、

---

① 宋德星：《"新印度"的 2025 目标》，新华网，2020 年 2 月 14 日，http://www.xinhuanet.com/globe/2020-02/14/c_138763751.htm。

② 许振华：《若福利加民族主义就能赢选票，莫迪会真心担忧印度经济吗？》，澎湃网，2019 年 11 月 28 日，https://www.thepaper.cn/newsDetail_forward_5081047。

③ 宋德星：《"新印度"的 2025 目标》，新华网，2020 年 2 月 14 日，http://www.xinhuanet.com/globe/2020-02/14/c_138763751.htm。

④ 远达：《英媒：莫迪力推"印度制造"争当世界工厂》，中国日报网，2014 年 9 月 28 日，http://world.chinadaily.com.cn/2014-09/28/content_18677282.htm。

⑤ 左连村：《印度制造业发展的战略愿望及前景》，《南亚研究季刊》，2006 年第 1 期，第 14—17 页；邓红英：《印度制造业发展对我国的启示》，《湖北社会科学》，2009 年第 1 期，第 100—102 页。

⑥ "Modi Launches 'Make in India' Campaign,Portal and Logo", http://www.newindianexpress.com/business/news/ModiLaunches-Make-in-India-Campaign-Portal-and-Logo/2014/09/25/article2448917.ece。

可再生能源、采矿、电子等 25 个行业列为发展重点，[①] 希望以此将印度转变成全球设计和制造中心，[②] 10 年内要将制造业占国内生产总值的比重从目前的 17% 提升至 25%，[③] 并为每年进入印度劳动力市场的逾 1200 万年轻人创造就业岗位。其主要举措包括促进投资、促进创新、保护知识产权和建立一流的制造业基础设施等，为此，印度政府承诺简化审批程序，给有意投资的国内外企业提供一站式服务，并改革劳动法和税收法，吸引民间资本和外国资本在印度投资兴业，扩大当地就业，[④] 同时还放宽了对国防、铁路、航天等领域的投资限制，并准备在各地开发 6 条工业走廊，高速铁路、智能城市、工业园区等投资密集型项目将成为走廊的"标配"。[⑤] 2014 年 9 月，莫迪政府公布至 2022 年要建设"100 座智慧城市"的计划，预计将提振房地产、建筑、电信、媒体和科技行业的需求。这些新兴城市不仅成为投资热点，也将推动制造业的发展。[⑥] 以入选首批智慧城市的维沙卡帕特南（安得拉邦）为例，该市拟与亚洲开发银行联合开发威扎吉—钦奈工业走廊（VCIC），这将成为印度首个沿海工业走廊，也将是"印度制造"的重要组成部分。[⑦]

在提出制造业战略不到一年后的 2015 年 7 月，莫迪政府又提出了"数

---

① 这 25 个行业分别为汽车、汽车零部件、航空、化工、生物技术、建筑、国防军工、电子机械设备、电子系统设计与制造、食品加工、信息技术与商业流程管理、皮革、娱乐媒体、采矿、油气、制药、港口、铁路、再生能源、道路及高速公路建设、空间技术、纺织、火电、旅游和健康产业。参见 Entrepreneur India, "Make In India Promotes Investment In 25 Focus Sectors", 3rd May 2016, https://www.entrepreneur.com/article/275057. 转引自宁胜男：《莫迪政府"印度制造"：效果评析与前景展望》，《印度洋经济体研究》，2017 年第 3 期，第 60—77 页。

② Prime Minister's Office , "Prime Minister's Speech at Inauguration of Make in India Week", Press Information Bureau Government Of India, 13th February 2016, http://pib.nic.in/newsite/PrintRelease.aspx?relid=136388.

③ "India Push to Become Manufacturing Hub Hinges on Easing Investment", 2016-02-16, http://www.voanews.com/content/india-pushto-become-manufacturing-hub-hinges-on-easing-investment/3192756.html.

④ 李莉：《试析"印度制造"战略与印度经济前景》，《现代国际关系》，2016 年第 9 期，第 46—53 页。

⑤ 陈婧：《印度：用"印度制造"和"数字印度"引领未来》，《中国青年报》，2016 年 12 月 14 日。

⑥ 《安永咨询 2015 印度吸引力调查：准备、就绪、成长》，第 32 页，http://www.indianembassy.org.cn/UpDocument/C_India_attractiveness_survey_2015_LR.pdf.

⑦ "Vizag-Chennai Industrial Corridor to Attract Foreign Funds: ADB", The Financial Express, May 4,2016.

字印度"倡议。该倡议旨在从数字基础设施建设、数字化政府服务和公民数字教育三个方面推动印度的经济社会数字化转型，包括可覆盖广大农村地区的网络基础设施建设、电子政务、电子商务、远程医疗和移动医疗服务、数字技术发展以及数字化知识普及等内容。[①]据印度媒体报道，印度政府将加大对"数字印度"战略有关项目的扶持力度；[②]在推动互联网普及率提高方面，印度政府计划到 2019 年前使光纤网络覆盖 25 万个村庄；"国家电子政务"计划则旨在改善政府向公民、企业提供的公共服务；"国家知识网络"则是一项由高速网络联结学术和研究机构的前瞻计划。为了推动"数字印度"战略的进展，引进全球高科技公司加盟助力，莫迪总理甚至亲自当起了"业务员"，[③]在 2015 年 9 月访美期间拜访硅谷的谷歌、微软、Adobe、特斯拉、苹果、脸书等美国高科技公司巨头，为印度数字化转型铺路。[④]

基础设施建设同为制约印度发展的短板，莫迪政府也将其摆在同等重要的位置，与制造业一道作为两大经济抓手。[⑤]在其第一任期内，莫迪政府通过接受国际援助或贷款和引入公私合作伙伴计划（PPP）等，弥补了自身建设资金不足的缺口，加强了印度各邦互联互通的物质性基础设施建设，包括铁路、公路、机场、能源等在内的基础设施能力有了显著提高，而在进入第二任期后，莫迪政府已表示，计划在未来 5 年内投资 100 万亿卢比（1.44 万亿美元）用于基础设施建设，以支撑其冲刺使印度成为 5 万亿美元经济体的发展目标。[⑥]地铁建设项目、内陆水道建设项目、天然气网项目和机场私有化项目等，都将成为莫迪政府在第二任期内的投资重点。[⑦]

---

① 陈婧：《印度：用"印度制造"和"数字印度"引领未来》，《中国青年报》，2016 年 12 月 14 日。

② 《印度大幅提高"数字印度"战略预算重点支持电子政务和网络安全等领域》，中国电子政务网，2016 年 2 月 28 日，http://www.e-gov.org.cn/article-158627.html。

③ Parashar, S., "Place India in a Leading Role: PM Modi to Top Indian Diplomats", *The Times of India*, February 7, 2015.

④ 苏伦大数据研究院：《印度人也玩快手？"数字印度"战略了解一下》，搜狐网，2018 年 6 月 27 日，https://m.sohu.com/a/238009837_100192743。

⑤ "Election-winner Narendra Modi: 21st Century Belongs to India", *The Guardian*, May 17, 2014.

⑥ 戴永红、张婷：《基建能否助力印度达成"5 万亿美元经济体"目标？》，网易网，2019 年 8 月 2 日，http://dy.163.com/v2/article/detail/ELIGBTDF0514R9P4.html。

⑦ 《莫迪政府的基础设施建设蓝图》，搜狐网，2019 年 6 月 11 日，https://www.sohu.com/a/319833443_120101145。

（三）莫迪政府的外交战略

尽管莫迪政府在印度国内的经济政策充满争议，[①] 但其外交表现却令人印象深刻，在地区和世界外交舞台上，印度更加频繁地以新兴大国姿态亮相，莫迪政府将现实主义哲学更加完美地落实在了对外行动上，[②] 一边大力巩固印度在南亚的基本盘，一边在区域和全球主动出击，积极提升印度的国际影响力，朝着印度大国梦目标迈进。[③] 认识莫迪政府的对外发展战略，可以从其外交政策的出发点和周边、区域及全球等四个层面战略来展开。

1. 外交政策出发点：打破不结盟传统，朝着大国梦想目标迈进。在第一任期内，莫迪总理就提出要重新定位印度在世界格局中的地位。[④] 成功获得连任后，莫迪总理重申，要进一步提升印度在国际舞台上的地位，并在未来 5 年恢复印度在全球秩序中应有地位的目标，即"未来 5 年将是印度历史

---

① 对莫迪经济学的成效评价众说纷纭：一种看法高度肯定了其五年执政成就，认为政府管制更加放松，带有象征意义的"计划委员会"被撤销，进一步开放外国直接投资、提高劳动力市场灵活性，以及推行直接福利转移系统、商品和服务税以及破产清算法等结构性改革取得实质性进展，这些举措为印度通向长期繁荣铺平了道路；详见［印度］阿尔文德·帕纳加里亚（Arvind Panagariya）：《莫迪经济学：为何印度将走向长期繁荣？》，刘丽坤编译，《社会科学报》第 1619 期，2018 年 6 月 22 日；但另一种看法却与此相反，认为真正进展却较为有限。详见张家栋：《印度连续 5 年 GDP 增速居首，反对党质疑"统计出成果"；印度经济成色几何？》，凤凰网，2019 年 4 月 8 日，https://pit.ifeng.com/c/7lhSqhYLvbE；此外，还有观点指出，印度官方发布的高达 7% 以上的年均增长率，被认为是由莫迪政府 2015 年初修改统计方法后而人为夸大的，新的统计算法以市场价格而非要素价格作为衡量 GDP 增长的基准，将基准年从 2004—2005 年切换至 2011—2012 年，这一算法的改变使得 GDP 增长数字暴增：如 2014 财年印度 GDP 增速从原来的 4.7% 调高到了 6.9%；详见芷竹：《说印度经济高速增长？看这几张图表刹刹车吧》，观察者网，2017 年 11 月 24 日，https://www.guancha.cn/zhizhu/2017_11_24_436232_s.shtml；此外，还有评论指出，印度制造业发展状况和相关出口数据，也与同期官方 GDP 增速不相称。此外，同期国际石油价格低迷，也使得历来饱受通胀和收支赤字困扰的印度政府得以享有更大的政策刺激空间。为此，英国经济学家迈克尔·罗伯茨认为，"莫迪主义"后劲不足，印度经济增长持续放缓，接近"中等收入陷阱"，收入不平等现象依旧无解。参见《英学者：印度"莫迪主义"后劲不足》，新浪网，http://news.sina.com.cn/o/2019-05-30/doc-ihvhiqay2478527.shtml。

② Chandra, S., "The style and substance of Modi's foreign policy", *Indian Foreign Affairs Journal*, Vol.9, No.3, 2014, pp.213-218.

③ 朱可：《经济、宗教、外交，莫迪 2.0 将面临更大挑战》，澎湃网，2019 年 5 月 28 日，https://www.thepaper.cn/newsDetail_forward_3541267。

④ 戴尚昀：《莫迪 2.0 时代开启，印度外交将走向何方？》，腾讯网，2019 年 5 月 31 日，https://xw.qq.com/cmsid/20190531A08APC00?f=dc。

上非常重要的一段时间，就像从 1942—1947 年那样。独立前的 5 年对于恢复印度精神、激励人们与外部力量作战和走出困境至关重要”，“我们必须团结一致、拥有同一个目标、朝着同一个方向努力，以重拾印度在世界秩序中应有的地位。在过去，我们国家曾拥有那样的地位。我相信印度将重拾其在世界秩序中的重要地位”。[①] 有学者指出，在莫迪治下，印度外交已经开启了新范式——“领导型大国”范式。这一范式既有悠久的印度历史文化传承，如婆罗门世界观和古印度考底利耶的“曼陀罗”地缘政治思想的影响，同时又有崛起中的印度实力予以支撑，[②] 其在实践中的表现是，一方面不断强化印度的大国战略地位和战略自主性，以大国姿态积极参与地区和全球事务处理；另一方面又通过寻求与主要大国间的战略与利益的契合，尤其是加强与美国的战略合作，来推动印度的崛起。[③] 事实上，在其就任总理后不久，他就挑战了印度外交的传统不结盟思想，在美印关系等方面迈出了全新的步伐。[④] 正如印度前外交官斯里尼瓦桑 (T.P.Sreenivasan) 所指出，印度总理莫迪的话语体系里没有“不结盟”一词，他总是依据发展安全的实际需要而进行“选择性结盟”。[⑤] 印度前国家安全顾问纳拉亚南 (M.K.Narayanan) 认为，印度与美国、俄罗斯、日本等大国都在加强战略合作尤其是军事合作，[⑥] 印度事实上正在由“不结盟”走向“多向结盟”。[⑦] 特别是随着印度近年积极对外发展与美国安全合作、建立军事伙伴关系等，标志着“不结盟已被彻底

① 《莫迪誓言提升印度国际地位 第二任期首访或去马尔代夫》，参考消息网，2019 年 5 月 28 日，http://www.cankaoxiaoxi.com/world/20190528/2381335.shtml。

② 宋德星：《莫迪执政以来的中印关系：战略动能与发展趋势》，搜狐网，2018 年 7 月 13 日，http://www.sohu.com/a/240923365_618426。

③ Stephen Burgess, "The U.S. Pivot to Asia and Renewal of the U.S.-India Strategic Partnership", *Comparative Strategy*, Vol.34, No.4, 2015, pp.367-379.

④ 《美媒：莫迪打破印不结盟传统 扩大对华博弈范围》，中华网，2015 年 3 月 27 日，https://military.china.com/news2/569/20150327/19434098.html。

⑤ T.P.Sreenivasan, "Farewell to NAM", *The Hindu*,7 October , 2016.

⑥ Envall, H.D.P., "Japan's India engagement: from different worlds to strategic partners", in I. Hall (ed.), *The Engagement of India: Strategies and Responses*, Washington, DC: Georgetown University Press, 2014, pp.39-59; Envall, H.D.P. & Hall, I., "Asian strategic partnerships: new practices and regional security governance", *Asian Politics and Policy*, Vol.8, No.1, 2016, pp.87-105.

⑦ M.K.Narayanan, "Non-alignment to multi-alignment", *The Hindu*, 5 January, 2016; Ian Hall, "Multialignment and Indian Foreign Policy under Narendra Modi", *The Round Table*, Vol.105, No.3, 2016, pp.271-286.

埋葬"，[①] 而印美当前关系的广度、深度却前所未有，且从印度构建的"诸多伙伴关系之一"变为"最重要的伙伴关系"。[②]

2.巩固以印度为中心的南亚周边格局。出于地缘位置特点和综合国力优势，南亚历来以印度为中心大国，莫迪执政后则致力于巩固印度在南亚的主导地位，强化印度在南亚的控制力、影响力。在其首个任期内，莫迪提出了"邻国优先"政策，表示作为地区最大以及居于地理中心的国家，印度有责任领导南亚国家实现贸易和投资、文化与人文联系更紧密的互联互通和整合，促进共同发展。[③] 在其 2014 年 5 月的首个任期就职典礼上，莫迪总理邀请了南盟成员国领导人出席，在其 2019 年 5 月的第二个任期就职典礼上，莫迪总理则邀请了"环孟加拉湾多领域经济技术合作倡议"（BIMESTEC，下称"环孟倡议"）成员国以及吉尔吉斯斯坦、毛里求斯的领导人出席就职典礼，而且在其两次就任后，莫迪总理的外交访问都选择了以南亚邻国作为开始，[④] 显示出其对周边邻国的重视和"邻国优先"政策将得到延续。在具体政策上，印度一是扩大对邻国的发展援助，[⑤] 二是将解决长期影响双边关系的主要问题作为"邻国第一"政策的突破口，如与斯里兰卡重启渔业纠纷谈判，与孟加拉国签署在印度议会人民院搁置了 41 年的"领土互换协议"等，[⑥] 但出于多种原因，印度与巴基斯坦的关系仍困难重重、停滞不前。[⑦]

---

① Sushant Singh,C.Raja Mohan, "Raja-Mandala: The Final Burial of Nonalignment", *The Indian Express,* 17 November , 2015.

② 李莉：《印度偏离不结盟及其动因分析》，《国际政治科学》，2017 年第 1 期，第 1—35 页。

③ 楼春豪：《莫迪第二任期的外交政策转向及前景》，《现代国际关系》，2019 年第 7 期，第 19—28 页。

④ 林民旺：《莫迪 2.0 外交，中印关系会更成熟》，《环球时报》，2019 年 6 月 17 日。

⑤ Smruti S. Pattanaik, "India's Policy Response to China's Investment and Aid to Nepal, Sri Lanka and Maldives: Challenges and Prospects", *Strategic Analysis*, Vol.43, No.3, 2019, pp.240-259.

⑥ 吴兆礼：《印度亚太战略发展、目标与实施路径》，《南亚研究》，2015 年第 4 期，第 98—121 页。

⑦ Grare, F., "India-Pakistan relations: Does Modi matter?", *The Washington Quarterly*, Vol.37, No.4, 2015, pp.101–114; Ishtiaq Ahmad & Hannes Ebert, "Breaking the Equilibrium? New Leaders and Old Structures in the India-Pakistan Rivalry", *Asian Affairs: An American Review*, Vol.42, No.1, 2015, pp.46-75; Arijit Mazumdar, "Narendra Modi's Pakistan Policy: A Case of Old Wine in Old Bottles", *The Round Table*, Vol.106, No.1, 2017, pp.37-46.

3.拓展区域影响，发挥印度的地区大国引领作用。为了提升印度在地区事务中的话语权、影响力和通过加强区域合作来促进印度自身发展，莫迪政府在区域事务方面出台了一系列战略、构想与政策。主要包括：一是将"东向政策"（Look East Policy）升级为"东进政策"（Act East Policy），[①]更加务实地推动印度与东盟国家的合作。[②]2014年11月，莫迪总理在缅甸召开的第12届东盟—印度峰会上宣布，印度的"东向政策"（LEP）将正式转变为"东进政策"（AEP），并表示印度已经开启了经济增长、工业化以及贸易发展的新时代，希望强化东盟—印度经济关系。[③]新的"东进政策"将东进的起点从缅甸西移至孟加拉国，将蒙古国纳入，将文化、联通与商贸（"3C"）作为政策主要抓手，将新加坡和越南定位于关键支柱国家，将韩国、泰国定位于重要支柱国家；二是提出"季风计划"。面对中国提出的"一带一路"倡议，印度有学者认为，印度在传统的商贸活动中也始终扮演着重要的角色，因而古代"丝路"的荣光不应仅属于中国。[④]在此背景下，2014年9月，莫迪政府发起了名为"季风计划：跨印度洋海上航路与文化景观"的跨国倡议，期盼复兴古代海上航路并与区域内国家的文化联结。据印度媒体介绍，该计划旨在联结涵盖东非、阿拉伯半岛、南亚次大陆、斯里兰卡和东南亚列岛在内的印度洋多个层面的国家，并提供抗衡"21世纪海上丝绸之路"倡议的选项来吸引各国参与。[⑤]该计划还将允许印度重建与贸易伙伴的关系，并且连结印度洋重建一个"印度的海洋世界"，因而该项目既有文化的也有严肃的战略考量在内；[⑥]三是与日本联合提出"亚非增长走廊"计划。2017

① Parshuram Sial, "Modi's policy transition from Look East to Act East: a new initiative", *International Journal of Human Rights and Constitutional Studies*, Vol.5, No.3-4, 2018, pp.342-360.

② Chietigj Bajpaee, "Dephasing India's Look East/Act EastPolicy", *Contemporary Southeast Asia*, Vol,39, No.2, 2017, pp.348-378.

③ Prashanth Parameswaran, "Modi Unveils India's 'Act East Policy' to ASEAN in Myanmar", *The Diplomat*, November 17,2014, https://thediplomat.com/2014/11/modi-unveils-indias-act-east-policy-to-asean-in-myanmar/.

④ Daniel C. Waugh, "Richthofen's Silk Roads: Toward the Archaeology of a Concept", Vol. 5, No. 1, *Summer 2007*, pp.1-10.

⑤ 庞中英：《印度针对中国"21世纪海上丝路"出反制计划》，《华夏时报》，2015年2月28日。

⑥ Akhilesh Pillalamarri, "Project Mausam: India's Answer to China's 'Maritime Silk Road'", *The Diplomat*, September 18, 2014.

年5月,莫迪总理在第52届非洲发展银行年会上提出了与日本联合构想的"亚非增长走廊"倡议,表示"印度正与美国、日本合作,共同支持非洲发展,已就此与安倍首相进行详细讨论"。[1]根据该年会期间散发的"亚非增长走廊"远景文件显示,该构想在创意上与"一带一路"倡议颇为相似,一方面拟通过海上走廊建设,构建一个从非洲大陆到东亚范围内的"自由和开放的印度—太平洋地区";另一方面加强工业和运输基础设施建设,以推进亚非经济融合和打造新的经济集团;在具体内容上,该倡议包括四个部分:发展与合作项目、高质量基础设施和机构连接、能力和技能的提高以及人与人的伙伴关系等,优先支持发展卫生和制药、农业和农业加工、灾害管理和技能提升、制造业等项目;[2]四是借助环印度洋多边组织,增强印度在环印度洋区域的影响力。莫迪执政以来,印度更加重视如"环印度洋联盟"(IOR-ARC)[3]、"环孟加拉湾多领域经济技术合作倡议"(BIMSTEC)以及"印度洋海军论坛"等印度洋区域多边组织的作用,意图将其打造为印度主导(或有相当话语权)的有影响力的地区合作平台。

4.积极参与全球治理,努力成为世界"领导性力量"。[4]伴随着印度实力和印度海外利益的增长,莫迪政府在全球治理中也注重发挥印度的作用,捍卫自身利益,提升印度的国际影响力。[5]在联合国维和行动、国际反恐及增大新兴国家在世界银行、国际货币基金组织等主要国际金融机构中的投票权等方面,莫迪政府都明确发出了自己的声音;[6]在联合国"入常"、加入核供应国集团等问题上,印度则积极争取;同时印度还通过金砖机制、二十

---

① 楼春豪:《"亚非增长走廊"倡议:内涵、动因与前景》,《国际问题研究》,2018年第1期,第73—89页。

② 唐璐:《"亚非增长走廊",印度和日本在想什么》,新华网,2017年6月30日,http://www.xinhuanet.com/globe/2017-06/21/c_136361696.htm。

③ 韦红、李次园:《环印度洋联盟的发展及中国的合作策略》,《国际问题研究》,2018年第2期,第68—82页。

④ 楼春豪:《莫迪第二任期的外交政策转向及前景》,第19—28页。

⑤ Chietigj Bajpaee," Modi, India and the emerging global economic order", *Journal of Asian Public Policy*, Vol.9, No.2, 2016, pp.198-210.

⑥ 时宏远:《印度参与全球治理的理念与实践》,《国际问题研究》,2016年第6期,第43—57页。

国集团（G20）等与其他新兴大国合作，[1]反映新兴和发展中国家的共同诉求并维护其利益。随着印度经济实力不断增长，莫迪政府势必会在新的任期内，更加注重通过参与全球治理，为印度发展营造有利的国际环境，进一步彰显其大国雄心。

（四）对当前印度发展理念与发展战略特点的总结

纵观"莫迪主义"实施以来的实践，其在经济理念和发展战略方面仍是继续推动以市场化为导向的自由主义改革，如进一步放松政府的许可证管制，为促进国内市场建设而努力推行统一税制改革，扩大对外资的准入，修改劳工法案使之更有利于投资者等，都是前期改革的延续，旨在谋求调整不合理的生产关系，增加经济自由度，让印度更多地摆脱不当的政府干预的束缚。这些都是印度经济发展战略中"旧"的方面。同时，劳工、土地制度上的惯性、政治上的掣肘，以及外部环境的变化莫测等"旧"问题，也依旧制约着印度面向工业化的转型战略取得迅速进展。但"莫迪主义"也展现出了不少"新"成分，可能构成推动印度经济持续发展和印度加速崛起的长期动力：

一是注重从更加广阔的区域视角为印度经济增长赋能。从东亚各国经济高速增长历程看，长期的高增长大多是与融入或构建全球性、区域性链条价值链联系在一起的。无论是东亚中小经济体，抑或是像中国这样在人口体量上与印度相当的巨型经济体，都是通过深度融入地区性或全球性的生产网络，[2]才取得了高增长绩效，对于印度而言，应该也不会例外。而莫迪执政几年来的一大努力重点，就是开展全方位的经济外交，大力吸引直接投资（FDI），力争让印度成为全球制造业转移的新兴目的地。这方面的重要表现之一，就是莫迪推进区域、次区域互联互通，拉紧与周边邻国的利益纽带，更好地服务于自身经济社会发展战略。[3]如将"东向政策"提升为"东向行动"；

---

① 张立：《金砖机制与中印全球经济治理合作》，《南亚研究季刊》，2017年第1期，第58—64页；张立：《浅议G20框架下的中印全球经济治理合作》，《南亚研究季刊》，2018年第1期，第39—45页。

② 车维汉：《"雁行形态"理论及实证研究综述》，《经济学动态》，2004年第11期，第102—106页。

③ 荣鹰：《"莫迪主义"与中印关系的未来》，《国际问题研究》，2017年第6期，第1—13页。

与日本联手启动"亚非增长走廊"计划；以地缘政治地位为筹码与美国交换各种经济技术资源；推进与欧洲和中国的经贸合作等。①

二是着力推进深层次制度改革，为印度经济现代化转型奠定基础性制度条件。2017年7月1日，商品服务税（The Good and Services Tax）正式实施，这既是印度自1947年独立以来最大规模的税制改革，也是2014年莫迪政府上台以来最重大的经济改革，有望给印度经济发展带来长期性积极效应。自此，全国统一的商品服务税将取代此前中央政府与邦政府分别征收的各类间接税，从而减少跨邦贸易障碍，促进全国统一市场的形成。同时，莫迪还提出要创建一种有利于充分调动地方发展动力的新型联邦体制，通过引入激烈的地方竞争来释放经济发展潜力。在莫迪看来，如果急于发展的各邦为获得更多的国内外私人投资而竞相提供政策便利，那么中央政府的改革压力就会缓解很多，中央政府在因改革而引发的利益冲突中成为政治靶子的机会也会减少。② 如果莫迪政府能够在第二任期中，凭借其超高人气和印度人民党在人民院中的绝对席位优势，实现或部分实现这一点，那么，长期制约印度发展的诸多制度性痼疾就有望迎来新的生机。

三是印度的国家行政能力得到显著增强。在其较早的经典著作中，诺贝尔经济学奖获得者、瑞典经济学家缪尔达尔先生，曾将包括印度在内的一些发展中国家的贫困原因之一归结为"软政权"的存在，③ 即行政命令贯彻能力退化，行政实施效率低下，寻租及腐败较为普遍，法律规则被任意破坏等。莫迪执政以来，则在强化国家综合施政能力上取得了重要进展，为发挥政府的宏观调控和社会整合能力开创了良好风气。正如有学者曾指出的，在莫迪上任之时，印度政府已处于瘫痪状态，无法遏制腐败或完成大型项目，而莫迪政府执政的重要关注点就是提高施政水平和效率，并已在很大程度上解决

---

① Gulshan Sachdeva, "EU–China and EU–India: A Tale of Two Strategic Partnerships", *Strategic Analysis*, Vol.38, No.4, 2014, pp.427-431; Jagannath P. Panda, "Narendra Modi's China policy: between pragmatism and power parity", *Journal of Asian Public Policy*, Vol.9, No.2, 2016, pp.185-197; Shreya Pandey, "Challenges in Europe: Indian Perspectives", *Strategic Analysis*, Vol.43, No.2, 2019, pp.176-178.

② 刘小雪：《从印度经济增长瓶颈看莫迪改革的方向、挑战及应对》，《南亚研究》，2017年第4期，第134—150页。

③ ［瑞典］冈纳·缪尔达尔：《亚洲的戏剧——对一些国家贫困问题的研究》，方福前译，北京经济学院出版社，1992年。

了这些问题。[①] 莫迪还亲自定期主持各部委高级官员的会议，而参会的官员都与特定项目和政策议题的决策相关。另外，莫迪还发起了以反腐败为名的"废钞"运动。[②] 这些治理举措对于改善印度的营商环境和加强政府在经济发展中的导向引领作用具有深远影响。

四是主动谋划，为印度营造融洽的国际支持环境。作为处在崛起进程中的新兴大国，印度无论是在经济、技术或军事硬实力上，目前都尚不对既有国际格局中的守成大国构成有力威胁，反而能凭借其人口优势和地缘位置而成为重要的战略争取伙伴。在莫迪执政下，印度外交更加积极主动，把握国际机遇，加速印度的崛起以及展现出重塑国际体系的国家实力。[③] 事实上，印度已经成为美国拟议实施中的"印太战略"的关键性行为体之一，[④] 印度也是俄罗斯、日本、欧盟以及中国等主要国际行为体在外交与经济上争相发展合作关系的对象，[⑤] 因此，印度面临着前所未有的外部国际友好环境。而来自国际发达经济体和主要大国的政治、经济与技术支持，对于落后国家的增长至关重要，它既可以为印度提供促进经济增长的各种稀缺要素供给，同时也可以提供出口市场，以缓解印度国内市场的不足问题。从未来一段时期看，印度有望继续享受这种国际格局特征所带来的国际红利，乘势加快自身的经济发展和现代化升级。

因此，总结起来看，"莫迪主义"既承继了印度自独立以来就具有的大国梦想与发展主义目标导向，又积极顺应时代与环境的变化，与时俱进地创新战略实施手段，通过对内深化改革、对外扩大开放合作的和平发展方式，加快自身崛起，是反映了当代印度发展需求并具有印度特色的印度

---

① ［印］阿尔文德·帕纳加里亚（Arvind Panagariya）：《莫迪经济学：为何印度将走向长期繁荣？》，刘丽坤编译，《社会科学报》，第 1619 期，2018 年 6 月 22 日。

② Kohli, V. & Kumar, R., "Economic rationale of 'demonetisation'". *Economic and Political Weekly*, Vol.51, No.53, 2016, pp.31; Chelladurai, M. & Sornaganesh, V., "Demonetisation f Indian Currency and Its Impact on Business Environment", *International Journal of Informative & Futuristic Research*, Vol.4, No.3, 2016, pp.5654-5662; Rajeev Deshpande, "India's Demonetisation: MODI's 'Nudge' To Change Economic and Social Behaviour", *Asian Affairs*, Vol.48, No.2, 2017, pp.222-235.

③ Mohan C. Raja, Modi's World: Expanding India's Sphere of Influence, pp.56-82.

④ 张立：《"印太"战略的决定因素、发展趋向及中国应对》，《南亚研究季刊》，2019 年第 1 期，第 1—7 页。

⑤ Aleksei Zakharov, "The Geopolitics of the US-India-Russia Strategic Triangle", *Strategic Analysis*, Vol.43, No.5, 2019, pp.357-371.

发展理念与发展战略的集中体现，其与中国理念及中国方案在诸多方面有着神似之处：

一个国家对大国地位的孜孜追求和对和平共处五项原则等的长期坚持，其所捍卫的不仅是自身利益、经济政治独立性与尊严，[①]同时也是向国际体系中的霸权强权秩序与行为说"不"。就此而论，当代印度的国际秩序观与当代中国提出的构建"新型大国关系"等有共通之处。

莫迪政府在改革开放中展现出来的强有力姿态，尤其是推动"东进"战略深入实施，以及联合日本共同提出建设"亚非增长走廊"构想等，与中国倡议的共建"一带一路"构想也在理念和区域上有重合之处。

莫迪政府对参与地区与全球治理的重视，凸显出印度作为新兴大国更加看重对周边国家及全球环境塑造的作用与影响，且有意加大对地区与全球公共品的投入，以此更好地促进自身发展，这与当代中国提出的构建"人类命运共同体"思想也不谋而合。

而印度与中国在发展理念与发展战略上的这种相似性，也正是由两国同作为后起发展中大国的同一性所决定的。只是受制于印度现阶段仍旧有限的经济实力和国际影响等，莫迪政府提出的诸多理念与战略构想，如"新印度"愿景、"季风计划"以及"亚非增长走廊"等，并未能像中国理念与中国方案一样，一经提出即在国际上激起较大反响，并持续成为关注热点，然而，这并不能否定印度也正以"莫迪主义"这一颇具模糊性、庞杂性和笼统性的非严谨概念，向世界不断贡献出打上了鲜明印度烙印的发展理念或国际合作方案。

---

① 2020 年 7 月 20 日，印度外长苏杰生参加会议时称，不结盟是特定时期的地缘政治术语，但印度永远不会成为结盟体系的一部分，印度从来不是、将来也不会是联盟体系的一部分。详见《2020 年 7 月 22 日外交部发言人汪文斌主持例行记者会》，外交部网站，2020 年 7 月 22 日，https://www.fmprc.gov.cn/web/fyrbt_673021/jzhsl_673025/t1799799.shtml。

第四章
中印理念战略对接的需求、目标与模式

回顾当代中国和当代印度的发展历程与战略取向，可以看到两国存在诸多相似之处：从早期实行计划经济模式，到后来进行市场经济改革；从早期的内源式发展转向后来的全球开放；从对霸权主义的反对以及和平共处五项原则的倡导；在诸如此类的许多方面，两国都表现出战略与利益上的相似性。此外，中印在资源禀赋和产业结构上的差异，更为两国提供了合作的现实条件。实际上，自冷战结束以来，中印以经贸为亮点的合作已全方位展开，并得到了两国历届领导人大力推动。两国推动新时期战略对接，已是顺势而为之举。本部分旨在深入分析中印理念战略对接的需求基础、可能达到的不同层次目标以及在政治、经济、外交和文化等不同领域的具体对接目标与对接方式。

一、中印理念战略对接的需求基础

如前所述，国际战略对接通常受共同利益、意愿偏好、能力与机制等多种因素影响。这些自变量的发展变化情况，决定了中印战略对接需求这一因变量的形成结果。因此，有必要深入考察阐述两国的理念战略对接的需求产生因素、需求强度大小、需求类型表现以及目标契合度等问题，对这些问题的系统深入理解，将有助于增强两国战略对接的信心与决心，为明确两国战略对接的路径与策略等提供指引。

（一）中印共同利益

这里的共同利益是指中印两国共同的国家利益。所谓"利益"，简单来说指生存与发展的种种客观需求，即"以需求与欲求来界定国家利益，讲出了一个基本事实，即国家的生存与发展，有一些必要的条件与需要的条件。必要的条件不存在，国家就不能生存，例如国土、人口、主权等。需要的条件不存在，国家就不能发展，例如和平的周边环境、充足的能源供应、平等的贸易关系等"。① 按照国际政治学的一般看法，国家利益主要由安全利益、政治利益、经济利益等所组成，表现为国家对安全、权力和财富等的最大化追求。② 中印进行战略对接的利益表现在何处呢？

首先，可以避免不必要的战略对撞或战略冲突。由于提前或及时进行了沟通，双方得以避免产生误会、隔阂，这将减少双方战略撞车的可能，避免造成两败俱伤的后果。这一后果最剧烈的情形，就是爆发战争。③ 因此，战略对接有助于更好地防范或减少中印两国对抗并发生冲突的风险，为两国互相营造更为确定的稳定和平友邻环境，换言之，可以为双方带来经济或安全利益。这种基于和平共处关系而带来的利益也被称之为和平红利，指一个国家或地区与敌对方结束敌对状态之后，给该经济体带来的额外好处。④ 据估计，冷战结束后 10 年间，由于美国的国防费用占 GDP 的比重由 5.2% 下降到不足 3%，美国共获得 1 万亿美元的"和平红利"。⑤ 对于中印这样两个比邻而居的大国而言，这种红利同样也异常可观。目前，中印两国都仍是发展中国家，尽管经济均处于快速增长中，但是发展不平衡和贫富分化情况仍较明显。两国都需要将更多的投入用于更具生产性和民生性的发展项目上，友邻关系将有助于两国适度减少在国防投入上的比例，使有限的建设资金能更好地派上用场。

其次，中印战略对接可以创造新的经济福利。比如能源领域就是一个可以实现战略对接的实例。作为两个能源需求大国，中印在国际能源市场上展开合作的利益极其显著：可以避免双方恶性竞价导致"亚洲溢价"的出现，可以提高双方的议价权，还可以帮助双方分散能源开发风险以及加强在新能

---

① 李少军：《论国家利益》，《世界经济与政治》，2003 年第 1 期，第 4 页。

② ［美］摩根索：《国家间的政治——为权力与和平而斗争》，杨岐鸣等译，北京：商务印书馆，1993 年，第 17 页。

③ 英国学者帕克指出，国家要么通过相互间的武力冲突来解决其在特定的地理空间中彼此存在的固有问题，要么通过合作手段来尝试解决这些问题，这是国家在地缘政治世界下的两大基本行为模式。详见［英］杰弗里·帕克：《地缘政治学：过去、现在和未来》，刘从德译，北京：新华出版社，2003 年，第 201 页。

④ 张立：《中印关系前景可期：合作甚于冲突》，《南亚研究季刊》，2013 年第 3 期，第 86—91 页。

⑤ 李学江：《美俄核裁军，"和平红利"几何》，《国际金融报》，2009 年 5 月 19 日。

源等领域的合作等。[①]更大的战略对接经济利益，来自两国发展战略的系统性、全面性大对接，这将为两国带来巨大的贸易和投资合作机遇。作为当今世界增长速度最快的两个大型经济体，中印两国都是从 20 世纪 70 年代末至今，开始经历着世界上少见的经济高速增长。从 1978 年改革开放至今，中国经济已保持了连续 40 年的高速增长，年均增速高达 9.5%。[②]尽管未来劳动力、资本和全要素生产率等影响中国经济潜在增长速度的三大要素增长率可能会减缓，但由于总消费、服务业支出及收入增加相对 GDP 仍会上升，因此中国经济仍有可能维持远高于发达经济体的增长速度。而从印度来看，从 1991 年开始经济自由化改革至今，经济平均增长率接近 6%，较前 40 年平均 3% 的增速高出近一倍，而且经济波动振幅收窄，几乎没有再出现过 1965（–2.6%）、1979 年（–5.2%）那样严重的萎缩。[③]不仅如此，得益于年轻的人口结构和旺盛的消费需求，英国《金融时报》的著名评论员马丁·沃尔夫（Martin Wolf）在 2011 年曾将印度称为"早产的超级大国"——一个人民生活水平低下但拥有巨大经济体的国家，[④]他认为，印度的经济总量将在 10 年后超过英国，20 年后超过日本。渣打银行 2011 年时发表的一份报告也预测，到 2030 年印度有望成为仅次于美国和中国的全球第三大经济体。[⑤]中印两国经济的高速增长无疑给双方带来了巨大的贸易和投资机会，双边贸

---

① 张立：《浅论中印能源合作》，《国际问题研究》，2008 年第 1 期，第 26—29 页。

② 李建伟：《中国经济增长四十年回顾与展望》，《管理世界》，2018 年第 10 期，第 11—23 页。

③ 但 2020 年有可能会接近这一水平。受新型冠状病毒（COVID-19）疫情的影响，印度经济遭受重大冲击，失业率猛升，经济陷入衰退。据印度官方公布的数据，2020 年第二季度（4 月至 6 月）印度 GDP 同比大幅下滑 23.9%，第三季度 GDP 同比下降 7.5%，国际货币基金组织（IMF）预测印度 2020 年经济增长率为 –4.5%。然而，即便如此，印度也在不失时机地利用疫情带来的外交机会，在南亚和全球提高印度的影响力。参见刘小雪：《从印度经济增长瓶颈看莫迪改革的方向、挑战及应对》，《南亚研究》，2017 年第 4 期，第 134—150 页；《疫情和经济双重困境下印度做了这个决定……》，国际在线网，2020 年 9 月 3 日，http://news.cri.cn/20200903/5f5f6090-43e7-fc74-394a-ed6c6e3e6de8.html；路虹：《印度经济的疫情之殇》，《国际商报》，2020 年 11 月 30 日；Pradeep Taneja & Singh Bali Azad, "India's domestic and foreign policy responses to COVID-19", *The Round Table*, Vol.110, No.1, 2021, pp.46-61.

④ ［美］约瑟夫·奈：《中印关系前途未卜》，（新加坡）联合早报网，2011 年 1 月 14 日，http://www.zaobao.com/special/forum/pages8/forum_zp110114.shtml。

⑤ 王红娟：《渣打：印度腾飞在即 未来 20 年 GDP 增速将超中国》，中国经济网，2011 年 5 月 26 日，http://intl.ce.cn/specials/zxxx/201105/26/t20110526_22443438.shtml。

易额自 21 世纪以来的 10 年里增长近 20 倍，中国成为印度第一大贸易伙伴，印度则是中国在南亚最大的贸易伙伴。[①] 截止到 2019 年底，中印双边贸易额已经突破 900 亿美元，朝着 1000 亿美元的目标迈进。两国相互投资方兴未艾，给双方带来了丰厚的回报。中国企业在印度的基础设施建设中发挥了重要作用，同时在电力、通信和钢铁等行业也占据了较大市场。印度的塔塔、Infosys、Wipro、Satyam 等软件厂商也纷纷进入中国并发展顺利，阿拉宾度制药公司、全印度最大的私人企业之一的 L&T 公司等其他行业和企业也正在逐步跟进。随着两国关系的健康稳定向前发展，将有利于两国继续通过贸易或投资等各种渠道分享对方的增长红利，从而赢得可观的经济利益和发展契机。印中人口之和约占世界人口的 1/3，如果两国开展合作，将形成一个巨大的合作市场。[②]

再次，中印战略对接可以为两国加强沟通、增强互信和缓解安全困境，创造良好氛围。作为两大邻国，中印存在着所谓的"安全困境"问题。[③] 就字面上讲，安全困境通常是指国家在世界上面临的基本生存安全难题，这里所谓的安全，即是指一国的领土或主权等，免遭被威胁或被侵犯的风险。在国际关系学领域，安全困境已经发展成为理解和阐释国际关系现实的一个核心概念，具体表现为，任一国家增强自我安全的行为，都会不自觉地相应导致他国安全相对降低，从而迫使他国为了自身的安全而被迫增加自己的实力，

---

① 游心、王莉莎：《中印计划 2015 年双边贸易额达到 1000 亿美元》，《第一财经日报》，2010 年 12 月 17 日。

② 吴强：《中印关系进入成熟稳定发展阶段》，新华网，2010 年 5 月 26 日，http://news.xinhuanet.com/world/2010-05/26/c_12143893.htm。

③ Garver, J. W., "The security dilemma in Sino-Indian relations", *India Review*, Vol. 1, No.4, 2002, pp.1–38; Jonathan Holslag, "The Persistent Military Security Dilemma between China and India", *Journal of Strategic Studies*, Vol.32, No.6, 2009, pp.811-840; David Brewster, "Beyond the 'String of Pearls': is there really a Sino-Indian security dilemma in the Indian Ocean?", *Journal of the Indian Ocean Region*, Vol.10, No.2, 2014, pp.133-149; David Brewster, "An Indian Ocean dilemma: Sino-Indian rivalry and China's strategic vulnerability in the Indian Ocean", *Journal of the Indian Ocean Region*, Vol.11, No.1, 2015, pp.48-59; Ajey Lele: "Space Security Dilemma: India and China", *Astropolitics*, Vol.17, No.1, 2019, pp.23-37; Rajesh Basrur, Anit Mukherjee & T. V. Paul, "Introduction: Revisiting the security dilemma through the lens of India–China relations", *Asian Security*, Vol.15, No.1, 2019, pp.1-4; Srinath Raghavan, "The Security Dilemma and India–China Relations", *Asian Security*, Vol.15, No.1, 2019, pp.60-72; Rajesh Basrur, Anit Mukherjee & T.V. Paul (ed.), *India–China Maritime Competition: The Security Dilemma At Sea*, London: Routledge, 2019.

以至各方都卷入安全竞争的恶性循环之中。[①]范明英等曾指出,中印之间存在着显而易见的"安全困境"。[②]从历史上看,尽管中印有过一段建交后的"蜜月"期,但进入20世纪60年代后,由于印度继承了英国殖民者的侵略政策而挑起了一场边境武装冲突,这导致随后两国关系陷入长期的冰冻和对立,直到20世纪80年代中期以后两国关系才又恢复到正常交往水平。然而,边界问题始终横亘在两国关系中,历经多次谈判,仍未取得突破性进展。两国关系也基本处于一种"冷和平"状态,并且"双方之间从来就没有建立起相互信任感与安全感"。[③]不仅如此,范明英等还表示,印度对于中国崛起也同样持有疑惧心理,在看到中国崛起为亚洲带来好处的同时,也担心中国成为亚洲的一个潜在霸权,体现出中印间的"心态安全困境"。[④]而且,作为大国的印度,一旦与美国结盟遏制中国,那就必然会迫使中国采取反遏制政策,这种相互制衡政策的结果将使双方的"安全困境"越陷越深,从而进一步恶化两国的安全环境。因此,中印两国间存在安全困境不是什么新现象,而是老问题,并有可能在新的形势下由于双方的行为选择而继续向前发展。[⑤]对此,中印两国通过加强在发展理念和发展战略上的对接,有助于增加沟通管道,加强利益捆绑,建立起更加紧密的相互依存关系,从而有效缓解双方在安全问题上的疑虑,这对双方都是现实可行的维护安全利益之计。

最后,中印战略对接的共同利益还表现在政治利益上。即两国通过战略对接,可以在国际政治领域形成合力,增强中印在国际和地区事务中的话语权和影响力,在促进地区和全球稳定上发挥强有力的作用。[⑥]尼赫鲁总理曾

① Herbert Butterfield, *History and Human Relations*. London: Collins, 1951.

② 范明英、孙增超:《从历史发展的视野看中国发展与崛起面临的国家安全状况》,《华东理工大学学报》(社会科学版),2008年第1期,第59页。

③ 孙士海:《对中印建立互信关系的几点思考》,《南亚研究》,2003年第2期,第3—7页。

④ 范明英、孙增超:《从历史发展的视野看中国发展与崛起面临的国家安全状况》,《华东理工大学学报(社会科学版)》,第58页。

⑤ Koh Swee Lean Collin, "China-India Rivalry at Sea: Capability, trends and challenges", *Asian Security*, Vol.15, No.1, 2019, pp.5-24.

⑥ Ravi Arvind Palat, "Much ado about nothing? World-historical implications of the re-emergence of China and India", *International Critical Thought*, Vol.2, No.2, 2012, pp.139-155; Wojczewski, Thorsten, "Global Power Shifts and World Order: The Contestation of 'Western' Discursive Hegemony", *Cambridge Review of International Affairs*, Vol.31, No.1, 2018, pp.33-52.

经希望的"亚洲世纪"的到来,离不开中印等新兴大国的共同崛起和重要作用。而提高发展中国家的地位和构建更加民主公平合理的国际政治经济秩序,也需要中印这两个发展中大国共同发挥作用。事实上,早已有学者注意到中印两国在国际政治上实现合作的深远影响,[①]美国《国家利益》杂志就此也曾刊文指出,中印等崛起将能创造出一个新兴的"非西方世界",这些崛起的国家将优先深化它们之间的关系,同时相对放松与以西方为中心的国际体系的联系,建立起一种取代它的国际政治体系。[②]该文不无忧心地指出,这一正在出现的"没有西方的世界",将依靠发展中世界内部相互关系的迅速加深——商品、货币、人员和思想的流动(它不受西方控制自主发展),形成一个平行的新国际体系,具有自己特有的一套规则、制度和权力分配方式。[③]德国和英国学者也指出,中印两国在政治经济上的不断崛起正在并将持续对全球秩序产生难以估量的影响。[④]换言之,中印的共同崛起和合作交往的确意义非凡,它们将极有可能打破目前由美国领导的世界秩序,对现存的以西方发达国家利益为主导的世界政治经济秩序框架构成严重的挑战。

(二)中印对接的意愿偏好

意愿偏好,取决于国家执政精英的战略认知与价值偏好。它受国家利益所影响,但又受执政精英,尤其是国家领导人个人风格等的影响,带有一定的主观性。因而,意愿偏好并不完全与共同利益相一致。从中印两国来看,保持合作的意愿偏好,在近几十年来是趋于稳定的,它反映出两国领导人对于形势的深刻理解和高瞻远瞩的战略素质。

正如比利时学者乔纳森·霍尔斯拉格(Jonathan Holslag)所指出的,"过去 30 年,中印关系的逐步改善主要受到来自国家领导层的推动",[⑤]如在 20

---

① [瑞士]吉尔伯特·艾蒂安:《世纪竞争:中国和印度》,许铁兵、刘军译,北京:新华出版社,2000 年,第 237 页。

② 《美刊:中印俄崛起正在出现一个"没有西方的世界"》,新华网,2007 年 8 月 2 日,http://news.xinhuanet.com/world/2007-08/02/content_6463617.htm。

③ 《美刊:中印俄崛起正在出现一个"没有西方的世界"》,2007 年 8 月 2 日。

④ [德]德克·梅斯纳(Dirk Messner),[英]约翰·汉弗莱(John Humphrey):《全球治理舞台上的中国和印度》,《世界经济与政治》,赵景芳译,2006 年第 6 期,第 7—16 页。

⑤ [比]乔纳森·霍尔斯拉格:《中印关系的进展、认知与和平前景》,任娜译,《当代亚太》,2008 年第 4 期,第 41—58 页。

世纪 70—80 年代，为了给国内改革创造稳定的外部环境，两国领导人推动双边关系走出低谷，实现正常化。进入 90 年代后，随着两国都转向全球化和开放合作，获取政治和经济利益则成为双边关系持续改善的主要动力。尽管在这一过程中，两国政府都曾不同程度地遭遇到了国内政治上的异议，但是最终两国领导人高瞻远瞩，看到了合作的巨大利益所在，从而克服了阻力，让两国走到了一起。如同曾任印度总理的莫拉尔吉·德赛所指出的："与中国进行核军备竞赛会阻碍印度经济和社会发展计划，从内部削弱我们的国家，并会损害我们的政治影响力。"邓小平也指出："我们（中印）两国……不相互了解、不建立友谊是不行的。"①

进入 20 世纪 90 年代以后，虽然政治和商业利益的增长已可为双边关系提供持续改善的动力，但两国领导人也依旧着眼于两国的发展大局，来推动双边关系持续向前。如时任印度总理纳拉辛哈·拉奥 1993 年对中国进行国事访问，他在北京大学发表热情洋溢的演讲时指出："我们仍须挖掘存在于（中印）两大经济体的经济领域中所有潜在的可能性，对此我充满信心。我们可以考虑通过若干形式来实现这一巨大潜力。"②尽管拉奥总理与中国发展合作的积极意愿仍遇到了来自国内议会、利益集团等的反对，但这些批评都不能动摇印度具有战略远见的政治领导人加强中印关系以促进印度快速发展的决心。1996 年，时任中国国家主席江泽民访问印度，与印度领导人达成了中印构建"面向 21 世纪的建设性合作伙伴关系"的共识，指明了两国关系的发展方向，推动了两国关系继续向前迈进。③

进入 21 世纪以来，中印两国经济继续保持高歌猛进式增长，两国的经济增长速度都位居全球大型经济体的前列，与此同时，两国战略合作伙伴关系也得到确立和巩固。2003 年 6 月，印度总理瓦杰帕伊对中国的访问是又一次具有里程碑意义的事件，两国总理签署了《中印关系原则和全面合作的宣言》，指出"两国友好合作符合中印社会经济发展与繁荣的需要，符合促进地区与全球和平与稳定的需要，也符合推进世界多极化和利用全球化积极

---

① ［比］乔纳森·霍尔斯拉格：《中印关系的进展、认知与和平前景》，第 41—58 页。

② 许静：《印度总理纳拉辛哈·拉奥在北京大学的演讲》，《国际政治研究》，1993 年第 4 期，第 37—41 页。

③ 郑瑞祥：《中印关系 60 年：总结过去，展望未来》，搜狐网，2014 年 6 月 11 日，http://history.sohu.com/20140611/n400708903.shtml。

因素的需要"，^①并且双方确认将在遵循"和平共处五项原则、相互尊重、两国互不为威胁、互不使用武力或以武力相威胁以及通过公平、合理及双方都可接受的方式和平解决分歧"等原则的基础上建立新型关系。^②从这份经过两国领导人确认的推动中印长期建设性合作伙伴关系的纲领性文件中可以看出，两国领导人推动两国走合作共赢道路的决心坚定不移。

2005 年 4 月，时任中国总理温家宝访问印度，两国领导人发布了两国政府联合声明，将中印合作伙伴关系提升到战略伙伴关系新层次，并表示两国政府将全面扩大双方在各个领域的友好互利合作。^③2006 年 11 月，时任中国国家主席胡锦涛访问印度，双方发表的联合宣言中提出了充实和加强中印战略合作伙伴关系的十项战略。2008 年 1 月，印度总理辛格访华，两国签署了中印《关于二十一世纪的共同展望》。2010 年 12 月，时任中国总理温家宝再度访问印度，他在印度世界事务委员会发表了题为"共铸东方文明新辉煌"的重要演讲，表示"世界有足够的空间供中印共同发展，也有足够的领域供中印开展合作。这些重要的共识，深深植根于中印古老的文化传统和悠久的交往历史，也是同我们对世界大势的正确把握和对国家利益的深刻认识分不开的"，^④同时他还强调，中印都处于发展的关键期，两国应"不失时机地扩大和深化利益汇合点，积极推进战略合作和务实合作"。^⑤在新世纪初的头一个 10 年内，中印双边贸易额增长了 20 倍，中国成为印度第一大贸易伙伴，印度则是中国在南亚最大的贸易伙伴，^⑥这表明友好合作的中印关系为两国经济增长和共同崛起发挥了实实在在的作用。

进入新世纪第二个 10 年期，中印伙伴关系继续为两国崛起提供助力。两国领导人通过互访为两国关系掌舵护航，中印共同崛起态势不减。2013 年 5 月，中国总理李克强访问印度，就发展两国面向和平与繁荣的战略合作

① 《中印关系原则和全面合作的宣言》，《解放日报》，2003 年 6 月 25 日。
② 同上。
③ 《中印建面向和平与繁荣的战略合作伙伴关系》，中国网，2005 年 4 月 12 日，http://www.china.com.cn/chinese/PI-c/835979.htm。
④ 《温家宝总理在印度世界事务委员会的演讲》，中国中央政府网，2010 年 12 月 17 日，http://www.gov.cn/ldhd/2010-12/17/content_1767618.htm。
⑤ 同上。
⑥ 《温家宝总理在印度世界事务委员会的演讲》，2010 年 12 月 17 日。

伙伴关系达成了一系列新的务实成果。[①] 同年 10 月，时任印度总理辛格访问中国，其出行前接受采访时表示："稳定的（中印）双边关系对于两国处理国内问题，特别是 25 亿人民的生存和发展来说，相当重要。"[②] 印度现任总理莫迪也高度认可中印关系的重要性，他认为："我们（中印）是世界上人口最多的两个国家，也是增长最快的主要经济体之一。我们的合作正在扩大，贸易正在增长。而且，我们在处理问题和确保和平边界方面表现出了成熟和智慧。我们两国之间牢固稳定的关系是全球和平与进步的重要因素。"[③] 莫迪总理的这一表态，与中国国家主席习近平的看法完全一致。在一次回答印度记者的提问时，习近平主席曾指出，"中国和印度有着传统友好关系，也是两个最大的发展中国家，两国人口加起来超过 25 亿。中印一起走和平发展、合作发展道路，是两国共同利益所在，对亚洲和世界也是一件大好事"。[④]2017 年，中印双边贸易额达到了 844 亿美元，创历史新高，比上年增长 20.3%；[⑤]2018 年，中印双边贸易额 955.4 亿美元，同比增长 13.2%，[⑥]中印战略合作正在结出丰硕的利益果实。

（三）中印对接的战略能力基础

国家战略能力的强弱高低，既是国家达成战略目标的能力体现，也是国家达成目标的意志强弱程度体现，因而也是影响战略对接需求的重要因素。战略能力强，就意味着在促成战略目标的指引下，行为体有着更强的需求而会采取一切可行的手段来达成目标。反之，战略能力低下，则表明行为体缺

---

① 《李克强总理在印度世界事务委员会的演讲》，中国中央政府网，2013 年 5 月 22 日，http://www.gov.cn/ldhd/2013-05/22/content_2408118.htm。

② 《辛格谈访华：稳定关系对 25 亿人民生存发展相当重要》，中国新闻网，2013 年 10 月 22 日，http://www.chinanews.com/gn/2013/10-22/5411770.shtml。

③ "Prime Minister's Keynote Address at Shangri La Dialogue", 1 June, 2018, https://www.mea.gov.in/Speeches-Statements.htm?dtl/29943/Prime+Ministers+Keynote+Address+at+Shangri+La+Dialogue+June+01+2018，转引自龙兴春：《美国的"印太战略"及印度的考量》，《人民论坛·学术前沿》，2019 年 4 月，第 68—75 页。

④ 《习近平答金砖国家记者问：增进同往访国人民友好感情》，人民网，2013 年 3 月 21 日，http://cpc.people.com.cn/n/2013/0321/c64094-20862471.html。

⑤ 《商务部："2017 年中印双边贸易额达 844 亿美元 创历史新高》，新浪网，2018 年 4 月 26 日，http://finance.sina.com.cn/roll/2018-04-26/doc-ifztkpin4472692.shtml。

⑥ 《中国印度经贸合作简况》，中国驻印度大使馆网站，2019 年 2 月 2 日，http://www.mofcom.gov.cn/article/jiguanzx/201902/20190202836075.shtml。

少足够的动机来通过战略对接以达成目标。为便于将定性判断与定量测算相结合，更加准确地反映研究对象国的战略能力状况，我们采纳将其定义为由战略实力、战略转化能力、战略谋划能力和战略执行能力等包括四个要素的多类指标综合计算所得出的综合能力概念。[1] 这里的战略实力，主要由政治实力、经济实力、军事实力和文化实力等构成，它反映出对象国在战略对接各个方面的资源拥有状况。其中政治实力可以用两国在世界主要国际组织中的地位来衡量，比如通过联合国、世界银行、国际货币基金组织（IMF）、世贸组织（WTO）、G20 以及其他一些多边或区域性国际机构中的成员资格情况来衡量；经济实力可用国内生产总值（GDP）、贸易进出口总额以及对外投资额等进行衡量，它可以反映对接国在经济合作上的发展规模与潜力大小；军事实力则可用两国的军费开支、军事人员以及重要装备数量等来衡量；文化实力则可用两国文化产业的国际贸易情况以及两国文化的国际影响力等来衡量。战略转化能力则可用国家的战略动员能力来衡量，即为应对各种事关国家利益的重大危机、冲突或战争所采取的统一调动人力、物力、财力的非常措施。[2] 有学者认为，[3] 可以借助世界银行的统计数据，采用政府效能指数 (Government Effectiveness) 和国家税收能力 (国家税收占 GDP 的比例，反映了国家的资源汲取能力) 两项指标，将两者各赋相应的权重，进行加权计算得出的数据来测量总体的战略动员能力数值。[4] 除了这两项指标外，国家拥有的国际政治资源多少和国际地位强弱，也是决定国家战略转化能力的重要指标。战略谋划能力的强弱，则取决于国家的战略文化、领袖集团的素养和参谋集团的素质，[5] 这方面不易量化，可用是否出台了明确的战略来衡量；战略执行能力则考察一国推进战略的总体能力，该能力与国家的政治稳定性、中央地方分权状况以及政府治理水平等情况有关。通常政治稳定性强、中央地方关系和谐、政治治理水平较高、腐败较少的国家，其战略执行能力就愈强。

---

① 凌胜利：《战略能力、共同利益与安全合作——基于印度与美国亚太盟友安全合作的分析》，《南亚研究》，2016 年第 1 期，第 10—13 页。

② 王兴旺：《国家战略能力初探》，《中国军事科学》，2009 年第 2 期，第 141—142 页。

③ 凌胜利：《战略能力、共同利益与安全合作——基于印度与美国亚太盟友安全合作的分析》，第 12 页。

④ 政府效能数据 (Government Effectiveness) 是世界银行评估各国政府治理能力的重要指标，主要考察各国政府的治理效率。

⑤ 王兴旺：《国家战略能力初探》，第 141—142 页。

第四章　中印理念战略对接的需求、目标与模式

　　结合中印两国实际看，两国都拥有较强的国家战略能力。从 20 世纪 50 年代起，两国都建立了"五年计划"机制，该机制的实行，旨在对国家中长期内的发展目标、发展重点和资源配置等，从全局、宏观和战略高度进行统筹性谋划，以促进国家战略目标的实现。[1]到 2020 年底为止，中国已进入了第十三个"五年计划"发展期，即将在 2021 年开启"十四五"计划；印度方面，到 2017 年为止，已经完成了十二个"五年计划"的规划编制和实施工作，[2]2016 年 5 月，莫迪政府宣布，将在 2017 年印度"十二五"计划结束后，以 15 年"国家发展日程"取代已经施行了数十年的"五年计划"，在国家发展日程的新框架中，还将包含有 7 年行动计划，同时每 3 年将会对计划进行审定乃至路线调整。[3]这表明，中印两国长期以来，一直高度重视国家战略方针的谋划和战略推进实施工作。"五年计划"机制的长期有力执行，就是两国战略谋划能力和战略实施能力的重要体现。除了编撰实施综合性、全局性的国家"五年计划"等中长期规划外，两国还在其他一些领域制定了专门性的战略，以此推动其他国家战略目标的达成与实现。这些战略涵盖经济、军事、社会和民生等多个方面，如有印度农业新战略（Indian New Agricultural Strategy）、[4]"印度制造"战略、印度高科技战略、[5]印度海军战略、[6]印度城市发展战略、[7]印度反贫困战略、[8]中国集成电路产业发展战略、[9]中国国

---

　　① Bhagwati, J. & Desai, P, *India: Planning for Industrialization, Industrialization and Trade Policies since 1951*, New Delhi: Oxford University Press, 1970.

　　② 有关印度各"五年计划"目标、重点和执行情况等，可参阅刘小雪：《印度经济数字地图》（2012-2013），北京：科学出版社，2013 年，第 10—12 页。

　　③ 驻加尔各答总领馆经商室：《印度政府决定以十五年发展日程取代五年计划》，中国驻加尔各答总领馆网站，2016 年 5 月 13 日，http://kolkata.mofcom.gov.cn/article/jmxw/201605/20160501318227.shtml。

　　④ 朱昌利：《印度农业发展战略思想研究》，《云南社会科学》，1989 年第 3 期，第 43—50 页。

　　⑤ 文富德：《印度高科技发展战略研究》，巴蜀书社，2011 年。

　　⑥ ［美］詹姆斯·R. 福尔摩斯等：《印度二十一世纪海军战略》，鞠海龙译，北京：人民出版社，2016 年。

　　⑦ 肖超伟：《印度：政府推出未来 20 年的城市发展战略》，《国际城市规划》，2016 年第 6 期，第 132 页。

　　⑧ 明拥军：《印度的反贫困经验与启示》，《新疆农业科技》，2006 年第 6 期，第 8—9 页。

　　⑨ 刘菊花：《中国确定集成电路产业"国家战略"》，中国网络电视台网站，2011 年 4 月 16 日，http://news.cntv.cn/20110416/108790.shtml。

防战略[①]以及中国城市化战略[②]等，不胜枚举，这些林林总总的战略计划，充分说明两国在长期的实践中已经培养锻炼出了较强的战略谋划意识和战略制定能力。

不仅如此，作为两个发展中大国和世界排名靠前的大型经济体，[③]两国已拥有的战略资源禀赋，具备较强的战略实力。[④]从政治实力看，中印两国都是联合国、世界银行、国际货币基金组织（IMF）、世贸组织（WTO）、G20等主要国际组织以及如金砖国家、亚信组织、上合组织等其他一些重要区域性国际机构的成员，两国都属于发展中国家的代表性大国，在国际事务中具有较为重要的地位和不可忽视的影响。从经济实力上看，中印两国分属世界第二大和第五大经济体，[⑤]在对外贸易和对外投资方面，两国也处于发展中国家的前列水平。据印度商业信息统计署与印度商务部统计，2018年，印度货物进出口额为8367.1亿美元，比上年同期（下同）增长11.79%，占全球出口贸易额的1.7%，位居全球第十九位。可见，印度在全球对外贸易中扮演着重要角色，也是全球对外贸易大国之一；[⑥]不少印度企业也纷纷走出去，通过并购等方式在海外攻城略地，2006年印度对外投资达100亿美元，

---

① 叶晖南：《建国以来我国国防战略的四次重大调整》，《当代中国史研究》，1999年第3期，第6—12页。

② 高云虹：《中国改革以来的城市化战略演变及相关思考》，《当代财经》，2009年第3期，第80—84页。

③ Justin Paul & Erick Mas, "The Emergence of China and India in the Global Market", *Journal of East-West Business*, Vol.22, No.1, 2016, pp.28-50.

④ 有学者指出，到2016年，印度已发展成为经济总量超过2万亿美元的经济体，顺利挺过了2008年全球金融危机，正保持着7%以上的增长率，且未来可能将增长速度稳定在8%—9%的高水平，外汇储备达到3660亿美元，FDI流入达到440亿美元，10亿移动通信用户，贫困率下降到20%，4亿中产阶层人口，简言之，印度现在已是数得着的世界级经济权势中心（global economic power）。详见 Ahmed, G., "A Quarter Century of Economic Reforms of India (1991-2016)", *Theoretical Economics Letters*, No.7, 2017, pp.1102-1107. 另可参阅 Amit Ahuja & Devesh Kapur, "India's geoeconomic strategy", *India Review*, Vol.17, No.1, 2018, pp.76-99; Samir Saran, "India's Role in a Liberal Post-Western World", *The International Spectator*, Vol.53, No.1, 2018, pp.92-108.

⑤ 《印度GDP从世界排名十三迅速升到第五》，搜狐网，2019年1月5日，https://www.sohu.com/a/285941686_100141587。

⑥ 《印度对外进出口情况及产品分析》，中国贸易投资网，2020年1月23日，http://www.tradeinvest.cn/information/5160/detail。

首次超过该国以往吸引的外资总额，[1]英国《金融时报》2014年10月27日报道，印度石油和天然气公司拟启动一个庞大的全球并购计划。拟在能源领域投资1800亿美元，以加强同中国的竞争，并到2030年将境外产能提高7倍，满足印度快速增长的国内能源需求。[2]中国的贸易总额更加强劲，2018年中国贸易进出口总额为4.62万亿美元，同比增长12.6%，占全球贸易总额的11.75%，继续保持全球第一的货物贸易国地位。[3]在对外投资方面，截止到2018年7月，中国对外投资也达到了1.88万亿美元，[4]已成为不折不扣的对外投资大国。在军事实力方面，无论是从军队人数、军费开支或是以战机、战舰等重要装备而论，中印两国也都处于世界前列位置，可列入世界排名前十的军事大国之列；在文化实力方面，作为两大文明古国，中国和印度分别代表着亚洲文明的两大分支，其文化具有超越国界的区域性和国际性影响，两国文化软实力也在不断提升。

因此，总体而论，作为两个发展中大国，中印两国都具备较强的战略能力，这些能力既为两国开展对外战略对接打下了坚实的基础，也提供了内在的需求，因为这符合两国提升战略能力、从而更好地促进战略目标达成的需要。在这里，国际战略对接被定位于实现自身战略目标的重要途径与手段之一。

（四）中印战略对接的促进机制

中印两国之间已经发展起了多层次宽领域的合作机制，有力地促进了中印对话交流与合作，有助于两国实施战略对接。自由主义国际关系理论认为，国际机制对于促进国际合作具有重要的作用，它具有提供公共产品、降低交易成本、塑造结果预期并保持国际关系的连续性等功能，[5]因此，在基欧汉

---

①　Nirmalya Kumar：《经济危机难阻印度企业海外并购潮》，张咏译，中青在线网，2009年6月9日，http://qnck.cyol.com/content/2009-06/09/content_2703461.htm。

②　驻英国经商参处：《印度石油天然气公司掀起1800亿美元投资热潮》，环球网，2014年10月28日，https://china.huanqiu.com/article/9CaKrnJFK83。

③　《39万亿！2018年全球贸易总额，美国占10.87%，日本3.8%，中国呢？》，搜狐网，2019年4月10日，https://www.sohu.com/a/307224161_712214。

④　陈元钦：《中国对外投资金额已达1.88万亿美元》，搜狐网，2018年9月9日，https://www.sohu.com/a/252787665_114890。

⑤　简军波、丁冬汉：《国际机制的功能与道义》，《世界经济与政治》，2002年第3期，第15—20页。

等看来，国际机制一旦建立，它就具有了一定的独立性和可持续性，对行为体产生路径依赖效应。[①] 这里的路径依赖，就是指行为体后续行为会受先前行为模式与路径的影响，为了避免此前的努力成为毫无用处的"沉没成本"，而不得不被锁定在初始行为所确定的轨道上，进而呈现出不断强化的趋势，使得机制体现出自增强效应。因此，国际关系中行为体之间的合作机制化水平，在相当程度上可以影响未来合作关系的发展。结合中印两国的实际看，两国已经建立了大量的机制，这些机制涵盖到双边关系的各个领域，对促进两国的战略对话与务实合作发挥了重要作用。

战略经济对话、中印防务与安全磋商、涉边问题的特别代表会谈以及中印人文交流合作机制等，是双边事务中最为重要的几大机制。这几种机制涵盖经济、安全、边界以及文化等各主要领域的重要事务。通过这些机制，两国既可以就合作的具体框架展开对话和作出协商安排，也可以就双边合作中的问题与矛盾展开讨论，探讨缩小分歧、达成共识的解决方法。比如边界特别代表会谈机制虽然至今未能取得突破性进展，但它的举行就展现了双方以和平方式解决双边分歧的姿态，并向两国和全世界发出明确信号——中印两国正在以不冲突、不对抗的方式来应对最为敏感的领土争议问题。战略经济对话则主要由两国宏观经济管理部门参加，它为两国加强宏观层面的协调、就双边经贸与发展合作拟定阶段性总体框架提供了关键性平台。该机制建立于 2010 年，中国方面由中国国家发展改革委员会牵头负责，印度方面由印度国家转型委员会（前身为印度计划委员会）牵头负责，其下设立了政策协调、基础设施、节能环保、高技术和能源 5 个工作组，[②] 截止到 2018 年，两国已分别于 2011 年、2012 年、2014 年、2016 年和 2018 年先后在北京和新德里轮流举行了 5 次会议，就两国宏观经济形势、双边关系及务实合作等议题充分交换意见，提出了两国阶段性合作的重点与方向。

在区域和全球层次，金砖国家组织（BRICS）、上合组织（SCO）、亚投行（AIIB）、东盟"10+6"、世界贸易组织（WTO）、国际货币基金（IMF）、二十国集团（G20）以及联合国等，则是中印就两国关心的地区与国际问题

---

① 苏长和：《解读〈霸权之后〉——基欧汉与国际关系理论中的新自由制度主义》，《美国研究》，2001 年 1 期，第 138—146 页。

② 《中印战略经济对话助推两国务实合作互利共赢》，中国中央政府网站，2018 年 4 月 14 日，http://www.gov.cn/xinwen/2018-04/14/content_5282470.htm。

进行交流、展开区域与全球治理合作的主要平台。2018 年 4 月和 2019 年 10 月，两国领导人还分别在中国武汉和印度金奈开启了两国领导人非正式会晤机制，以"超常规安排"的形式，为两国高层加强沟通对话、增进互信提供了新的管道。① 如正是在 2018 年两国领导人武汉非正式会晤的基础上，两国关系实现了自洞朗对峙双边关系处于低谷以来的全面重启，"双方重申印中要做好邻居、好朋友和好伙伴，同意推进贸易，削减贸易赤字，在电影、体育、旅游、青年交往、地方交流等方面开展更多合作，两国领导人还同意通过电话交谈、书信往来、举行会议等多种方式加强战略沟通"，② 双边合作全面回到了健康的轨道。2019 年，两国领导人在印度金奈举行了第二次非正式会晤，两国领导人进行了不设限的战略对话与深度沟通，达成多项共识。如同"武汉会晤"被誉为中印关系史上"里程碑"事件一样，这次"金奈峰会"同样反响热烈，意义非凡，为动荡起伏的中印关系拨正了航向，引领中印关系再出发。中国外交部副部长罗照辉指出，两位领导人在友好气氛中就国际和地区的全局性、长期性、战略性问题深入交换意见，一致同意加强两国更加紧密的发展伙伴关系。中国驻印度大使孙卫东在社交媒体上写道，"龙象跳了一支探戈"（dragon and elephant have a tango）；莫迪总理也在推特上用中文发推，感谢习近平主席访问印度参加第二次非正式会晤，认为这次会晤"将极大促进印中关系，这将造福我们两国和全世界的人民"。③

以上这些机制既为中印合作提供了舞台，又为进一步建构互动机制打下了基础。④ 在这些机制的支持下，中印两国也能及时就双边关系中的重大问题展开交流，弥合分歧，促进双边关系向前发展。

---

① 单珊、李佩、刘乐凯：《中印领导人今将在武汉非正式会晤：以"超常规安排"重启关系》，澎湃网，2018 年 4 月 27 日，https://www.thepaper.cn/newsDetail_forward_2098918；《中印领导人第二次非正式会晤取得丰硕成果》，新华网，2019 年 10 月 13 日，http://www.xinhuanet.com//world/2019-10/13/c_1125097594.htm。

② 林民旺：《超越洞朗对峙：中印关系的"重启"及前景》，《太平洋学报》，2019 年第 6 期，第 42—51 页；《驻印度大使罗照辉解读中印领导人武汉非正式会晤》，中国外交部网站，2018 年 5 月 4 日，https://www.fmprc.gov.cn/ce/cein/chn/gdxw/t1556781.htm。

③ 廖勤：《金奈会晤成果丰硕，"习莫非正式会晤 3.0"有望明年相约中国》，《上观新闻》，2019 年 10 月 13 日。

④ 刘建飞：《构建新型大国关系中的合作主义》，《中国社会科学》，2015 年第 10 期，第 189—202 页。

二、中印战略对接的目标任务

（一）中印理念战略对接的目标

明确对接目标是推进两国战略对接具体工作的前提与关键。因为不同层次的目标定位，意味着需要有不同的对接任务与对接内容。高层次的或综合性的目标设定，意味着两国需要进行深度、全面性的战略对接合作；而较低层次或专业性的目标设定，则会使双方对接的任务难度大大降低。实际上，中印理念战略对接本身也是一项战略，需要对这一战略的目标作出清晰的界定或谋划。如果只是笼统地谈论双方对接，而不涉及具体的目标或任务要求，那么，合作就缺少足够的方向指引及评判基准，最后很容易流于形式而浅尝辄止或不了了之。这就类似于仅仅停留于外交礼仪话语上的口头合作，它除了传递善意外，并不能给两国带来更多的实效，因此，从战略管理的角度出发，战略目标的设定是战略成功推进的重中之重。在战略后续实施过程中，预定的战略目标将成为战略控制、反馈、成效评估工作的核心依据。

如何拟定两国战略对接的目标？最为重要的起点来自理性国家对外合作行为的源动力——增进并力求最大化地获取国家利益。在战略对接中，它表现为双方对接所能带来的既有共同利益最大化并不断创造新的共同利益。结合前述的两国共同利益具体表现看，两国理念战略对接的目标既可以从不同的领域来设定，即经济领域、政治领域、安全领域以及文化领域等，也可以从时间的维度来设定，即包括长期利益、中期利益和短期利益等，还可以从双边关系的亲疏度来设定，即按照从普通邻居到合作伙伴、再到战略联盟、再到同盟国以及到命运共同体等不同层次来加以描述定位。因此，综合起来看，参考以上多种维度，可以将国家间对接所能达到的不同层次目标进行如下分类。

第一类是基于普通国家关系定位。在普通国家关系定位前提下，两国合作的目标是寻求实现最为基本的和平共处，建立正常的国际交往关系。不发生冲突对抗是最为核心的目标，对其他的经贸、文化或人员往来等，以顺其自然为主，不刻意追求双边关系的提升及双边合作的升级。

第二类是基于伙伴关系定位。在伙伴关系国家定位前提下，两国已经排除视对方为敌的选项，和平共处不再是优先关注的议题，不仅如此，两国还应以协作的姿态展开广泛的合作，以促成共同利益的创造及实现。[①] 这种协作在经贸、文化等"低政治"领域，尤其受到重视，并得到迅速推动。两国在政治、安全等"高政治"领域，也可以展开合作对话，以建立互信和更深层次的互动依存关系。

第三类是基于战略联盟关系定位。这里的战略联盟是在伙伴关系定位上的再升级，等同于战略伙伴关系，即双方基于战略意图或战略价值而构建的更加密切的伙伴关系。有学者认为，战略合作伙伴关系的判定标准，可由现实重大共同利益、对共同利益的政治认同和制度化的利益协调机制这三方面要素构成的理论框架来判定。[②] 在战略联盟关系定位下，双方可以围绕某些议题，或在某些领域结成策略性的联盟，以共同的立场发声，一致对外；同时，国家间的互信更强，合作目标更加远大，两国合作可以在政治、安全、经济和文化等领域全方位展开，两国之间形成在经济和安全上更加紧密的相互信赖和相互依存关系。

第四类是基于同盟国关系定位。所谓同盟国，就是通过正式或非正式的盟约而形成的结盟关系。结盟意味着双方有着更加高度的互信。这种互信，通常源自双方有着共同的安全威胁或重大的安全利益，因而才会选择加入同盟阵营。在同盟关系下，国家间的合作是深层次的，因为它涉及国家生存这一基本问题，并且国家会让渡相应的主权或行动自由度，以履行对盟友的承诺、承担盟约所规定的责任义务。[③] 同盟关系意味着战略对接可以全领域覆盖，不需要考虑任何保留事项或敏感议题。从理论上讲，双方已经实现相互捆绑，除非一方临时背信弃义。

第五类是基于命运共同体关系定位。这里的命运共同体定位，是一种更高层次、更为理想的国家间关系状态。它并不寻求对付共同的安全威胁，无须受到盟约的束缚而丧失相应的行动自由度与灵活性，这是它超越于同盟关

---

① 门洪华、刘笑阳：《中国伙伴关系战略评估与展望》，《世界经济与政治》，2015年第2期，第65—95页；刘江永：《国际关系伙伴化及其面临的挑战》，《现代国际关系》，1999年第4期，第2—7页。

② 郇庆治：《全面合作伙伴关系：从比较的观点看》，《现代国际关系》，2002年第5期，第54页。

③ Thomas S.Wilkins, "'Alignment', Not 'Alliance'—The Shifting Paradigm of International Security Cooperation: Toward a Conceptual Taxonomy of Alignment", *Review of International Studies*, Vol.38, No.1, 2012, pp.53-76.

系的主要特点。与此同时，它却拥有同盟关系所类似的相互信赖与相互支持关系。命运共同体关系并不否认或排斥矛盾的存在，但是却是自动寻求以和平的方式、基于相互尊重的心态出发处理双边分歧；双方合作同样可以深层次、全方位覆盖式进行。在经济上，双方通过构建共同市场，可以实现更大范围的分工和专业化生产，提高双方的经济效率和效益；安全上，双方有效消除了安全困境的困扰，[①] 并且在各类跨境事务上保持着密切的合作，以共同遏制各种违法犯罪案件的发生；政治上，双方相互尊重，相互支持，共同追求国际公平正义的实现；文化上，双方互鉴互赏，包容接纳，在此基础上促成新的共同体意识的培育与扩散。

那么对于中印两国而言，应当如何锁定双方战略对接的目标定位呢？一个简单的办法是从上述 5 类选项中，排除明显不适合的选项，再从剩下的选项中进行优先排序，以此确定两国理念战略对接的目标集合。

基于中印两国实际看，很显然，第一类普通国家关系可以适合于中印两国。其原因在于：中印两国作为邻国，有着漫长的边界，并且由于历史的原因，存在着长期性的领土争议问题，两国也曾因此爆发激烈冲突，并在其他时候也不时出现摩擦，这就意味着，两国要避免发生对抗性危机，实现和平共处，仍然需要付出一定的努力；否则，两国关系就可能随时受到边界问题的冲击而发生倒退，甚至因为爆发战争而进入相互敌对状态。因此将建立普通国家间和平共处关系对于中印关系仍是具有现实意义的。对此不应盲目大意轻视，更不能忽视。各种有助于增进双方和平共处关系建立的措施与手段，也都是有益的。比如自由主义学派所提倡的"贸易和平论"可以用于指导中印关系的发展。为此，这里又出现了在普通国家关系之上的某种变种，即为了维持中印间正常的普通国家关系，需要加强中印在经贸或其他领域的合作互动，从而让双方实现更大的利益捆绑，在两国间建立起强大的和平共处利益共同体，这样，双方在面对冲突事项时，都会有所克制，因为冲突的高昂成本可能会使冲突的净收益成为负数，对抗得不偿失，和平共处则是理性而合算的。

第二类伙伴关系与第三类战略联盟伙伴关系定位，同样适合于中印两

---

① David Brewster, "Beyond the 'String of Pearls': is there really a Sino-Indian security dilemma in the Indian Ocean?", *Journal of the Indian Ocean Region*, Vol.10, No.2, 2014, pp.133-149.

国。伙伴国家关系是对普通国家关系的升级，也是双方确定建立友好互动关系的表现。自 20 世纪 90 年代中期以来，建立伙伴关系就一直是中国外交的重要组成部分，印度正是中国建立伙伴关系的重要对象国之一。按照伙伴一词的定义，伙伴关系国意味着中印已摆脱敌对或竞争关系的定位，合作成为双边关系的主导方向或主要方面，两国将展开多领域的协作，实现互利共赢。战略联盟伙伴关系作为伙伴关系的升级版，意味着中印两国战略互信得到进一步增强，加强双边关系并非短时期内的权宜之计，而是有利于双方的战略和长远利益；因此，双方可以在双边关系发展上进行长期性的相互投资和共同对外投资。事实上，仅仅巨大的经济潜力和潜在的经济合作利益，就足可支撑两国战略联盟伙伴关系的定位。两国作为全世界仅有的两个人口数量超过 10 亿级别的大国，人口总量约占世界人口的 1/4，这既是其他任何组合所无可比拟的生产要素供给，也是发展潜力惊人的消费市场。两国的战略协作将有利于两国相互开发利用好对方的市场潜力和投资机遇，促进经济增长和综合国力的增强。正是基于此，两国于 2005 年 4 月发布的联合声明，就宣布双方要建立"面向和平与繁荣的战略合作伙伴关系"。这一定位的确认，与两国作为最大的两个发展中国家，双方在国际事务和维护地区的和平与稳定，以及紧紧抓住战略机遇期，为两国的发展创造有利的和平条件等方面，具有共同的战略需求以及现实的经济利益需求有关；同时也与双方通过签署《解决中印边界问题政治指导原则的协定》《中印全面经贸合作五年规划》《在中印边境实际控制线地区军事领域建立信任措施的实施办法的议定书》等一系列重要文件而对两国重大现实共同利益给予政治认同有关；还与两国建立了首脑互访及中印战略对话和两国间其他对话机制等利益协调机制有关。[①]2014 年 9 月，习近平主席访问印度时在印度世界事务委员会发表的演讲中提出，中印要做更加紧密的发展伙伴、引领增长的合作伙伴和战略协作的全球伙伴，从而对中印关系作出了更加高远的规划。[②]

　　第四类同盟关系定位则不适用于中印两国。主要原因在于，中印两国作为大国，都有不结盟的天然偏好，因为大国要求保持对外行动的自主性，

---

　　① 　欧斌：《论中印战略合作伙伴关系》，《东岳论丛》，2006 年第 2 期，第 97—99 页。

　　② 　《习近平在印度演讲：携手追寻民族复兴之梦——在印度世界事务委员会的演讲》（2014 年 9 月 18 日，新德里），《人民日报》，2014 年 9 月 19 日。

这是与大国本身的实力地位相匹配的，在结盟面临的最为重要的安全威胁上，大国也主要是通过自助来应对，而非依赖比它实力还弱的国家。[①] 即使结盟，大国通常也处于主导和被需求地位，即大国负责向其他盟友提供安全保护，而其他实力较弱的盟友则主要替大国发挥牵制配合作用。而从国际体系看，比中印两国综合实力更强的大国屈指可数，两国面临共同威胁的对象国非常有限，因而两国构建同盟关系以防范共同外部安全威胁的需求几乎不存在，同盟国关系也就可以排除。[②] 此外，在当代全球化背景下，开放合作是时代的主流特征，搞排他性封闭阵营，不但早已过时，而且还有诸多不利，这相当于自缚手脚，自愿放弃开放合作所可能带来的新的发展机遇与合作利益。

第五类命运共同体关系则可以适用于中印两国。作为一种理想型国际关系，命运共同体关系要求双方彻底摒弃国际社会中根深蒂固的现实主义认知，如同建构主义理念所指出的那样，实现身份界定的转换，将彼此视为朋友而非竞争对手或敌人，不断增进相互认同。命运共同体关系将共生性视为中印两国关系的主要方面，认为无论如何中印两国都摆脱不了共生共赢或一荣俱荣、一损俱损的内在连带关系。作为搬不走的邻国，外溢效应将迅速扩散到对方，安全困境与合作便利是同一块硬币的两面，因此命运共同体关系对于中印两国意义更加显著。

总结起来看，对中印两国战略对接的目标设定，可以结合任务的难易度和时间维度作出多层次的规划，可以由最简单或最初级目标逐步过渡到难度最大的最高级目标，以使中印从最基本的和平共处，逐步发展到携手共进合作双赢再到同呼吸共命运。

首先，要确保实现最为基础性的目标，即确保维持普通国家关系，避免敌对与冲突，实现和平共处。为此，两国应当在理念上实现对接，共同接受和平共处的行为规范，避免以激进手段或暴力方式挑衅对方或处理双边分歧。

---

① 有学者指出，战略伙伴（strategic partnerships）而非盟友关系（alliances），才是印度外交的核心基础，不诉诸联盟以应对国际权力格局新变化，有助于保持其在对外关系上的灵活性。参见 Pant Harsh V. & Bommakanti Kartik, "India's national security: challenges and dilemmas", *International Affairs*, Vol. 95, No. 4, July 2019, pp.835-857.

② 张宇燕、张静春：《亚洲经济一体化下的中印关系》，《当代亚太》，2006年第2期，第5—19页；凌胜利：《中国为什么不结盟？》，《外交评论》，2013年第3期，第20—33页。

这既符合中国提出的构建新型大国关系理念，也与中印两国长期共同倡议的"和平共处五项原则"相一致。在相互认知上，两国应当切实摒弃对对方的认知偏见，不以敌手或对手的先入为主的心态，来看待对方或解读对方的行为。

其次，要确保伙伴关系的名副其实。伙伴关系意味着两国相互配合帮助而非相互角力或相互拆台。[①]有学者认为，伙伴关系国并非一个统一的整体，其中同样存在着亲疏关系的分别，由此可以将伙伴关系国划分为三类：一类是结点类伙伴关系国，是指有助于拓展中国国际合作资源的伙伴国；另一类是支点类伙伴关系国，即坚定支持中国核心利益的伙伴国，具体是指不允许在本国领土上从事任何有损于对方主权、领土完整等活动，对中国维护自身核心利益予以认可与支持的伙伴国；第三类则是既非结点也非支点的普通伙伴关系国；对于前两类伙伴国家，中国则有意愿升级双边伙伴关系，并在伙伴关系框架内通过互惠性合作回馈这两类国家。[②]中印战略对接应当有助于促进伙伴关系的稳定并积极实现升级，朝着互为支点国家的方向发展。[③]这里的升级具体是指，深化双方在政治安全和经济领域的合作，由非敏感性项目转向敏感性项目合作。按照罗伯特·基欧汉与小约瑟夫·奈等的看法，国际政治中的敏感性是指衡量某种关系中断对双方可能产生的影响大小；[④]敏感性强的领域，比如国防安全和战略性产业，通常也是对外合作最慎重、发展相对较为迟缓的领域，因为它事关国家的核心利益；而一般性的贸易投资合作，则属于敏感度较低的领域，对国家核心利益的影响相对较小，因而也是国际关系中发展最快、开放程度最大的领域。因此，衡量中印战略对接层次高低的一个重要标志，就是看双边的战略对接是否触及高敏感性领域的合作，或者说看其是否在朝着高敏感性领域延伸推进。

再次，从长期来看，构建命运共同体是中印关系的理想归宿，也是未来

① 郇庆治：《全面合作伙伴关系：从比较的观点看》，第 54 页。

② 孙学峰、丁鲁：《伙伴国类型与中国伙伴关系升级》，《世界经济与政治》，2017 年第 2 期，第 54—76 页。

③ 按照中国学者的分析，印度目前属于既非支点也非结点的伙伴国。详见孙学峰、丁鲁：《伙伴国类型与中国伙伴关系升级》，第 54—76 页。

④ 参见［美］罗伯特·基欧汉 (Robert O.Keohane)、［美］约瑟夫·奈 (Joseph S.Nye)：《权力与相互依赖》，门洪华译，北京大学出版社，2002 年。

的发展目标。[①] 可以将构建地区命运共同体作为中印两国战略对接的最终目标，在此漫长进程中，可以逐步加强相关理念的探讨，充实地区命运共同体的具体内涵，逐渐克服主要的困难及障碍，渐进稳妥地朝着命运共同体方向迈进。

（二）中印理念战略对接的任务

在中印战略对接目标指引下，中印需要在发展理念和发展战略上明确具体的对接任务，避免出现战略目标定位因落实不到位而最终变成华而不实的空洞外交辞令。

1. 发展理念对接

合作理念指导合作政策与合作行为。因此中印两国首先要在发展理念上寻求交集与共识，这是两国推进战略对接需要解决的首要问题。正如有学者指出的，共识的形成是促进双边关系发展、问题解决以及国际多边合作等的重要前提和潜在假定之一。[②] 这里的"共识"通常是指行为体之间的共有知识与共同认知，既指行为体之间在关于对方理性程度、战略、偏好以及外部世界状态的认知上存在着共同认识，同时也指行为体对对方享有共同认识的认知确信，其在国际合作中，具体有三种共识类型：一是有关合作各方利益一致性的共识；二是有关合作各方身份一致性的共识；三是有关合作各方意图一致性的共识。这三类共识对于国际合作的意义在于，有助于降低不确定性、塑造和调整偏好，增大未来的报偿结构，[③] 因此，能否达成共识，对于以合作为核心本质的战略对接至关重要。

---

① 有学者指出，在中印两国传统文化的最深处，都推崇一种人与人、人与社会、国与国之间和平、和谐、和解的秩序。中国儒家经典中的《礼运》将"大同"描述为："大道之行也，天下为公。选贤与能，讲信修睦……是故谋闭而不兴，盗窃乱贼而不作，故外户而不闭，是谓大同。"而印度教圣典《奥义书》中曾呼吁："愿我们同受庇佑，愿我们同受保护，愿我们共同努力，愿我们文化辉煌，永远不要仇恨，永远和平、和平、和平！"正是出于对"大同"境界的共同追求，中印两国在过去数千年中和睦相处，相互学习和影响，促进了彼此文化的发展。详见钱峰：《辛格访华与"中印大同"》，《环球人物》，2008 年第 3 期，第 58 页。

② 尹继武：《共识的国际战略效应：一项理论性探讨》，《国际安全研究》，2016 年第 1 期，第 33—55 页。

③ 同上。

历史地看，在中印两国过去几十年的交往中，共识的重要性也表现得同样明显。两国达成战略共识较多的时期，也是双边关系进展较快的时期；比如 20 世纪 50 年代，两国在发展中国家身份认同和合作利益认知上有着高度的一致性，两国关系也迎来了一段"蜜月期"；而随着 20 世纪 60 年代初两国在边界划分上的认知分歧和利益冲突加大，两国关系又进入了"低谷期"；进入 20 世纪 80 年代后，两国又重新在共同利益和战略意图认知上取得了一致性，双边关系又快速解冻升温。① 这些共识具体体现在中印历次高层会晤的对话、双方联合签署的若干重要文件以及双方领导人的各种公开演讲或媒体访谈报道中，很显然，战略共识已经构成了双边关系向前发展的基础性动力。

在中印推进理念战略对接的目标定位下，两国理念对接不应再仅仅停留在促进中印友好关系这一粗略宏大框架下，而是需要更进一步，转向更加明确而务实的新方向。

其一，在基于普通国家定位的目标下，两国应当着力寻求实现以和平共处、相互尊重为核心共识和底线坚持，将"和平共处五项原则"与"新型大国关系理念"等作为双方战略对接的基本共识。

为此，双方应当确认和牢固树立互不为敌的社会意识，在和平共处符合两国根本利益、两国不是敌对国家或对手国家等重大问题上，取得一致认识。在对方行为的意图判断上，不以无端的猜测为根据，而是给予相互信任。即便出现分歧或争议，战争或冲突选项也应当基本排除，更不应贸然采用武力手段升级事态。

其二，在基于伙伴关系国家定位的目标下，两国应当将开放合作、互利共赢作为核心共识，将"共商共建共享"理念作为双方战略对接的基本共识。

开放合作是指两国相互开放，不采取特殊歧视性政策，为各领域合作提供公平透明的政策和环境支持。在双边合作的同时，两国展开平等沟通对话，联合打造合作项目或提供国际公共品，共同促进区域化与全球层次合作，共

---

① 马加力：《瓦杰帕伊的中国之行与中印关系》，《和平与发展》，2003 年第 3 期，第 16—20 页。

同享受开放合作带来的稳定和发展利益。^①

其三，在地区命运共同体定位的目标下，两国应当将共生共荣、一体化发展、中国梦与印度梦交相辉映作为双方共同战略愿景。

在命运共同体定位下，中印两国已经取得身份上的高度认同和相互信任，可以超越狭隘的国家利益算计，从更加长远的战略利益视角看待和处理双边关系。在相互尊重主权和内政的同时，两国大力推动双方在经济上的深度捆绑、政治上的相互支持、文化上的密切交流与安全上的信任合作。两国的战略对接空间达到潜在的最大边界。两国相互关心与积极支持对方的发展，同时共同抵御外来冲击风险，合力营造民主公平公正和可持续的地区和国际秩序，维护地区及国际稳定，在全球治理中捍卫新兴大国和发展中国家的正当权益。

2. 发展战略对接

如果说发展理念对接主要停留在观念和务虚层面，那么发展战略对接则落脚于实务和操作层面，体现为两国为促进各自发展所制定的各项战略进行相互协调、产生协同倍增效应。具体从以下三个层次展开分析。

（1）双边层次发展战略对接

双边层次的战略对接主要包括制造业战略对接，基础设施产业对接，数字经济、旅游文化产业对接等内容。

中印两国发展战略的设计，主要立足于本国发展基础与未来的发展需求而定。中印两国虽然在经济基础上有着较大的差异，但是在未来的发展需求上却趋于一致，那就是实现经济现代化和高效率、高水平发展。因此，两国的发展战略既有不同，但也存在着共性和互补性特征。两国发展战略对接就要以取长补短、供需相对为原则，推动双方各自的产业升级和经济结构优化转换。从印度来看，目前正以振兴制造业和夯实基础设施产业支持为战略重点，同时也很关注数字经济等新兴产业发展，因此，这些产业的对接合作可以作为双边对接的重要内容。而从中国来看，虽然总体上中国经济发展水平

---

① Keshab Chandra Ratha & Sushanta Kumar Mahapatra, "Recasting Sino-Indian Relations: Towards a Closer Development Partnership", *Strategic Analysis*, Vol.39, No.6, 2015, pp.696-709.

领先于印度，但是印度在信息服务业和医药制造业等方面也颇有盛名，另外印度不少企业国际化战略也做得较为成功，[①] 这些也正是中国所需要学习提升的领域，因而，综合起来看，制造业、基础设施产业、网络数字新经济、医疗产业以及文化旅游产业等五大产业应当作为两国双边战略对接的重点领域和重点任务。

从制造业的贸易结构来看，中印两国仍存在着显著的发展落差。虽然目前中国主要进口的五大类制造业商品主要为资本密集型的机电产品、化工产品、运输设备和光学、钟表、医疗设备以及资源密集型的矿产品，但是中国从印度进口的产品则主要以初级产品为主，这导致了双边贸易形成了印度对华较大的逆差，也引起了印度的不满和采取各种形式的保护救济措施。基于此，两国在制造业产业对接上，应当着重探讨加大双向投资，鼓励中国制造业产能适度向印度转移，这既有利于中国利用印度的人力资源优势，也有利于双边贸易关系的改善。与此同时，基于双边在制造业产业结构上的互补性，双边也应当继续加强制造业的贸易合作，鼓励双方按照各自比较优势进行专业化分工，形成高效率的产业链，发展产业内贸易。这对提高两国制造业水平都是双赢的。

基础设施产业主要是指为社会生产和居民消费提供原材料、动力和基础条件的各产业部门的总称，如交通运输、机场、港口、桥梁、通讯、能源、水利及城市供排水供气、供电设施等，这些产业大多具有投资大、建设周期较长、投资风险较高和回收期较长等特点，是其他产业部门发展的基础。发展基础设施产业，一是需要雄厚的资金投入，二是需要一定的技术能力支撑，三是需要合格素质的建设队伍。中国在基础设施领域已经形成了较强的优势，拥有一批经验丰富和实力雄厚的工程公司和建设队伍，承接了大量海外基础设施工程和劳务承包合同。特别是中国在高铁领域异军突起，目前中国已经建成了世界上里程最长的高速铁路系统，并与印尼、泰国、缅甸以及部分非洲国家达成了高铁合作项目，反映出中国在基础设施产业所具有的较强国际

---

① Nirmalaya Kumar, Pradipta K. Mohapatra & Suj Chandrasekhar, *India's Global Powerhouses: How They Are Taking On the World*, Boston, MA: Harvard Business School Press, 2009.

竞争力。相比之下，印度的基础设施产业要落后得多，①因此，莫迪政府也将发展基础设施产业作为三大核心战略之一，并决定每年投入巨额资金以弥补基础设施建设上的短板。为此，中印两国可以在基础设施产业展开多种形式的合作，如在资金投入、项目规划、项目承接运营以及互联互通等各个方面，两国都可以探讨加强合作的具体措施。

网络数字新经济上，由于中印两国人口规模都遥遥领先于其他国家，两国也必定是世界上用户数最多、发展潜力最大的互联网大国。两国在数字新经济上合作的规模经济效应与范围经济效应极其显著，两国可以通过加强在网络技术、数字商业模式、双向投资以及数字贸易等领域的合作，在智慧城市、电子政务、电子商务、互联网软硬件产品贸易、数字公共品提供以及数字教育服务等各领域展开交流合作。

医疗服务领域也是具有广阔前景的新兴产业。印度虽然整体上工业发展水平有待提高，但是其制药工业却较发达，具有较强的国际竞争力。据统计印度的化学药生产量已居世界第四位，约占全球产量的8%，产品销售额约占全球的1.5%，②印度也因此被称为"世界药房"。③2017–2018财年印度的仿制药出口额达到172.7亿美元，根据TrendForce预估，2019年全球仿制药市场规模将达到4099亿美元，2015—2019年复合增长率为8.7%，未来印度药业还有广阔的空间。④印度同时也在加紧布局中国市场，希望扩大在中国市场中的份额。与此同时，印度自身的医药市场也值得中国企业挖掘。据统计印度医药产业正以年均16.5%的高速度增长，行业年产值有望从2008年的450亿美元跃升至2020年的2800亿美元。⑤为此，印度医药

① Kim M.J. & Nangia R, "Infrastructure Development in India and China: A Comparative Analysis", in: Ascher W. & Krupp C. (ed.), *Physical Infrastructure Development: Balancing the Growth, Equity, and Environmental Imperatives.* New York : Palgrave Macmillan, 2010.

② 《"世界药房"印度及其仿制药发展之路》，中国生物信息技术网，2017年8月10日，http://www.biotech.org.cn/information/148659。

③ 《13亿人口，工业落后，但印度医疗行业发达》，凯迪网，2018年11月17日，http://m.kdnet.net/share-13067495.html。

④ 《印度世界药房成长记》，搜狐网，2018年7月17日，https://www.sohu.com/a/241648042_100188883。

⑤ 《印度医疗市场，已成各国争抢投资的新阵地》，搜狐网，2017年5月23日，https://m.sohu.com/a/142790285_556622。

产业也成为吸引外资的热门领域，2000—2013 年间，印度制药业累计吸引国际投资达 103 亿美元，此外，医院和医疗器械制造产业也吸引了上 10 亿美元的外资。[①] 未来中印两国可以加强在医药产业的合作，充分利用好两国巨大的市场规模和发展潜力，实现更快发展。

实施文化旅游产业对接的原因主要有二：一是基于两国的人口规模和经济增长态势，文化旅游产业必然成为两国的新兴支柱性产业之一，发展文化旅游产业合作具有现实的基础；二是文化旅游产业对接有助于推动两国人民交往、促进民心沟通，是两国建立伙伴协作关系和命运共同体关系的重要保障。文化旅游产业合作主要是借助两国丰富的文化及旅游资源，开展投资和服务贸易对接。

除了上述五大产业外，中印在其他各产业也有不少对接机遇，但是，只要抓好了以上几大重点产业的对接，中印的双边发展战略对接就足以取得极大的实效，给两国带来巨大的利益，而且这些产业的对接也可以辐射到国民经济的其他领域，为两国经济全面对接创造更加有利的条件。

（2）地区及区域层次的战略对接

地区及区域层次的战略对接主要包括上合组织（SCO）、地区全面经济伙伴计划（RCEP）和金砖国家组织（BRICS）对接等内容。

开放的地区主义正在成为发展的时代潮流，[②] 中印两国各自都已推出自己的地区和区域发展战略，并加入了相关的区域合作组织，两国在地区和区域层次的发展对接可以围绕这些战略和机制进行。

印度的"东进战略"与中国的"一带一路"倡议在区域上有着重叠交汇之处，这主要集中在其东南亚及南亚接壤国家。两国可以携手东南亚与相关南亚国家，打造南亚东南亚自贸区或共同市场。可以将"区域全面经济伙伴关系计划"（RCEP）作为切入点，[③] 由此构建一个横跨亚洲最活跃增长地

---

① 张耀峰：《2800 亿美金的医疗产业 印度成了旅游医疗的温床》，网易网，2016年 8 月 12 日，http://tech.163.com/16/0812/09/BU8RGH7O00097U7V.html#from=bjrec_related。

② 韩爱勇：《开放的地区主义：中国地区合作的新路径》，《教学与研究》，2017 年第 6 期，第 43—49 页。

③ 虽然 2019 年底印度政府已决定退出 RCEP 谈判，但未来仍有加入的可能性。可参阅相关文献：Panda Jagannath P., "Factoring the RCEP and the TPP: China, India and the Politics of Regional Integration", *Strategic Analysis*, Vol.38, No.1, 2014, pp.49-67.

带的发展共同体。印度与中国作为区域大国，既可以受益于区域市场规模扩张，也可发挥大国角色，提供地区公共品，包括经济和安全秩序公共品，塑造亚洲经济增长新格局。

在中印共同毗邻的南亚周边地带，印度正在力推"孟不印尼走廊"计划 (BBIN)，① 这与中国提出的打造"中尼印走廊"和"孟中印缅经济走廊"计划也有着重叠交汇之处。"孟不印尼走廊"次区域合作倡议包含以印度为中心的南亚四个邻国，由辛格政府于 2013 年提出，得到了继任的莫迪政府的高度重视和大力推动。该计划旨在加强南亚次区域的互联互通和一体化进程，其合作重点目前包括"水资源管理 / 电力与水电"和"联通 / 交通"两个方面，并且印度还有意将斯里兰卡和马尔代夫纳入进来，形成"BBIN+2"结构，从而涵盖南亚除巴基斯坦以外的所有国家。与此同时，中国也已于 2015 年 5 月莫迪总理访华期间，由习近平主席提出过中印共同帮助尼泊尔开展灾后重建、共同建立"中尼印经济走廊"(China-Nepal-India Economic Corridor，CNIEC) 的设想，并得到了莫迪总理的积极回应。莫迪总理提议成立联合研究小组展开研究，时任印度外长斯瓦拉杰也表示印方愿通过建立联合工作组，探讨和推进这一进程。"中尼印经济走廊"可以通过加强中尼印在铁路、公路和航空等方面的合作推进互联互通、加强对水电能源资源的开发以及开发旅游合作等，取得惠及三方的效果。② 此外，早在新世纪初期，中印两国学者就已开始探讨构建"孟中印缅经济走廊"的可能性，③ 到 2013 年 12 月，该设想获得四国政府的响应，四方联合工作组在中国昆明举行了第一次会议，签署了会议纪要和"孟中印缅经济走廊"联合研究计划，并正式建立了四国政府机构推进合作机制；④2014 年 12 月，四国联合工作组在孟加拉国科克斯巴扎尔举行了第二次会议，各方围绕互联互通、能源、投融资、货物与服务贸易及贸易便利化、可持续发展与扶贫及人力资源、人文交

---

① 吴兆礼：《印度推进"孟不印尼"次区域合作的政策路径——兼议其与中国经济走廊倡议对接的愿景》，《太平洋学报》，2017 年第 5 期，第 34—43 页。

② 林民旺：《中尼印经济走廊建设：战略价值及建设思路》，《现代国际关系》，2017 年第 2 期，第 31—39 页。

③ 张立、王学人：《从地区主义视角看孟中印缅经济走廊建设》，《南亚研究》，2017 年第 3 期，第 33—48 页。

④ 张丹、和晓莹：《孟中印缅四国签署经济走廊联合研究计划》，新浪网，2013 年 12 月 19 日，http://finance.sina.com.cn/world/yzjj/20131219/215817691081.shtml。

流等重点领域合作交换了意见，接受了中国提出的早期收获倡议；[①]2017年4月，"孟中印缅经济走廊"联合研究工作组第三次会议在印度加尔各答召开，四国代表围绕联合编制的研究报告进行了讨论，并就各重点领域的交流合作达成了诸多共识。[②]鉴于"中尼印经济走廊""孟中印缅经济走廊"与印度的"BBIN"设想在国家、地域以及内容上的重叠性与相关性，两国可以基于伙伴关系的定位，着力推动相互间的对接，从而更好地规划地区发展和建设蓝图。

在更加广阔的亚非地带，印度等国提出的"亚非增长走廊"计划与中国的"一带一路"倡议在地域范围和建设重点上也有很多交集。该走廊旨在加强南亚、东南亚与非洲的互联互通，实际上可以视作印日版"海上丝绸之路"倡议，虽然有观点指出，该倡议推出的目的之一，就在于抵消中国在印太地区日益增长的影响力与经济存在，[③]但是考虑到相关国家未必愿意加入在印日或中国之间"选边站"的地缘政治游戏，因此，"亚非增长走廊"作为"一带一路"对冲战略的目的实现难度很大，与其如此，不如转而与中国进行积极对接。而"一带一路"倡议又是一个开放包容的国际公共合作平台，两大倡议完全可以基于"共商共建共享"的原则展开合作，发挥各自的优势，共同做大地区发展"蛋糕"，这既可避免两败俱伤、渔翁得利，也能获得域内国家的一致欢迎，不失为真正的明智之举。

金砖国家组织(BRICS)也是中印加强区域层次合作对接的重要机制与平台。虽然近年来受大宗商品价格下降等因素影响，部分金砖国家经济出现失速或下行，导致"金砖"的光芒有所变淡，但是，总体而言，5个金砖国家作为新兴大国的代表，仍然拥有举足轻重的国际影响力，金砖国家组织对于成员国的平台功能仍不容忽视。[④]在金砖国家框架下，中印两国经济实力最强、增长最快，可以就推动金砖国家合作、促进发展，共同扮演增长发动机角色，为此，中印

① 刘春涛：《孟中印缅经济走廊联合工作组探讨加强联通与合作》，新华网，2014年12月19日，http://news.xinhuanet.com/world/2014-12/19/c_1113708351.htm。

② 胡晓明：《孟中印缅经济走廊联合研究工作组第三次会议在印度举行》，新华网，2017年4月26日，http://www.xinhuanet.com/world/2017-04/26/c_1120880101.htm。

③ 王秋彬、王西蒙：《日印"亚非增长走廊"计划：进展及挑战》，《现代国际关系》，2018年第2期，第48—55页。

④ Sachin Chaturvedi & Sabyasachi Saha, "Role of BRICS' Economic Cooperation for Global Governance and Institution-Building: An Indian Perspective", *Strategic Analysis*, Vol.43, No.6, 2019, pp.558-570.

两国应当加强金砖国家战略的对接，就该组织的功能定位、机制建设、发展方向等进行沟通协调，促进金砖国家组织朝着健康的方向前进。①

发展需要稳定安全的外部环境。2001年成立的"上合组织"（SCO）旨在以"互信、互利、平等、协商、尊重多样文明、谋求共同发展"的"上海精神"为指导，实现各成员国在"上合"这样一个多元复杂地区的共存共荣。②上合组织的一个重要特点是高度重视地区安全问题，强调安全是发展的基石，将维护地区安全稳定作为合作的优先方向。这体现在其成立之初，成员国就签署了《打击恐怖主义、分裂主义和极端主义上海公约》，走上了与"三股势力"进行不妥协斗争的道路。③中国是上合组织的创始国之一，印度则在2017年被纳入该组织，这为两国在上合组织内对接创造了条件。2012年，印度提出了新的"连接中亚"政策，包括加强印度与中亚的交通能源通道建设以及协商自贸区等内容，④显示出印度对中亚地区的关注度正在提高。对中国而言，中亚地区因其丰富的能源资源和地理位置，也具有重要意义并处于"丝绸之路经济带"的必经路线上。因此，中印两国通过上合组织平台对接，有助于减少相互间的战略碰撞，共同打造和平安宁的周边环境。

（3）全球层次战略对接

全球层次的战略对接主要包括气候、能源以及全球经济治理等方面的内容。

中印在全球层次的战略对接旨在解决与双方利益密切相关的实际问题以及影响重大而深远的全球治理问题。这方面两国应当着重加强在主要国际组织和问题，特别是国际经济组织、气候问题、能源问题以及全球发展问题上的对接，加强在G20中的全球治理协作，维护新兴大国和发展中国家的共同利益，改善全球治理，促进国际秩序的公平公正性。

---

① 张立：《金砖机制与中印全球经济治理合作》，《南亚季刊研究》，2017年1期，第58—64页。

② 邓浩：《"上海精神"不愧为维系上合组织的"定海神针"》，新华网，2018年6月1日，http://www.xinhuanet.com/world/2018-06/01/c_129884206.htm。

③ Talmiz Ahmad, "Promoting SCO-GCC Partnership: Shaping and Pursuing an Indian Initiative", *Asian Journal of Middle Eastern and Islamic Studies*, Vol.12, No.4, 2018, pp.421-437.

④ 王志：《印度"连接中亚政策"的战略评析》，《国际关系研究》，2017年第1期，第139—153页。

　　长期以来，一些重要的国际经济组织，比如世界银行和 IMF 等，为发达国家所主导，其机制规范与运行规则反映了这些机构成立当时的治理观念与国家实力分布特点。[①] 然而，随着时间的推移和国际格局的不断变化，建立在这些机制上的全球治理体系已经出现了诸多问题，主要体现在"民主赤字"和"效用赤字"两个方面。比如，在加权分配决策权的 IMF 和世界银行中，新兴市场国家和发展中国家的投票权长期得不到合理调整，在平均分配决策权的 WTO 中，发达国家主导了议题设置与重要议题的谈判进程，同时，现有国际经济组织的国际协调与谈判效率也愈发低下，WTO 多边贸易谈判迟迟不能取得新的重要进展，国际金融动荡也此伏彼起。[②] 这些问题也影响到中印两国的切身利益，导致其无法在国际经济组织中获得应有的话语权和投票权，并承受全球贸易保护抬头和外部金融动荡的负面冲击。因而两国应当进一步加强在国际组织中的对接合作，共同呼吁和支持国际经济组织的改革调整，使之能够更好地适应当前世界格局与全球化时代开放发展的需要。

　　气候、能源问题也是与中印两国利益攸关的重要议题。在气候问题上，中印两国处于相似的后起工业化国家地位，在碳排放以及与之相关的环保议题上，处于与发达国家不同的起点上，中印两国拥有相近的立场，可以在气候问题上加强协调，督促建立公平的气候问题国际规范；[③] 在能源问题上，中印两国作为世界排名前列的石油天然气进口和消费大国，两国在能源价格稳定、能源金融体系、能源运输安全等方面拥有共同利益，[④] 为此，中印两国应当加强在国际能源治理上的对接，在政策和行动上加强对话与协调，共

---

　　① 孙伊然：《全球经济治理的观念变迁：重建内嵌的自由主义？》，《外交评论》，2011 年第 3 期，第 16—32 页。

　　② 徐秀军：《全球经济治理困境：现实表现与内在动因》，《天津社会科学》，2019 年第 2 期，第 81—87 页。

　　③ Sukumar Muralidharan, *India and the World: Understanding New Modes of Engagement*, New Delhi: OxfamIndia, 2010; Xinran Qi, "The rise of BASIC in UN climate change negotiations", *South African Journal of International Affairs*, Vol.18, No.3, 2011, pp.295-318; Katharina Michaelowa & Axel Michaelowa, "India as an emerging power in international climate negotiations", *Climate Policy*, Vol.12, No.5, 2012, pp.575-590; Karl Hallding, Marie Jürisoo, Marcus Carson & Aaron Atteridge, "Rising powers: the evolving role of BASIC countries", *Climate Policy*, Vol.13, No.5, 2013, pp.608-631; Isabel Hilton & Oliver Kerr, "The Paris Agreement: China's 'New Normal' role in international climate negotiations", *Climate Policy*, Vol.17, No.1, 2017, pp.48-58.

　　④ 张立：《浅论中印能源合作》，《国际问题研究》，2008 年第 1 期，第 26—29 页。

同促进国际能源治理朝着有利于双方的方向发展。

作为应对两次国际金融危机的产物，G20 已经成为全球经济治理的新机制，为中国和印度等新兴大国参与全球经济治理提供了新的平台与机遇。[①]中印两国的 G20 战略具有很大的趋同性和一致性，它们在 G20 中事实上可以划分到新兴经济体阵营，与 G7 阵营构成两极性力量格局，其在 G20 中的合作一面大于竞争一面。因此中印两国应当进一步重视和发挥好 G20 的平台价值，拓展并深化两国在 G20 中的对接，推动该机制发展完善，为维护两国共同利益而付出努力。[②]

三、中印理念战略对接的模式

结合前述分析，基于中印在政治、经济、外交和文化等不同领域的对接目标与任务特点，可以综合采取以下 5 种模式展开对接。

（一）中印大战略对接：着眼于"中国梦"与"印度梦"的相通

对中国而言，推动和平发展、努力实现中华民族伟大复兴是中国当下的奋斗梦想，也是中国最为根本的大战略。[③]正是在"中国梦"这一宏大战略的指引下，中国出台并积极推动了一系列倡议、规划与部门战略的实施。对印度而言，也想发展成为"有声有色的大国"，它既意味着印度要实现国强民富，也意味着印度要成为世界重要大国中的一员，同时也是对古老印度文明的现代复兴。正如印度前驻华大使拉奥琦所言，印度和中国的崛起显示了历史辉煌的回归，因为历史曾经见证过印度和中国这两个伟大的国家在 18世纪初期生产了整个世界的大部分财富。[④]因此，从历史视角看，中印两国的崛起并不是个意外，同时中印两国也完全可以在和平共处中实现同步崛起，

---

① Marina Larionova & Andrey Shelepov, "The G20 and BRICS: Engaging with international institutions for global governance", *South African Journal of International Affairs*, Vol.26, No.4, 2019, pp.643-661.

② 张立：《浅议 G20 框架下的中印全球经济治理合作》，《南亚研究季刊》，第 39—45 页。

③ David S. Pena, "Comparing the Chinese Dream with the American Dream", *International Critical Thought*, Vol.5, No.3, 2015, pp.277-295.

④ 袁瑛：《印度和中国的崛起显示了历史辉煌的回归——专访印度驻华大使拉奥琦》，《商务周刊》，2008 年第 13 期，第 24—26 页。

换言之，"中国梦"与"印度梦"完全可以交相辉映、相辅相成。

2013年10月，习近平主席在会见时任印度总理辛格时指出："'中国梦'和'印度梦'息息相通，相互契合，'中国梦'和'印度梦'都是强国富民梦和民族复兴梦，反映了两国25亿人民的共同心声，也反映了广大发展中国家的共同心声。"①2015年5月，习近平主席在会见来华访问的莫迪总理时又表示："中印都面临实现民族复兴的历史机遇，两国政府和人民都朝着这个目标奋斗，'中国梦'和'印度梦'是世界三分之一人口的伟大梦想，相互契合，相互促进。"②

印度领导人也抱有相似的看法。2013年5月，时任印度总理辛格在与中国李克强总理的会见中表示，"我一直认为，世界有足够的空间供印中共同发展"。③2016年5月，印度总统慕克吉访华时则表示："中印两国有能力、有意愿在强化战略合作、寻求务实发展的共识下，实现'中国梦'与'印度梦'的对接，迎接亚洲经济的新世纪，为两国人民谋取更多福祉。"④

旅居美国的知名印度籍华人学者谭中先生完全赞同"印度梦"和"中国梦"是相通的这一论断。他认为，如同"中国梦"一样，"印度梦"也是10多亿印度人民摆脱贫穷落后、进入富裕社会的强烈愿望。⑤在他看来，莫迪总理对于中国有着特殊的情感，正是在试图效法中国、跟随中国迅猛发展的莫迪总理的鼓舞下，印度人民才有了"印度梦"。印度著名中国问题专家郑嘉宾博士（Jabin T.Jacob）也认为，莫迪政府提出的建设团结、强大、现代的"杰出印度"，与中国当前全面深化改革和实现中华民族复兴的"中国梦"十分契合。⑥

---

① 杨洁篪：《中国梦和印度梦息息相通》，搜狐网，2014年2月10日，http://news.sohu.com/20140210/n394691144.shtml。

② 《习莫会"家乡外交"有哪些看点？》，新华网，2015年5月15日，http://www.xinhuanet.com/world/2015-05/15/c_127805192.htm。

③ 蒋伊晋：《外媒评李克强访印：世界之大容得下中印》，《法制晚报》，2013年5月20日。

④ 张书剑：《印度总统慕克吉访华："印度梦"对接"中国梦"》，环球网，2016年5月27日，https://world.huanqiu.com/article/9CaKrnJVGyc。

⑤ ［印度］谭中：《莫迪的"印度梦"与"中国梦"相通》，《环球时报》，2014年5月27日。

⑥ 郭素萍：《印专家："杰出印度"梦与复兴"中国梦"十分契合》，海外网，2015年5月14日，http://news.haiwainet.cn/n/2015/0514/c3541090-28735581.html。

只要中印两国在致力于实现共同发展这一大战略上取得共识，那么，中印两国理念的战略对接就具备了最为坚实的基础，足以支撑并推动中印两国由最为基本的普通国家关系上升为真正的战略合作伙伴关系，并不断向命运共同体方向迈进。中印关系就有望克服各种矛盾分歧的困扰，将双边合作不断推向深入，从而造福于两国人民，并对维护世界和平稳定发挥中流砥柱作用。

（二）中印政策与规则对接

中印两国都已将对外开放作为基本国策，引进外资更是被印度视为"莫迪经济学"的三大支柱之一，而中国也在不断升级外资外贸与对外合作政策，因此，两国在总体的政策取向上是趋于一致的，只是在具体的产业开放合作政策以及知识产权、技术标准、环保标准、投资保护、投资贸易便利化、海关检验检疫、关税及市场准入等方面，需要进一步加强沟通协调，以此为两国经贸合作营造更加宽松高效的环境。从中长期视角看，为了从根本上系统性地推进两国在经贸政策与规则上的对接合作，还有两个方面的内容值得考虑。

一是适时推动中印自贸区建设。作为相邻的两个新兴经济大国，中印在打造自贸区方面具有先天的优势。在现行条件下，中印主要通过 WTO 等相关制度安排推进中印经贸合作，一旦中印自贸区得以建立，将推动两国按照新的经贸政策与规则展开交易，两国可望进一步释放两国市场一体化所带来的巨大潜力，拉动两国的经济增长并刺激两国产业创新。早在新世纪初期，两国就开始探讨起双边建立自贸区的可能性。如 2005 年 4 月，时任中国总理温家宝在访印期间，与印度领导人就中印建立自由贸易区问题交换了意见。[1] 印度《金融快报》指出，如果这一设想最终成为现实的话，亚洲两位巨人的联手将建成全球最大的自由贸易区，其规模将超过北美自由贸易区和欧盟。[2]2006 年 11 月，时任中国国家主席胡锦涛访印时也表示，中印经济互补性强，经贸合作潜力巨大，具备建立自由贸易关系的基本条件，这将把两国经贸关系提升到新水平，并对亚洲区域经济一体化产生推动作用。[3] 为

---

① 《温家宝总理将会就中印自贸区问题与印方交换意见》，华夏网，2005 年 4 月 8 日，http://www.huaxia.com/xw/dlxw/2005/04/244899.html。

② 《中国和印度联手将建成世界上最大的自由贸易区》，中国经济网，2005 年 3 月 25 日，http://www.ce.cn/ztpd/hqmt/main/yaowen/200503/25/t20050325_3419222.shtml。

③ 《胡锦涛：中印有条件建自贸区》，《东方早报》，2006 年 11 月 24 日。

此，两国还建立了中国—印度区域贸易安排联合研究工作组会议机制，以就自贸区谈判所涉及的货物贸易、服务贸易、投资框架等问题展开研究。[①] 但此后随着中印贸易摩擦的频发和中印关系的一度走低，自贸区一事又被搁置了下来。[②] 2018 年 3 月，在新德里举行的中印经贸联合小组第 11 次会议上，中国商务部官员又表达了"希望印方积极考虑适时启动中印区域贸易安排或自由贸易谈判，推动双边经贸合作深入发展"的愿望，[③] 这意味着中印自贸谈判议题又回到了两国对话的议程中，自贸协议问题始终是中方看来有益于双边经贸合作和双边共同利益的一个重要议题。

二是加强中印在"一带一路"沿线的对接合作。这需要印度采取务实态度，改变盲目抵触"一带一路"倡议的心态，为两国推动相关计划的对接开启政策上的"绿灯"。"一带一路"倡议作为中国推动的以共商共建共享精神搭建起来的地区和全球性开放合作平台，迄今已经获得了数十个国家和重要国际组织的支持，尽管印度官方目前对其仍持保留或抵触态度，但是，结合印度自身实际看，加入或支持"一带一路"倡议有利于促进印度"东进战略"的实施，也可以与印度的相关战略相对接，印度可以本着开放的胸襟和务实的精神尝试推动两国的对接合作。正如印度政府资深顾问、前外交官穆库尔·圣瓦尔（Mukul Sanwal）在《印度教徒报》撰文指出的，"一带一路"倡议虽然是由中国提出的，但是该倡议本身顺应了当今世界发展潮流，印度应该从长远角度而非短期利益来考虑问题，积极支持与配合"一带一路"倡议，将其视为加强中印合作的良好契机。[④] 他还指出，印度通过加入"一带一路"倡议，就有机会与参与"一带一路"建设的其他国家和地区一道共同设定市场标准，这对印度今后加强与孟加拉国、越南以及印尼等高增长国家的贸易、投资与商务合作十分有利。不仅如此，还有印度学者表示，阻止"一带一路"倡议所推动实现的地区开放合作经济格局无济于事，而且扮演一名搅局者也

---

① 刘映花：《中印区域贸易合作先声奏响 印度"象"拉近中国"龙"》，《北京晨报》，2007 年 1 月 11 日。

② 李景：《中印自贸区有望年内重启 专家称勿忧英印合作》，《21 世纪经济报道》，2010 年 7 月 31 日。

③ 《商务部部长钟山七个建议，透露中印经贸哪些新风向？》，澎湃网，2018 年 3 月 26 日，https://www.thepaper.cn/newsDetail_forward_2043874。

④ 杨月：《印度各邦对一带一路充满期待 专家建议对接萨迦尔玛拉计划》，《中国青年报》，2017 年 5 月 13 日。

无助于印度推进实现自身对次大陆的崇高愿景，正相反，中国支持下的基础设施建设投资项目也可以促进南亚内部的互联互通，其中的不少物流网络和能源项目都有助于帮助印度经济并方便印度打入周边市场，比如中国开发的以印度为最终主要市场的水电项目就利好印度，另外中国建造的港口码头，如孟加拉国的吉大港码头，就可为印度与孟加拉国的沿海航运合作提供支持，因此其建议印度政府反思并调整对"一带一路"倡议的排斥竞争态度，转而寻求建设性地参与并由此塑造对印度更为有利的地区多边合作秩序。①事实上，还有印媒指出，中国提出的"21世纪海上丝绸之路"倡议，正好与印度关于加快发展港口（尤其是沿着东海岸发展港口）的"萨迦尔玛拉计划"意外地趋于融合，②两者完全可以进行对接。"萨加尔马拉计划"旨在打造一连串世界级港口，将其与嵌入印度腹地彼此联系紧密的产业集群结合起来。其在某种程度上是对中国此前成功经验的复制，即将深圳、上海和广州等沿海重要港口城市打造成为开放该国广阔腹地的引擎。印度的"萨加尔马拉计划"受到莫迪总理看重，③其新的沿海开发中心包括有安得拉邦的克里希纳帕特南港和默吉利伯德讷姆港，以及泰米尔纳德邦的科拉杰尔港等，其中克里希纳帕特南港港口已与中国上海港、青岛港、湛江港以及广州南沙港等开通了每周直航班轮，如果"萨加尔马拉计划"能与"一带一路"倡议实现对接，那么毫无疑问将会有利于该计划的推进，也有利于促成印度与包括中国在内的其他国家的海上连接，成为印度"东进行动"战略的重要助力。

---

① 佐拉沃·道尔雷·辛格（Zorawar Daulet Singh）：《反思印度对"一带一路"倡议的态度》(Rethinking India's Approach to China's Belt and Road Initiative)，《Economic & Political Weekly》，羿宇萱、罗灝婷编译，2019-08-15，海国图智研究院研究报告；Zorawar Daulet Singh, "Rethinking India's Approach to China's Belt and Road Initiative," *Economic & Political Weekly*, Vol. 54, No. 26&27, 2019, pp.10-12.

② 《印度推发展战略对接"一带一路"》，中国社会科学网，2016年12月9日，http://www.cssn.cn/gj/gj_gjwtyj/gj_yt/201612/t20161209_3308341.shtml?COLLCC=3703382111&。

③ 该计划最早由瓦杰帕伊政府于2003年公布，希望实现印度海洋部门的快速现代化和扩张。莫迪政府重新拾起这一计划，但对该计划的重点建设方向进行了调整。莫迪版的"萨迦尔玛拉"计划强调"港口导向型发展"，提出要重点加强各大港口与腹地地区相联通的铁路、公路及内河航道建设，增强港口对于腹地地区的经济辐射能力，把港口作为印度对外开放和拉动腹地经济的双向窗口。同时，"萨迦尔玛拉"计划还提出要振兴印度的航运业、造船业、港口业等，这将大幅增强印度港口的经济影响力。详见梅冠群：《莫迪主要经济发展战略研究》，《中国经贸导刊》，2016年第35期，第40—43页。

（三）中印合作机制与平台对接

经过多年双方的共同努力，中印两国现已构建或参与了多种双边、地区合作机制及国际机制，这为双方推进理念战略对接提供了众多的平台支撑。

一方面是借助双方现有的各种常设性合作机制展开对接。在双边层次，最为重要的对接机制包括战略经济对话机制、中印人文交流合作机制以及刚于 2018 年建立起来的中印领导人非正式会晤机制等。这些机制可以从政治引领、宏观规划、产业合作以及人文交流等不同方面，对中印两国的对接工作作出统筹安排和创造条件。中印两国交往的实践经验证明，两国领导人会晤机制对双方加强沟通、增信释疑和校正双边关系航向至关重要。两国关系的改善和升温发展，都是得益于两国领导人的远见卓识和强力指引而得到实现。最近的实例是，2017 年洞朗事件的爆发，一度给两国关系带来不小的冲击，[①] 而在两国领导人的会晤和推动下，避免了两国关系的脱轨失控，迅速实现了全面重启。而这正如有研究所指出的，外交关系对于双边经贸合作具有多方面的重要影响。[②] 一是可促进信息交流传播，帮助克服信息不对称造成的各种障碍；[③] 二是良好的外交关系可增强投资者信心，减少其对两国爆发冲突可能导致风险加大的担忧；而且也有利于为解决经贸纷争营造公平的政策环境。[④] 因此，稳定友好的政治关系对于跨国经贸合作的作用不容低估。在区域和全球层次，金砖国家组织（BRICS）、上合组织（SCO）、亚投行（AIIB）、东盟"10+6"、世界贸易组织（WTO）、国际货币基金（IMF）、二十国集团（G20）以及联合国等，则是中印两国展开区域与全球治理对接的重要平台。在这些多边机构框架下，双方都无需过多操心主导权归属等问题，可以按照不同机制的功能定位特点，将其与对接任务相匹配，以此展开

---

① Sumit Ganguly & Andrew Scobell, "The Himalayan Impasse: Sino-Indian Rivalry in the Wake of Doklam", *The Washington Quarterly*, Vol.41, No.3, 2018, pp.177-190.

② 李仲达、刘璐、余壮雄：《从经济合作走向泛经济发展：大国外交转型中的双边贸易模式》，《统计研究》，2019 年第 1 期，第 15—27 页。

③ E Mansfield & E Reinhardt, "International Institutions and the Volatility of International Trade", *International Organization*, Vol.62, No.4, 2008, pp.621-652; R Segura-Cayuela & J Vilarrubia, "The Effect of Foreign Service on Trade Volumes and Trade Partners", Banco De Espana Working Paper, No.0808, 2008.

④ B Bagozzi & S Landis, "The Stabilizing Effects of International Politics on Bilateral Trade Flows", *Foreign Policy Analysis*, Vol.11, No.2, 2015, pp.151-171.

相应的协作。

另一方面是围绕两国构建或参与推动的各种新平台、新机制，展开对接沟通。如在中国方面，当前最为重要的对外合作新平台就是"一带一路"倡议及其包括的六大经济走廊建设计划（中蒙俄、新亚欧大陆桥、中国—中亚—西亚、中国—中南半岛、中巴、孟中印缅等），除此之外，还有各种拟议中的经贸自由化安排规划，如由东盟发起的RCEP计划等；而在印度方面，则有"东进战略""孟不印尼次区域合作倡议"(BBIN+2)、"环孟加拉湾多领域经济技术合作倡议"(BIMSTEC)、"亚非增长走廊"以及印度同样也参与的RCEP谈判等。如果这些合作机制都是本着推动地区经贸合作及互利共赢的精神而建立或运行的，中印两国完全可以展开坦诚的沟通对话，寻求增强合作增加对接的机会。从经济运行的内在逻辑和实践表现看，封闭始终没有出路，即便是对幼稚产业的排斥竞争保护，也会付出相应的代价，并可能抑制经济主体的活力和创新积极性。这正是全球化和开放潮流得以成功席卷全球的生命力所在。从促进地区一体化和两国共同利益的角度出发，中印两国可以就这些新机制新平台展开开放式的对话，也可进行尝试性的合作，促使两个新兴经济大国能给这些新机制注入智慧、资金、商品、人才、信息和市场等各种经济发展所需的宝贵资源和生产要素。

（四）中印产业发展和重大建设项目对接

产业发展对接属于中观层次、部门层次的内容，既衔接宏观规划，又连接微观企业，因而也是中印经济发展战略对接的关键所在。中印两国产业对接的意义与潜力，也早已受到两国的重视肯定。中国领导人曾多次指出，中印两大市场的对接可以产生"1+1＞2"的叠加效应，两国产业的互补性也很强，如印度的信息软件、生物制药等产业实力较强，中国则在机电轻纺、新型产业以及基础设施建设方面见长，[1]"中国制造2025""互联网＋"等战略与"印度制造""数字印度"等发展战略相契合，[2]两国在信息、铁路

---

① 《李克强：中印市场对接可产生"1+1＞2"叠加效应》，中国网，2013年5月21日，http://www.china.com.cn/international/zhuanti/2013-05/21/content_28891981.htm。

② 黄尹甲子、陈二厚：《李克强会见印度总理莫迪》，新华网，2015年11月21日，http://www.xinhuanet.com/politics/2015-11-21/c_1117216984.htm。

基础设施、产业园区、清洁能源、科技、航天、金融等领域合作前景广阔，[1]双方有条件推动铁路、产业园区、智慧城市等合作实现早期收获。[2]印度领导人也持有相似看法。辛格总理 2013 年 10 月访华时，提出了在印度境内建立"中国工业园"的设想，以吸引中国企业到印度投资，这是印度继设立针对日本、韩国和阿联酋等国的工业园区后，首次专门针对中国企业创设工业园区。[3]2019 年 10 月莫迪总理在印度金奈举行的中印领导人第二次非正式会晤时表示，印方欢迎更多中国企业来印度投资制造业等产业。[4]两国领导人的这些表态，实际上已经从战略高度给两国产业对接合作指明了方向。

产业对接的具体实施模式有两种：一种是通过重大项目建设的方式进行产业对接合作；另一种是以吸引企业直接投资的方式进行对接合作。

前一种模式，尤其适用于中印在基础设施领域的大项目或大工程合作。比如莫迪政府为了推进基础设施建设，在此前"黄金四边形公路网"的构想基础上，提出了连接新德里、孟买、金奈和加尔各答等四大城市的"钻石四边形高速铁路网"计划，该计划投资巨大，造价将在 2 万亿卢比（约合 2000 亿人民币）以上。[5]中国作为高铁建设大国，完全有资质、有条件参与该计划的招投标和工程建设工作，从而将两国在基础设施领域的对接合作落到实处。中国企业还可以通过参与印度基础设施改造、提供人员培训和设备供应等方式，为印度基础设施建设提供帮助。除了高铁建设外，中印两国在水能资源开发上也可以展开合作。这方面中国也拥有世界级水平和诸多大项目建设经验，可以帮助印度加快水能资源开发。通过在交通、能源等基础设施领域的对接合作，印度可以尽快提升基础设施能力，以满足国内日益增长的生产和消费需求，中国也可以从与印度的对接合作中获得新的市场与赢利机会，这对两国而言是双赢之举。

另一种模式，是在中印两国发布的产业招商计划和引资政策等基础上，

---

① 张朔：《习近平就中印更加紧密的发展伙伴关系提四点主张》，中国新闻网，2014 年 9 月 18 日，http://www.chinanews.com/gn/2014/09-18/6606997.shtml。

② 刘华：《习近平同印度总统慕克吉举行会谈》，新华网，2016 年 5 月 26 日，http://www.xinhuanet.com/politics/2016-05/26/c_1118939780.htm。

③ 徐方清：《印度总理辛格访华：中印加快新一轮经济合作》，南方网，2013 年 10 月 28 日，http://economy.southcn.com/e/2013-10/28/content_82904748.htm。

④ 陈赞、李忠发、吕传忠：《习近平同印度总理莫迪在金奈继续举行会晤》，新华网，2019 年 10 月 12 日，http://www.xinhuanet.com//2019-10/12/c_1125097242.htm。

⑤ 梅冠群：《莫迪主要经济发展战略研究》，第 40—43 页。

鼓励两国企业积极投资，把握新商机和新的发展空间，从而不断提高产能水平，带动相关产业的快速发展。如印度方面正在努力使一些有优势的产业进入中国服务领域，例如 IT、农业、电影业等，[①] 而中国也有包括中兴、华为、海尔等大企业进入印度的通讯、家电制造等产业。[②] 针对莫迪政府提出"数字印度"和"智慧城市"等战略，中印两国企业也可以发挥各自优势进行互补对接。[③] 如中国企业在数字硬件设施制造上较为擅长，可以向印度提供高性价比的数字产品，加快印度信息网络的普及建设和信息终端的普及持有；而印度在信息软件开发上，具备雄厚实力和国际市场经验，可以积极参与中国的智慧城市建设。两国业已提出设立的工业园区，也是促进两国加大相互直接投资力度的重要手段。

（五）中印部门与地方层次的发展对接

中印两国各政府主管部门以及地方政府，也在中央政府统一授权范围内，拥有相对独立而灵活的职权，因而也可结合本部门职权或本地区发展需求，在推动两国战略对接中扮演积极主动的角色。

从部门层次上看，两国的规划、贸易投资、财政金融、工商、信息产业以及文化旅游等各个部门，都可以提出本领域的对接需求，并通过双边外交或商务对话机制与对方进行沟通衔接。双方达成共识后，获得两国政府的批准，便可付诸实行。

中印两国的地方政府也可结合本地实际，在外事授权下，与对方的相关地方政府展开对接洽谈。事实上，两国政府也都十分重视双方地方层次的交往合作。2013 年 5 月，应印度外交部邀请赴印访问的中国人民对外友好协会负责人便与时任印度驻华大使在新德里签署了《促进中印省（邦）、市合作联系协议》，该协议旨在帮助两国地方政府建立联系，以加强双方的务实

---

① 林维：《印度总理莫迪即将访华 中印两国企业或签订近百亿美元大单》，海外网，2015 年 5 月 12 日，http://world.haiwainet.cn/n/2015/0512/c232591-28728085.html。

② 李婷：《中国企业去印度投资真的好吗？》，搜狐网，2016 年 8 月 31 日，https://www.sohu.com/a/113007302_395797。

③ Edmund Prater, Patricia M. Swafford & Srikanth Yellepeddi, "Emerging Economies: Operational Issues in China and India", *Journal of Marketing Channels*, Vol.16, No.2, 2009, pp.169-187.

合作和民间交流。[①]2015 年 5 月，中国总理李克强与来华访问的印度总理莫迪共同出席了在北京举行的首届中印地方合作论坛，李克强总理表示，两国地方交流合作将激发出巨大市场活力，中国中央政府将为两国地方开展合作添助力，开绿灯；莫迪总理则指出，印方也高度重视地方交流的重要作用，乐见两国地方交流不断加深，并希望通过两国中央和地方政府共同努力，将发展两国关系的宏伟愿景变为现实。[②]同年 9 月，中国广东省政府代表团前往印度德里、古吉拉特邦、马哈拉施特拉邦进行友好访问，贯彻落实中印两国领导人达成的共识，务实推进友好省邦交流，深化中印地方合作，在习近平主席和莫迪总理的共同见证下，广东与古吉拉特邦缔结为友好省邦关系，[③]签署了《关于加强交流与合作行动计划书》，提出要推进双方在产业对接、经贸合作、文化旅游、人员往来等方面合作，[④] 这是中印两国重视地方政府层次合作的又一例证。除了广东这样的沿海发达省份以外，中国内陆的贵州、四川等省份，近年来也在加强同印度地方政府的接洽合作，如贵州同印度的安得拉邦在城市规划建设以及信息产业上展开了对接合作，而四川的成都则与印度的班加罗尔和阿格拉市缔结为友好城市。据统计，截止到 2019 年 9 月，中印已建立 14 对友省友城，[⑤] 地方交流正在成为中印合作新亮点，[⑥] 也是中印未来推进理念战略对接的重要模式之一。

事实上，作为两个大国，中印以缔结友省友城方式，大力推进地方层面合作意义十分突出。它有助于将两国在中央层面达成的合作共识与合作协议更好地落到实处，更加充分地挖掘两国的合作潜力。两国友省友城间，可以

---

① 卿伯明：《〈促进中印省（邦）、市合作联系协议〉签署》，《友声》，2013年第 3 期，第 8 页。

② 《李克强同莫迪共同出席首届中印地方合作论坛》，2015 年 5 月 15 日，http://finance.sina.com.cn/world/yzjj/20150515/161922191413.shtml。

③ 古吉拉特邦是印度现任总理莫迪的家乡，也是莫迪曾长期主政的地方，经济实力位居印度各邦前列，有"印度版广东"之称。参见 "How did Gujarat Emerge as a Model for Development?"，October 07, 2011，https://www.narendramodi.in/how-did-gujarat-emerge-as-a-model-for-development-4142，2020-05-25；Arvind Panagariya，"Why the Gujarat Miracle Matters"，The Times of India, 29 June，2013.

④ 谢思佳、符信：《携手打造中印地方合作完美典范》，《广州日报》，2015年 9 月 19 日。

⑤ 胡晓明、赵旭：《中印加强合作实现共赢发展——访中国驻印度大使孙卫东》，《新华每日电讯》，2019 年 10 月 11 日。

⑥ 《地方交流渐成中印合作新亮点》，《人民日报》，2016 年 12 月 31 日。

结合本地优势与对方需求，规划相关合作项目，按照平等互利的原则，开展经济、社会与文化等各领域的交流合作。比如按照中国贵州省与印度安得邦缔结友好省邦关系的相关协议，两地决定在大数据、大健康医药、产业园区等领域开展交流合作，[①] 而这些正好是两地颇具产业比较优势和合作基础的领域。同时，两国中央政府也可以将两国间的某些合作项目，授权给符合条件的地方政府负责执行。比如 2019 年 10 月，中印领导人在第二次金奈非正式会晤中就达成共识，决定福建省与泰米尔纳德邦建立友好省邦关系，基于敦煌研究院与阿旃陀石窟文博机构开展合作的经验，探讨上述两地开展历史文化研究的可行性，开展中印之间海上交往研究。[②] 友省友城合作还可为两国加强地方治理合作和促进相互投资发挥窗口与平台作用。两国地方政府可以在城市规划管理、环境保护、产业园区建设以及贸易投资合作等方面，相互交流经验，发布信息，更好地推动地方自身建设与发展，提升地方政府层面对外开放的广度和深度，增进相互了解和友谊，进一步促进两国间民心相通。因此，中印发展友省友城合作，可以在服务于两国总体外交目标、地方经济社会发展、全面推进两国战略对接等方面发挥重要作用。两国间地方政府通过对对方产业结构、发展优势、潜在需求等进行分析研究，并结合自身的发展实际与对外交流需求，可以制定出更加精准有效的对口交流合作方案，从而让两国在地方政府层面的合作不断取得新的成效。

① 许邵庭：《陈敏尔会见印度安得拉邦首席部长奈杜一行》，《贵州日报》，2016 年 6 月 30 日。
② 魏建华、史霄萌：《中印领导人第二次非正式会晤取得丰硕成果》，《新华每日电讯》，2019 年 10 月 13 日。

第五章
中印理念战略对接的挑战

虽然中印理念战略对接已具备良好的基础，两国政治、经贸、安全以及人文等领域交流合作在持续进行，双边关系总体上维持在伙伴关系的健康轨道上，但不容回避的问题是，两国的战略互信有待提高，两国的合作潜力远非得到充分挖掘释放等，也是不争的事实。各种新老问题的存在，给两国推进理念战略对接带来了诸多复杂挑战。本部分旨在归纳整理这些问题的基础上，分析其如何对中印双边对接构成挑战与约束。

一、中印理念战略对接面临的不利因素

国际战略对接本质上属于国际合作行为。正如基欧汉等国际政治学者所注意到的那样，尽管国家之间有着显著的共同利益，但国际合作却并非一定会发生，[①] 存在着阻碍或制约国际合作的诸多复杂因素。考虑到在开放格局下，国家的对外行为选择自然会受到国内外不同层次、多种因素的复杂影响，因此本部分借鉴层次分析法和国际关系基本理论，[②] 从国际政治观的落差及国内政治的变化、结构性障碍、进程性问题、体系层次的干扰因素等四大层面，归纳中印理念战略对接面临的不利环境。[③]

---

① ［美］罗伯特·基欧汉：《霸权之后：世界政治经济中的合作与纷争》，苏长和等译，上海人民出版社，2012年。

② 国际关系中的层次分析法最早见之于著名国际政治学者肯尼斯·华尔兹于1959年出版的《人、国家与战争》一书，该书在分析战争的产生根源时，从人性、国家、国际体系三个"意象"（image）三个不同层次展开分析，系统而清晰地揭示了国家（战争）行为的多重诱因，从而开创了西方国际关系层次分析法的先河，此后又有不断有学者对层次分析法进行了发展和完善，将影响国家行为的变量因素扩展到从世界系统、国际关系、国内社会、国家政府、决策者角色、决策者个人等6个层次来进行阐释。详见尚劝余：《国际关系层次分析法：起源、流变、内涵和应用》，《国际论坛》，2011年第4期，第50—53页。

③ 有学者指出，印中关系从目前看受制于一系列关键问题，有些问题由来已久，有些则是新产生的，这些问题包括但不仅限于两国领土争议、流亡印度的藏人、水源问题、中印巴关系、印美中三角关系变化以及中印双边贸易赤字等，所有这些问题都在变化并相互纠缠，加剧了中印关系的复杂性。详见 Sujit Dutta, "Managing and Engaging Rising China: India's Evolving Posture", *The Washington Quarterly*, Vol.34, No.2, 2011, pp.127-144.

（一）国际政治观的落差及国内政治的变化

从现实主义政治思想看来，国际关系的本质是国家间争夺权势的斗争。[①]现实主义国际政治观既重视合作带来的绝对收益，同时也注重合作带来的相对收益分配情况，因为这会影响到国家间的实力消长和相对权势的变化。因此，如果秉持将国际关系视为零和博弈的现实主义政治思维，在对外关系中以实力为指导，就会导致合作难度加大，对一些合作项目产生不必要的猜忌或排斥。结合中印两国实际看，尽管 20 世纪 80 年代以来，中印两国都已融入了西方一手打造建立起来的自由主义国际秩序中，[②]而且都已以改革开放的姿态向世界敞开了大门，但是两国在战略文化和对外政策理念上却仍有着显著不同。中国通过面向世界提出一系列具有理想主义色彩的中国理念和中国方案，显示出中国已经在拥抱开放的国际主义方面走在世界前面，而且正在身体力行之。对周边国家的"亲诚惠容"理念和正确义利观、[③]"人类命运共同体"思想和推进中的"一带一路"倡议等就是明证。而在印度方面，具有现实主义色彩的传统政治智慧和理念仍有着根深蒂固的影响，同时，近年来印度国内政治也发生了新的大变化，给未来的中印战略对接增加了新的不确定性。

1. 中国的新国际主义

在当代中国，虽然源自传统或自西方国家加以总结的"现实政治"（realpolitik）理念仍是中国当代战略思想的重要来源之一，但是，正如有学者所指出的，随着中国愈益加入全球化和融入当代国际体系，古老的现实主义思想中已经加入对中国和世界都相当有益的新内涵，具体表现为一种具

---

① 时殷弘：《国际安全的基本哲理范式》，《中国社会科学》，2000 年第 5 期，第 177—187 页；时殷弘、叶凤丽：《现实主义·理性主义·革命主义——国际关系思想传统及其当代典型表现》，《欧洲》，1995 年第 3 期，第 4—16 页；Roy E.Jones, "The English School of International Relations", *Review of International Studies*,Vol.7, 1981, pp.1-13; Kenneth N.Waltz, *Theory of Internaional Politics*, New York: Mcgraw-hill,1979；［美］汉斯·摩根索：《国家间政治——权力斗争与和平》，徐昕等译，北京大学出版社，2006 年。

② ［美］伊肯伯里：《自由主义利维坦：美利坚世界秩序的起源、危机和转型》，赵明昊译，上海人民出版社，2013 年。

③ 《习近平出席中央外事工作会议并发表重要讲话》，新华网，2014 年 11 月 29 日，http://www.xinhuanet.com/politics/2014-11/29/c_1113457723.htm。

有理性自由主义色彩的"新国际主义"的出现。[1]顾名思义，这种"新国际主义"就是对国际主义表示出新认同，其对象不是过去按阶级或意识形态划分的集团，而是对于构成国际合作体系的规范、机构、规则和多边主义实践等新的国际主义成分的真诚信赖。这种依赖不仅仅建立在有益于中国国家利益的实际基础上，也是由于对其内在价值的由衷认同。换言之，当代中国的国际政治观已经部分地（当然只是并只应当是部分地）转向"理性主义"或"自由国际主义"，[2]即既承认无世界政府状态以及国家间常见的利益歧异或对立，同时也认识到国际社会中存在着有规范和双赢或多赢的国际/跨国交往，并且各国间广泛的共同利益、共同规范和共同价值观等能够对世界和平发展产生巨大的作用，人类将有望从传统的权力冲突宿命中解脱出来，走上共生共荣之路。"新安全观""和谐世界"理念和"和平发展"观等就反映了当代中国的这一"新国际主义"思想。至少从改革开放以来的近几十年中，中国对外交往中都在不遗余力地履行新国际主义，依靠和平贸易、国际协商和"微笑外交"等来发展增进中国与世界各国的友好关系。[3]

在处理包括印度在内的周边邻国关系中，中国也以此为准则，提出了具有鲜明国际主义和自由主义色彩的周边外交方针。早自20世纪90年代起，中国就提出将"睦邻友好"作为中国周边外交的指导思想。进入新世纪后，中国又将其发展为"与邻为善，以邻为伴"以及"睦邻、安邻、富邻"，与周边国家积极开展区域合作。此后以习近平主席为核心的中国新一代领导人，又对中国周边外交提出了新方针，要求在坚持"以邻为善，以邻为伴"和"睦邻、安邻、富邻"的同时，还要贯彻"亲、诚、惠、容"的理念，即对周边国家采取亲善、诚恳、互惠、包容的态度，并且要"坚持正确义利观，有原则、讲情义、讲道义，多向发展中国家提供力所能及的帮助"，[4]以此积极打造周边/地区命运共同体。在具体实施上，中国则向周边国家提出了战略对接的概念与命题，成为周边地区开放主义和一体化合作的主要倡导者、引

①　时殷弘：《当代中国的对外战略思想——意识形态、根本战略、当今挑战和中国特性》，《世界经济与政治》，2009年第9期，第18—24页。

②　时殷弘、叶凤丽：《现实主义·理性主义·革命主义——国际关系思想传统及其当代典型表现》，第4—16页。

③　"Smile Diplomacy," *The Economist*, March 29, 2007.

④　《为我国发展争取良好周边环境 推动我国发展更好惠及周边国家》，《人民日报》，2013年10月26日。

领者之一。

以印度为例，中国将其视为集新兴大国、发展中国家和邻国这三重身份于一身的重要国际行为体，将其摆在中国睦邻友好外交战略中的显著位置。努力拓展并不断深化与印度的友好合作关系，是中国长期坚定不移的外交战略选择。这种外交认知与实践，一方面源自两国拥有漫长和平交往历史，另一方面也在于中国基于相似的殖民主义受害者经历，而对当代印度产生了真切的身份认同感。从 20 世纪 50 年代初期，两国共同为捍卫发展中国家的利益和构建公正的国际政治经济秩序而合作，到 21 世纪以来，两国作为新兴经济体大国继续为发展中国家和全球治理改革而代言，印度始终处在中国外交合作伙伴中的重要位置。印度对于中国的战略意义，通过以下三个层次得到了充分体现和保障。

第一个是双边层次，即印度的体量规模赋予了其在地缘经济和地缘安全上的重要价值，在地缘经济上，印度具有大型经贸伙伴的潜质和外向型增长模式的有力支撑，中印可以借助密切的经贸往来促进共同发展；正基于此，早在新世纪初期，中国就向印度提出了建设中印自贸区的构想，希望以此从制度上推动两国经济交往和经济深度融合；在地缘安全上，与印度这一西部最大邻国保持睦邻友好关系，也是确保中国西部这一战略大后方长治久安的关键所在。

第二个是地区和区域层次，即无论是在中印毗邻的南亚、东南亚或是整个亚洲地区，中印两国都是地区大国，在维护地区和平安宁、塑造地区秩序和增进地区团结合作等方面都扮演着不可或缺的中流砥柱角色。所谓的"亚洲世纪"的到来或东方的崛起，离不开中印两国的共同崛起与伟大振兴。

第三个是全球层次，中国和印度都在国际体系中处于相似的地位，属于西方发达国家主导构建下的国际秩序与国际规则的接受者、追随者，中印两国都处在远离西方发达国家这一世界中心的边缘或半边缘位置，尚未从根本上摆脱对中心国家在资本、技术、市场、网络与规则等方面的依赖依附，因此，两国在国际秩序的改良变革中拥有诸多共同利益，比如在一些国际经济组织的投票权改革和国际贸易规则的调整完善等方面，两国都需要借助对方的力量来增强自身的谈判力、话语权，在应对气候变化、能源安全等全球挑战方面，两国也有着相似的立场和利益交集。此外，两国都对西方大国霸权主义强权主义心有余悸，支持以和平共处五项基本原则为代表的国际关系规范。

以上这三个方面，都决定了印度在中国对外战略中的伙伴角色和重要地位。而随着全球化浪潮的到来和自由主义的高涨，中国对于发展中印战略合作关系的愿望就变得更加强烈了。这从中国历任高层领导人发表的有关中印关系各种讲话或表态中，可以找到大量公开证据，还可从中印两国的经贸、安全防务和人文交往政策与活动中，看出中国的诚意。在边界争议等历史遗留问题处理上，中国采取了一以贯之的冷静态度，从不主动激化或挑起事端，更不恃自身实力优势而强压推进，以此表明中国真心实意希望通过做大"合作增量"来变相稀释"分歧存量"，在此基础上不断构建起有别于现实主义国际关系的中印友好共处新型国际关系。

2. 印度的现实主义战略文化和对外政治与战略文化表现

纵观当代印度的对外政策，现实主义国际政治思想则有着经久的传承和显见的当代影响。[1] 而这种思想的来源，可以追溯到古代印度孔雀王朝时期，如古代印度第一代君主首辅大臣考底利耶在其名著《政事论》(The Arthasatra) 中，提出了国家生存的唯一之道就是遵循以权势至上的"鱼的法则"（即大鱼吃小鱼），同时为了达到国家的目的可以实行对外欺骗等。[2] 在当代印度，这种思想虽然因其对国家利益追逐上太过直白地排除了任何理想主义和道德成分而不常被提及，但实际上，其影响和重要性却从未消失和减弱。[3] 正如有学者指出的，在 1965 年尼赫鲁逝世之后，印度的对外政策便清晰地从此前的道义语言转向现实政治，且在冷战结束后表现得特别明显。[4] 具体来看，冷战终结后的印度对外政策可以归纳为三个层次的核心特点：一是在南亚地区，以"地区核心国家"自居，反对印巴间均势政治的

---

① 有学者认为，独立以来印度的国际政治思想，就是以"'曼荼罗'地缘政治思想、考底利耶现实主义传统、'印度第一'的国家利益观和多中心国际体系构想"等为核心。参阅宋德星：《印度国际政治思想刍议》，《南亚研究》，2006 年第 2 期，第 9—15 页。

② ［美］斯蒂芬·科亨：《大象与孔雀——解读印度大战略》，刘满贵等译，北京：新华出版社，2002 年，第 5 页。

③ Tanham, George, "Indian strategic culture", *The Washington Quarterly*, Vol.15, No.1, 1992, pp.129-142.

④ 宋德星：《从战略文化视角看印度的大国地位追求》，《现代国际关系》，2008 年第 6 期，第 27—33 页。

存在；也即捍卫印度在南亚不容置疑的主导地位；[①] 二是在亚洲层次，考虑到另一个邻国大国中国的实力优势和国际影响，印度则极力追求中印之间的均势，推行对华均势政策；[②] 为此，印度不惜展开暗地里的追赶，并在1998年公开以"中国威胁"为借口进行核试验，谋求建立中印间的权力均衡；三是在全球层次上，对作为世界领导者的美国采取制衡与搭便车的战略，试图最为灵活地谋取自身利益；而这三种看似相互矛盾的对外战略方针，其实却都以现实主义政治思维为指导，并统一于以印度的大国地位和国家利益目标需要。[③] 因此，无论印度政府如何更迭，外交话语如何改变，但其在对大国权势和国家利益至上的追求上却始终未变，也是理解当今印度对外战略的一条主线，[④] 变化的只是追求的形式、手段与风格等。

从与中国紧密关联的印度周边战略看，印度对外政策中的现实主义成分也表现得异常清晰。有学者将其周边外交的当代实践划分为三个：第一个阶段是1947年独立到冷战结束，该阶段以经营南亚地区为重点，具有较强的"门罗主义"色彩，着重点在维护印度在南亚的绝对主导地位；为此，印度凭借其在南亚地区实力优势，强化了与北部不丹、尼泊尔的保护国关系，肢解了巴基斯坦，并对孟加拉国、斯里兰卡和马尔代夫等进行了强势政治干预，巩固了印度在南亚的中心地位；第二个阶段是20世纪90年代至2014年莫迪政府执政前，该阶段印度着眼于根据变动中的世界格局而调整周边外交策略，具体表现为积极稳定周边，以为印度面向全球拓展利益提供"放心的后院"，如"古杰拉尔主义"的提出，便是印度力图改善与南亚邻国关系的重要标志；同时，印度也基于国家利益最大化的现实需要，务实地调整了对华政策，[⑤]推动两国关系的改善和合作的扩大；第三阶段则是莫迪总理执政以来至今，印度周边外交又表现出更加进取和强势扩张的新特点。如提出邻国优先政策，

---

① Vishal Chandra (ed.), *India and South Asia: Exploring Regional Perceptions*, New Delhi: Pentagon Press, 2013; Vivian Louis Forbes, "India and South Asia: exploring regional perceptions", *Journal of the Indian Ocean Region*, Vol.11, No.2, 2015, E-13-E-16.

② S. Mohan, "India and the Balance of Power", *Foreign Affairs*, Vol.85, No.4, 2006, pp.29-35.

③ 宋德星：《从战略文化视角看印度的大国地位追求》，第27—33页。

④ 宋德星：《莫迪执政以来的中印关系：战略动能与发展趋势》，搜狐网，2018年7月13日，https://www.sohu.com/a/240923365_618426。

⑤ Sujit Dutta, "Managing and Engaging Rising China: India's Evolving Posture", *The Washington Quarterly*, Vol.34,No.2, 2011, pp.127-144.

升级"东进战略",出台"季风计划"和"亚非增长走廊"等,以此展现出
印度争做全球大国的雄心。[①]

事实上,已有诸多学者关注到了莫迪政府上台以来在外交战略上的现实
主义转变。印度著名战略学者、曾任印度国家安全顾问委员会委员的拉贾·莫
汉认为,"莫迪主义"指导下的莫迪政府毫不犹豫地摒弃印度对外政策的传
统观点,利用国际形势加速印度的崛起以及不断重塑国际体系的国家实力,
开始引领印度放弃对国际事务的传统性防御政策,逐渐开启印度"第三帝国
时代;[②]哈什·潘特(Harsh V. Pant)指出,莫迪自上任以来逐渐抛弃印度外
交政策中的尼赫鲁遗产并超越意识形态,自信地与所有全球主要大国进行无
拘无束的交往,莫迪政府似乎正在重新定义印度与世界接触的规则,实用主
义以及对印度利益日益自信的主张是"莫迪主义"的标志;[③]还有学者表示,
"莫迪主义"致力于通过建立强大的海上力量追求政治影响力,莫迪政府从
上台开始就着手加强与东盟和南太平洋国家的接触,加强与美国、日本、澳
大利亚的安全合作是"莫迪主义"的三个主要指标,加强与东盟的现有安全
联系、深化与太平洋和印度洋国家的合作则是"莫迪主义"的支持性因素;[④]
而莫迪政府外交政策主要目标就是巩固印度的大国地位,试图以实用主义和
现实主义取代尼赫鲁主义的理想主义;[⑤]此外,日本学者也指出,莫迪政府
并不希望印度与中美两个全球大国实现等距离外交,更希望成为美国和中国
领导阵营中的积极参与者,即由"平衡性力量"转变为"领导性力量",通
过一种具有变革性的外交战略进行博弈,随着"莫迪主义"效应显现,印度

---

① 卢光盛、冯立冰、别梦婕:《中印周边外交比较研究:思想渊源、当代实践
及现实碰撞》,《南亚研究》,2018年第2期,第1—23页。

② "第一共和国"是指在冷战期间,印度外交坚持不结盟和反帝反殖,在周边搞"英
迪拉主义",提出"印度洋和平区",反对美苏在印度洋争霸。"第二共和国"指冷
战结束后至莫迪上台前,印度外交坚持不结盟,盘活大国外交,在周边搞以怀柔为主
的"古吉拉尔主义",在印度洋构建印度主导的地区机制。参见 Mohan C.Raja, *Modi's
World:Expanding India's Sphere of Influence*, Harper Collins Publishers India,2015, pp.50-82.

③ Pant Harsh V., "Out with Non-Alignment, in with A 'Modi Doctrine'", *The
Diplomat*, Novermber 13, 2014.

④ Patrick M. Cronin & Darshana M. Baruah, "The Modi Doctrine for the
Indo-Pacific Maritime Region", *The Diplomat*, December 2, 2014, http://thediplomat.
com/2014/12/the- modi-doctrine-for-the-indo-pacific-maritime-region/.

⑤ Tandon Aakriti, "India's Foreign Policy Priorities and the Emergence of a Modi
Doctrine", *Strategic Analysis*, Vol.40, No.5, 2016, pp. 349-356.

正获得影响力，但也加剧了地区动荡。①

这些论断并非空穴来风，从莫迪政府在海洋、陆路和安全外交上所采取的一系列进取性行动中可见端倪。莫迪政府 2015 年发布的海洋安全战略文件《确保安全海洋：印度海洋安全战略》展示了印度的雄心，即印度要促进在印度洋—太平洋地区不断扩大的利益和参与度，并在该地区扮演新的"海洋安全纯提供者"角色，②尽管要实现这一目标，印度尚面临着实力大为不足的掣肘，但是莫迪政府仍采取了咄咄逼人的进取姿态，其实践行动包括：大幅提升与美国及其盟国在机制建设、联合军事演习行动等方面的海洋安全合作；通过推进印度洋安全机制建设和加大对环印度洋国家的防务安全交流合作等强化对印度洋安全事务的主导作用；通过介入南海问题以及与东南亚国家加强海洋安全合作拓展印度在中国周边的影响力；以及大力推进自身海军现代化建设等。③而在陆路上，莫迪政府也先后提出了针对南亚邻国的"邻国第一"(Neighbour First) 政策、面向东南亚邻国的"东进"(Act East)政策、针对西亚波斯湾国家的"西联"(Link West) 政策以及同中亚国家的"连接中亚"(Connect Central Asia) 政策等，并在同这些邻国的互联互通建设中取得了重大进展。这些建设的主要成果包括有：印度—缅甸—泰国三方公路及卡拉丹多模式联运项目 (Kaladan Multi — modal Transit TransportProject，KMTTP) 得到有力推进、开启伊朗查巴哈尔港 (Chahbahar port) 项目建设、以及重启土库曼斯坦—阿富汗—巴基斯坦—印度 (TAPI) 管道项目和"国际北南运输走廊"(INSTC) 项目等。④这些建设的重要目标之一就是对抗中国在印度周边日渐增长的影响力。⑤此外，莫迪最为引人注目的外交转向行动还包括与美日等国展开更加深入而敏感的安全防务合作。正如美国对外政策理

---

① Yuji Kuronuma, India's new 'Modi Doctrine' Straddles the US-China Divide, July10, 2018. https://asianikkei.com/Spouight/Asia-Insight/India-s-new-Modi-Doctrine-stradies-the-US-China-divide.

② ［美］阿迪蒂·马尔霍特拉：《美刊解读印度的大国雄心：海军不顾短板向东行动》，《参考消息》，2016 年 6 月 13 日。

③ 楼春豪：《战略认知转变与莫迪政府的海洋安全战略》，《外交评论》，2018 年第 5 期，第 98—131 页。

④ 林民旺：《印度与周边互联互通的进展及战略诉求》，《现代国际关系》，2019 年第 4 期，第 56—63 页。

⑤ "India will adopt a three- prolonged strategy to check China influence", *Hindustan Times*, July 8, 2018.

事会亚洲安全计划负责人杰夫·史密斯所说："莫迪及其团队从根本上扭转了传统思维，新德里的结论是，'与美日建立更紧密防务关系，能在与中国打交道时底气更足'。"[①] 为此，自莫迪执政以来，印度与美日等在防务安全协议达成、军火贸易和开展联合军事行动上不断取得新的突破，同时还与澳大利亚、韩国、塞舌尔、越南、缅甸和菲律宾等具有地缘战略意义的关键力量进行更加密切的接触。[②]

与此同时，印度国内政治也正在发生根本性的变化。最大的特点就是印度人民党迅速崛起，并表现出"一党独大"的态势。这对未来印度的对外政策走向将产生长期性影响。

在印度独立以来的近半个世纪内，印度中央（联邦）政权一直掌握在中间派或中左联盟手中，特别是在 20 世纪 90 年代以前，虽然印度实行多党议会民主制，但国家权力实际上主要掌握在国大党手中，具有国大党"一党独大"的特点，然而在尼赫鲁于 20 世纪 60 年代去世后，国大党的影响力也不断衰落，到 90 年代以后，印度开始进入了一个悬浮议会和联合政府的新时代，印度政治呈现出一定的不稳定状态。[③] 与此同时，右翼印度教民族主义政党印度人民党的势力却不断上升，其在印度 2014 年和 2019 年最近两届大选中的表现，表明印度人民党有可能成为印度国内未来一段时期内难以挑战的主导性政治力量。2014 年的印度大选中，以莫迪为总理候选人的印度人民党领导的全国民主联盟在 543 个议席中夺得 334 席（其中印度人民党单独获得 282 个席位，已超出组建政府所需的 272 个议席）获得压倒多数，以绝对优势进行组阁；[④] 这是自 1984 年以来印度的首个多数党政府，此前连续执政 10 年的国大党遭遇惨败，仅获 543 个席位中的 44 个，标志着自 20 世纪 90 年代以来，印度政党政治中的国大党与人民党对峙格局在一定程度上

①　陆忠伟：《牵挽各方 解读莫迪外交的"西行"与"东进"》，《光明日报》，2016 年 6 月 16 日。

②　王丽娜：《印度莫迪政府"印太"战略评估》，《当代亚太》，2018 年第 3 期，第 90—114 页；邵建平：《"东进"遇上"西看"：印越海洋合作新态势及前景》，《国际问题研究》，2019 年第 4 期，第 82—95 页。

③　叶正佳：《印度国内政治的新发展——初评印度第 12 届大选结果》，《国际问题研究》，1998 年第 3 期，第 16—19 页。

④　《印度大选 2014 结果出炉 人民党候选人莫迪将出任新总理》，观察者网，2014 年 5 月 16 日，https://www.guancha.cn/Neighbors/2014_05_16_230149.shtml。

被打破。① 莫迪政府也因此摆脱了此前多党联合执政所带来的各种羁绊，以"强人强势"形象展示在印度和世界面前。莫迪政府执政后，印度人民党的影响力继续扩大，其执政的地方政府数量大为增加，同时印度教民族主义意识形态也积极扩张，印度政党政治版图橙色化的趋势明显。②2019 年的印度大选，莫迪领导的印度人民党再度大胜，斩获 542 个席位中的 292 个，最大反对党国大党仅赢得 47 个议席，印度人民党一党领先优势更加明显。③ 印度政坛开启"印人党时代"，以莫迪总理为代表的"强人政治"色彩更加突出，印度教民族主义逐渐取代国大党执政时的印度世俗民族主义在意识形态中占据主导地位，④ 其对外政策将更加具有民族主义色彩，⑤ 且将直接体现在其对巴政策上，并牵动南亚地区乃至周边更广范围的外交关系。⑥ 事实上，早在莫迪政府上一个任期内，就已经表现出其对外政策的现实主义色彩较之国大党辛格政府时期更加明显，⑦ 在对外行动上也更自信，甚至不惜冲动冒险，2017 年发生的中印洞朗对峙事件，就是这种现实主义冒险行为走向危

① Arjan H. Schakel, Chanchal Kumar Sharma & Wilfried Swenden, "India after the 2014 general elections: BJP dominance and the crisis of the third party system", *Regional & Federal Studies*, Vol.29, No.3, 2019, pp.329-354.

② Palshikar, S., "Towards Hegemony. BJP Beyond Electoral Dominance", *Economic and Political Weekly*, Vol.53, No.33, 2018, pp.36-42; 陈金英：《莫迪执政以来印度人民党的扩张及其原因》，《当代世界》，2018 年第 5 期，第 54—58 页。

③ 《莫迪执政联盟赢得历史性大选 印度股债汇齐上涨》，搜狐网，2019 年 5 月 23 日，https://www.sohu.com/a/315976661_100191067。

④ John Harriss, "Hindu Nationalism in Action: The Bharatiya Janata Party and Indian Politics", *South Asia: Journal of South Asian Studies*, Vol.38, No.4, 2015, pp.712-718; Suhas Palshikar, "The BJP and Hindu Nationalism: Centrist Politics and Majoritarian Impulses", *South Asia: Journal of South Asian Studies*, Vol.38, No.4, 2015, pp.719-735; Edward Anderson & Arkotong Longkumer, "'Neo-Hindutva': evolving forms, spaces, and expressions of Hindu nationalism", *Contemporary South Asia*, Vol.26, No.4, 2018, pp.371-377.

⑤ Priya Chacko, "The Right Turn in India: Authoritarianism, Populism and Neoliberalisation", *Journal of Contemporary Asia*, Vol.48, No.4, 2018, pp.541-565; Raju J. Das, "Contradictions of India's Right-wing Government and Growing Disenchantment", *Journal of Contemporary Asia*, Vol.49, No.2, 2019, pp.313-328.

⑥ 楼春豪：《莫迪第二任期的外交政策转向及前景》，《现代国际关系》，2019 年第 7 期，第 19—28 页。

⑦ 宋德星：《莫迪执政以来的中印关系：战略动能与发展趋势》，搜狐网，2018 年 7 月 13 日，https://www.sohu.com/a/240923365_618426。

险边缘的集中表现。

伴随印度教民族主义和大国意识的抬头高涨，印度的现实主义对外政策理念与中国的新国际主义两者的落差有可能扩大。有学者指出，印度惯于从地缘政治和国家安全角度来审视对华关系，中国被视为印度崛起的挑战和国家安全的威胁，这种过于丰富的"地缘政治想象"直接影响到印度对华外交战略思维和对华政策选择，[①] 导致印度对华政策面临"战略困境""合作困境"与"安全困境"，[②] 对中印合作带来了负面影响。如果不能加强沟通，化解隔阂误会，把握好双方行为分寸，放任这种分歧随意发展，那么，两国不但进行理念战略对接的难度加大，而且有可能重演类似洞朗对峙事件那样的激烈碰撞。

（二）结构性障碍

所谓结构性，通常是指一个事物本身的构造导致的难以改变的结果。国际关系中的结构性障碍，也就是指存在于国家间、难以迅速解决的各种深层次、长期性、制度性矛盾或冲突等。学者们认为，中印关系深受各种结构性障碍的困扰，其主要体现为双方在边界界定、西藏问题、中巴关系等方面的分歧上，中印关系因此始终存在着显见的脆弱性和不稳定性因素。[③]

由于印度与巴基斯坦围绕克什米尔归属问题等进行着长期性争夺，[④] 两国关系总体上处于温和对抗或冷和平状态，[⑤] 因而中国与巴基斯坦关系的发

① 朱翠萍：《印度的地缘政治想象对中印关系的影响》，《印度洋经济体研究》，2016年第4期，第1—25页。

② 朱翠萍：《印度莫迪政府对华政策的困境与战略选择》，《南亚研究》，2015年第3期，第1—15页。

③ Mohan Malik, *India-China Competition Revealed in Ongoing Border Disputes*, The Power and Interest New Report, October 9, 2007; David Scott, "The Great Power 'Great Game' Between China and India – 'The Logic of Geography'", *Geopolitics*, Vol. 13, No. 1, 2008, pp.1-26.

④ Stephen Philip Cohen, "India, Pakistan and Kashmir", *Journal of Strategic Studies*, Vol.25, No.4, 2002, pp.32-60.

⑤ Bibhu Prasad Routray, "India–Pakistan Peace Process". *Journal of Asian Security and International Affairs*, Vol.1, No.1, 2014, pp.79-105; Vinay Kaura, "India's Pakistan policy: from 2016 'surgical strike' to 2019 Balakot 'airstrike'", *The Round Table*, Vol.109, No.3, 2020, pp.277-287; Rajesh Basrur, "India-Pakistan Rivalry: Endless Duel?", *Asian Security*, Vol.14, No.2, 2018, pp.100-105.

展便被印度及国外一些反华学者视为带有明显针对印度的意图。[①]英国《经济学家》杂志曾指出，"中国与巴基斯坦的'全天候'友谊会使中印关系复杂化"，中国在对印度进行"战略包围"。[②]还有学者表示，不断向前发展的中巴友好关系将成为未来印度洋地区安全结构的主导性因素。[③]然而，这些看法都带有强烈的主观偏见和现实主义色彩，忽视了中国与各邻国建立友好合作关系的内在需求。事实上，即便印巴没有矛盾冲突，中国同样也乐于维护发展好中巴关系。对中巴关系进行狭隘解读，只能加大印度的疑虑心态，影响印度与中巴战略互信的建立。

西藏问题也是双边关系中的一大长期干扰。[④]尽管2003年，印度前总理瓦杰帕伊访华时，印度政府已正式承认西藏是中国领土的一部分，承诺决不允许达赖集团利用其领土从事反华政治活动，但事实上达赖集团却在印度喜马偕尔邦达兰萨拉建立了"流亡政府"，[⑤]并炮制所谓"西藏宪法"，定期召开"人代会"，公然进行分裂中国的活动。[⑥]多年来，十四世达赖喇嘛和涉藏问题仍是印度在面对不利局面时对中国打的一张牌。[⑦]有学者指出，这种现象源自英国殖民统治时期就提出的"缓冲区"理论在印度独立后仍得到继承，并成为印度国家安全战略思想的一部分。其具体体现为印度执念于将西藏作为中印间的"缓冲区"、以喜马拉雅山作为中印间的"天然屏障"

---

① Paul J. Smith, "The Tilting Triangle: Geopolitics of the China–India–Pakistan Relationship", *Comparative Strategy*, Vol.32, No.4, 2013, pp.313-330; Small, A., *The China-Pakistan axis: Asia's new geopolitics*. Oxford: Oxford University Press, 2015; Mukherjee Kunal, "Assessing security relations in the Asia Pacific: the cases of China, India and Pakistan", *Canadian Foreign Policy Journal*, Vol.24, No.1, 2018, pp.56-73; Raj Verma, "China's new security concept: India, terrorism, China's geostrategic interests and domestic stability in Pakistan", *The Pacific Review*,Vol.1, 2019, pp.1-31.

② 汪嘉波：《挑拨中印关系 称中国印度是对手》，《光明日报》，2005年3月28日。

③ Paul J. Smith, "the Tilting Triangle: Geopolitics of the China–India–Pakistan Relationship", *Comparative Strategy*, Vol.32, No.4, 2013, pp.313-330.

④ 杜幼康：《21世纪初的中印关系》，《南亚研究》，2001年第2期，第8—12页。

⑤ Jessica Falcone & Tsering Wangchuk, "'We're Not Home': Tibetan Refugees in India in the Twenty-First Century", *India Review*, Vol.7, No.3, 2008, pp.164-199.

⑥ 杜幼康：《21世纪初的中印关系》，第8—12页。

⑦ B.M. Jain, "India–China relations: issues and emerging trends", *The Round Table*, Vol.93, No.374, 2004, pp.253-269.

两大方面。① 如同印度知名学者卡·古普塔所坦言的那样："在印度有一种思想认为，印度应当谋求重新将西藏变成印度和中国之间的缓冲国。这种思想现在仍很流行。"② 而更值得关注的是，莫迪政府执政以来，其打"西藏牌"的力度与频率比 1988 年以来的印度历届政府都要大。③2014 年，印度总理莫迪邀请所谓的西藏流亡政府总理洛桑森格出席其就职仪式。2017 年 4 月，在印度官方的安排下，印度不顾中方关切，执意安排十四世达赖喇嘛到中印边界东段争议地区活动，这不是达赖第一次得到窜访该地区的安排，但与以往不同的是，这次印度内政国务部部长里吉朱一路陪同，而在前不久印度总统还会见了他，打破了新德里近年来给予达赖的"规格"，表明印度还在拿西藏问题做文章，以此要挟中国。④2018 年 3 月 2 日《印度时报》网站报道称，印度政府一方面暗地里通知各级官员不要参与达赖逃亡 60 周年的所谓纪念活动，以免激怒中国；另一方面又公开宣称，"印度对待达赖的政策保持不变"。正如《印度时报》正确地认识到的那样，"在北京看来，达赖是一名危险的分离主义分子，西藏是中国的一部分"，然而就算如此，印度并没有收手，而支持这种做法的在印度还大有人在，如新德里从事战略关系研究的布拉马·切尔兰尼教授称，政府不让官员参加相关活动的决定是"不幸的"，他认为这是印度外交对中国的"又一次让步"，如同印度《先锋报》评论指出的，"印度小心翼翼地处理着西藏问题，一方面对流亡藏人表示支持，另一方面承认西藏是中国的一部分，维持着对华关系"。⑤ 从印度的这些举动来看，印度政界某些人将西藏作为"缓冲区"的战略幻想仍未改变。⑥ 很显然，印度这种不合时宜且已明显涉及干涉中国内政的"西藏情结"和政策措施倒

① 胡仕胜：《洞朗对峙危机与中印关系的未来》，《现代国际关系》，2017 年第 11 期，第 9—22 页。

② ［印度］卡·古普塔：《中印边界秘史》，王宏纬译，北京：中国藏学出版社，1990 年，第 82 页。

③ 胡仕胜：《洞朗对峙危机与中印关系的未来》，第 9—22 页。

④ 孙辰茜：《印度升级打"达赖牌"，如此违背承诺不会带来任何好处》，搜狐网，2017 年 4 月 6 日，https://www.sohu.com/a/132373039_160310。

⑤ 《怎么打"达赖牌"印度很纠结》，中评网，2018 年 3 月 3 日，http://www.crntt.com/doc/1049/9/2/9/104992993.html?coluid=91&kindid=2710&docid=104992993。

⑥ 刘宗义：《印度应在达赖喇嘛问题上做个了断》，观察者网，2019 年 4 月 4 日，https://www.guancha.cn/liuzongyi/2019_04_04_496334.shtml。

退，[①]必然损害印度的战略信誉和中印互信，甚至可能冲撞到中国的主权"红线"而招致中国不得已的反击，进而对中印关系产生极其不利的影响。

除了以上两大问题外，边界争议等问题被视为制约中印关系发展的最为重要的结构性障碍。[②]中印两国边界全长约2000公里，分为西、中、东三段，中印边界全线在历史上从未正式划定过，只存在着一条由双方历来的行政管辖所及形成的传统习惯线。英帝国主义统治印度晚期，由于英属印度当局对中国西藏和新疆地区进行阴谋活动，而给第二次世界大战后的印度和中国埋

---

① 亢升：《印度的"西藏情结"及其对中印关系的影响》，《南亚研究》，2013年第2期，第80—92页。

② 相关文献可参阅 Neville Maxwell, *India's China War*, London: Jonathan Cape, 1970; Yaacov Vertzberger, "India's Border Conflict with China: A Perceptual Analysis", *Journal of Contemporary History*. Vol. 17, No. 4, 1982, pp.607-631; Colaresi, M. & Thompson, W. R., "Strategic rivalries, protracted conflict and crisis escalation", *Journal of Peace Research*, Vol.39, No.3, 2002, pp. 263-287; John W. Garver, "China's Decision for War with India in 1962," in Alastair I. Johnston & Robert Ross(ed.), *New Directions in the Study of China's Foreign Policy*, Palo Alto, CA: Stanford University Press, 2006, pp.86-130; Raghavan, S., "Sino-Indian boundary dispute, 1948-60: a reappraisal", *Economic & Political Weekly*, Vol.41, No.36, 2006, pp.3882–3892; Rongjiu Ma, "Domestic politics and India's foreign policy making in the Sino-Indian territorial dispute (1959-1962)", *Journal of Asian Public Policy*, Vol.7, No.1, 2014, pp.102-113；程瑞声：《中印边界谈判及其前景》，《国际问题研究》，2004年第3期，第17—20页；黄想平：《中印边界问题研究综述》，《南亚研究季刊》，2005年第3期，第77—83页；吴兆礼：《中印边界问题的缘起、谈判进程与未来出路》，《南亚研究》，2013年第4期，第47—62页；尹继武：《单边默契、权力非对称与中印边界战争的起源》，《当代亚太》，2013年第4期，第33—65页；吕昭义、孙建波：《中印边界问题、印巴领土纠纷研究》，北京：人民出版社，2013；左伟尘：《中印边界问题和平解决前景展望》，《印度洋经济体研究》，2014年第2期，第48—58页；邓红英：《印度学界对中印边界谈判的看法与主张》，《南亚研究》，2014年第4期，第16—31页；随新民：《中印边境互动：一种博弈视角的分析》，《南亚研究》，2014年第4期，第1—15页；戴超武：《中印边界问题学术史述评(1956～2013)》，《史学月刊》，2014年10期，第91—115页；刘红良：《边界变移、认知差异与中印边界战争》，《南亚研究季刊》，2015年第4期，第30—37页；张力：《中印边界问题中的实际控制线因素》，《南亚研究季刊》，2017年第2期，第1—8页；张世均：《中印领土争端问题的危机管控机制》，《南亚研究季刊》，2017年第2期，第9—15页；胡仕胜：《洞朗对峙危机与中印关系的未来》，《现代国际关系》，2017年第11期，第9—22页。

下了边界争端的种子。[①] 正是由于印度政府继承了英国殖民主义政策在边界划分上的立场，在 20 世纪 60 年代挑起了中印间的武装冲突，并使两国关系在随后的 20 余年内陷入低谷。80 年代以后，两国本着"搁置争议、共同发展"的方针，围绕边界分歧展开了一系列谈判，就边界管控问题取得了若干共识，形成了诸多重要文件，[②] 从而令两国暂时放下了边界问题这一历史包袱，得以轻装上阵推动双边合作向前发展。尽管如此，边界问题并没有消失，仍如同阴影一般时刻笼罩在双边关系的上空，并且不时会变成引发双边摩擦的引子，成为双边关系发展中的一大隐患。[③] 尤其是进入新世纪以后，印度在边界事务上的扩张立场再度抬头，并在莫迪政府执政后呈激化之势，令双边关系面临严峻考验。

如 2009 年上半年起，印度舆论就曾以异乎寻常的热度大肆炒作"中国侵入印度边境""中国在巴控克什米尔有驻军"等子虚乌有的边界议题，对中国政府的种种做法或立场进行攻击，印度政府和军队领导人不得不几次出面"灭火"，对印媒不实报道进行"纠正"，并呼吁其在两国关系问题上保持冷静。[④] 印媒的这波反华鼓噪，不仅让西方媒体得出了"中印之间冷战已经开始"的荒谬结论，[⑤] 也显示出边界问题在双边关系中所具有的独特敏感

① 张大为、王筱欣：《中印边界问题研究》，《重庆工业管理学院学报》，1994 年第 1 期，第 29—34 页；Manjari Chatterjee Miller, "Re-collecting Empire: 'Victimhood' and the 1962 Sino-Indian War", *Asian Security*, Vol.5, No.3, 2009, pp.216-241; Paul M. McGarr, "The long shadow of colonial cartography: Britain and the Sino-Indian war of 1962", *Journal of Strategic Studies*, Vol.42, No.5, 2019, pp.626-653.

② 最为重要的文件包括有：双方于 1993 年 9 月在北京签署的《关于在中印边界实际控制线地区保持和平与安宁的协定》，其中有如下重要规定：双方不使用或威胁使用武力；双方严格遵守和尊重实际控制线；在实际控制线上的兵力将减少至"与……友好睦邻关系相适应的水平……"；双方将建立一个加强的工作组研究如何实现这些目的；1996 年 12 月，双方又在新德里签署了一个在《实际控制线地区"军事领域建立信任措施"的协定》，在这个协定中双方承担义务不进行攻击，并采取措施减少或限制其在边界地区的军事力量。对军事演习的规模和地点制定了限制，并对迅速的通讯联系作了规定。详见［澳大利亚］内维尔·马克斯韦尔：《中印边界争端反思（下）》，《南亚研究》，2000 年第 2 期，第 31—43 页。

③ 随新民：《印度对中印边界的认知》，《国际政治科学》，2006 年第 1 期，第 62—85 页。

④ 唐璐：《印度主流英文媒体报道与公众舆论对华认知》，《南亚研究》，2010 年第 1 期，第 1—14 页。

⑤ 唐璐：《印度英文媒体的生存环境及其中国报道——从 2009 年印度媒体"集体对华宣战"说起》，《对外传播》，2010 年第 4 期，第 53—54 页。

性和挑动性。2013 年 4 月，在中国阿克赛钦地区与拉达克地区的交界的缓冲区附近，中印发生了所谓的"帐篷对峙"事件。该事件缘起于印度首先在该争议地区的小山丘修建哨所（Riki Nala），迫使中国边防部队靠前设置营地帐篷予以反制，随后印方又在中国营地对面搭建帐篷进驻部队，双方由此形成对峙态势；① 此次"帐篷对峙"长达 20 天，有学者称之为 1987 年中印边境东段桑多洛河谷武装对峙以来最为严重的中印边境摩擦事件，② 此次事件充分反映出印度在边境地区大力扩军备战、推进新"前进"政策而对中印关系所蕴含着的巨大风险，两国边界摩擦呈升温之势。③

2014 年莫迪政府上台以后，中印边界摩擦达到更加严重的程度，迄今为止，已先后于 2017 年和 2020 年爆发了举世关注的"洞朗对峙"和"加勒万河谷对峙"④ 两次重大事件，将中印关系两度置于危机状态，对中印关系和后续互利合作造成极其不利的伤害。

"洞朗对峙"始于 2017 年 6 月，印度少数边防人员非法越界进入中国境内，企图阻止中国在中不接壤的洞朗地区道路施工，从而挑起了长达 70余天的中印边境对峙。有学者认为，"洞朗对峙"是 1987 年以来中印两国间首次出现的相互对抗的大规模军事集结，也是冷战结束以来中印关系中最具冲击力的事件之一，⑤ 表明中印关系正由过去追求合作共赢向强化彼此安全防范过渡，尤其是印度对华的领土扩张需求正在超越对华的发展合作需求，

① 《中印"帐篷对峙"事件背后：领土的蚕食》，网易网，https://war.163.com/13/0506/13/8U6OI6U800014J0G.html。

② 丁皓：《中印边境"帐篷对峙"事件的诸多警示》，《中国青年报》，2013年 5 月 10 日。

③ 有学者称，此次对峙历时长，双方要价加码，意味着这样的对峙，还有可能更多地出现。详见和静钧：《中印"帐篷对峙"始末》，《新民周刊》，2013 年第 19期，第 46—47 页。

④ 印媒将"加勒万河谷对峙事件"称之为"拉达克冲突"。详见"India-China LAC clash: Enemy has seen your fire and fury, PM Modi tells troops in surprise Ladakh visit"，03 Jul 2020，https://economictimes.indiatimes.com/news/defence/india-china-lac-clash-enemy-has-seen-your-fire-and-fury-pm-modi-tells-troops-in-surprise-ladakh-visit/videoshow/76770659.cms.

⑤ 林民旺：《超越洞朗对峙：中印关系的"重启"及前景》，《太平洋学报》，2019 年第 6 期，第 42 页。

标志着中印关系正进入到结构性矛盾日趋突显的新阶段。[①]洞朗对峙结束后，两国关系逐渐走向重启，2018 年 4 月，两国领导人在中国武汉举行了"非正式会晤"，[②]为修复受损的双边关系提供了高层战略引领，中印关系逐渐摆回常态性交往轨道。

然而，在印度经年累月在边境地区推行"前进"政策的背景下，[③]2020 年 5 月 6 日凌晨，印度边防队乘夜色在加勒万河谷地区非法越线进入中国领土、构工设障，阻拦中方边防部队正常巡逻，蓄意挑起事端，迫使中方采取措施应对，两国再度发生边境对峙事件，而更令人震惊的是，就在双方通过军事和外交渠道进行沟通处理的过程中，印方一线边防部队却于 2020 年 6 月 15 日晚公然打破此前双方军长级会晤达成的共识，在加勒万河谷现地局势已经趋缓的情况下，再次跨越实控线蓄意挑衅，甚至暴力攻击中方前往现地交涉的官兵，进而引发激烈肢体冲突，造成人员伤亡。[④]印方也借此升级对抗态势，大肆增兵备战，摆出与中方不惜一战之势。[⑤]此次对峙历时之久、规模之大、性质之恶劣、冲击范围之广，皆系冷战结束以来两国关系史上的首次。

截止到 2021 年 2 月 10 日，尽管对峙仍未完全结束，但经过双方展开

---

① 胡仕胜：《洞朗对峙危机与中印关系的未来》，《现代国际关系》，2017 年第 11 期，第 9 页。

② 赵成：《习近平同印度总理莫迪在武汉举行非正式会晤》，《人民日报》，2018 年 4 月 29 日。

③ 胡仕胜、王珏、刘传玺：《从加勒万河谷冲突看印度陆锁式安全思维困局》，《印度洋经济体研究》，2020 年第 4 期，第 1 页；另据报道，印度道路交通和公路部长辛格称，印中双方对实控线位置有不同看法，印方越线次数至少是中方的 5 倍，只不过印度政府没有公布过有关情况。详见《2021 年 2 月 8 日外交部发言人汪文斌主持例行记者会》，中国外交部网站，2021 年 2 月 8 日，https://www.fmprc.gov.cn/web/fyrbt_673021/t1852395.shtml。

④ 《2020 年 6 月 19 日外交部发言人赵立坚主持例行记者会》，中国外交部网站，2020 年 6 月 19 日，https://www.fmprc.gov.cn/web/wjdt_674879/fyrbt_674889/t1790422.shtml.

⑤ "India deploys specialised mountain forces to check China's transgressions along LAC", https://www.hindustantimes.com/india-news/india-deploys-specialised-mountain-forces-to-check-china-s-transgressions-along-lac/story-ABqj JTo NSzi O1QGfs Ct POI.html; Know from defense experts, how ready is our army against China? Jul 2, 2020, https://www.indiatvnews.com/video/news/know-from-defense-experts-how-ready-is-our-army-against-china-630700. 转引自杨思灵：《加勒万河谷流血冲突：印度的危险游戏及其对中印关系的影响》，《云梦学刊》，2020 年第 5 期，第 1—10 页。

多次外交对话和 9 轮军长级会谈,① 中印两军位于班公湖南、北岸一线部队已开始同步有计划组织脱离接触,② 显示出此次对峙有望最终得到和平解决,但即便如此,此次对峙时间之长,也是 1962 年边界冲突以来之最;此次对峙在性质上也有新的变化,主要表现在莫迪政府在加勒万河谷流血冲突后表示将是否使用枪支的权力下放给一线部队,③ 从而令边界摩擦失控风险陡然加大;同时在 2020 年 9 月 7 日,印军再次非法越线进入中印边境西段班公湖南岸神炮山地域,并在行动中悍然对前出交涉的中国边防部队巡逻人员鸣枪威胁,从而既违背了两国此前签署的相关协定,也打破了中印边境 45 年来没有枪声的纪录和双方边防部队长期保持的默契,影响十分恶劣;④ 此外,在加勒万河谷冲突之后,印度还置新冠肺炎疫情(COVID-19)肆虐下经济大滑坡的困境于不顾,⑤ 发起了一系列经济和文化排华行动,如禁用 100 多款中国手机、禁止中资企业参与印度道路建设项目、撕毁中企中标合同、对中国货物设置进口清关障碍以及审查孔子学院等中印高等教育合作项目等,⑥ 从而更放大了此次对峙对双边关系的冲击范围和损害力度。

印度将中印边界问题与两国其他方面交往紧密挂钩的做法,如果不能及时加以纠正,必然会对两国互利互惠的务实合作产生巨大破坏效应。而在"洞朗对峙"刚结束不久的背景下,印度再次挑起重大边境摩擦事件,也重创了两国交往的互信基础和民意支持度。有学者认为,这次对峙已使两国关

---

① 胡博峰:《中印第九轮军长级会谈!印防长宣称不会妥协,但有信心通过谈判找到解决方案》,《环球时报》,2021 年 1 月 25 日。

② 《中印两军开始同步组织脱离接触》,中国国防部网,2021 年 2 月 10 日,http://www.mod.gov.cn/topnews/2021-02/10/content_4878977.htm。

③ India's order to fire irresponsible and risky,中国日报网,2020 年 9 月 28 日,http://www.chinadaily.com.cn/a/202009/28/WS5f714eb0a31024ad0ba7c506.html。

④ 郭媛丹:《印军越界开枪 专家:打破中印边境 45 年无枪声纪录》,《环球时报》,2020 年 9 月 8 日。

⑤ 《外媒:新冠肆虐印度经济折腾不起 "连防弹衣也是中国材料制造的"》,参考消息网,2020 年 7 月 4 日,http://www.cankaoxiaoxi.com/world/20200704/2414716.shtml。

⑥ 《印度反华动作不断 外媒:民粹主义、自我安慰》,2020 年 7 月 5 日,http://news.china.com.cn/2020-07/05/content_76238887.htm;《中国驻印度使馆发言人嵇蓉参赞就印度教育部决定审查孔子学院等中印高等教育合作项目答记者问》,2020 年 8 月 4 日,中国驻印度大使馆网站,http://in.china-embassy.org/chn/sgxw/t1803761.htm;《印媒:印度将永久禁止 59 款中国 APP》,网易网,2021 年 1 月 26 日,https://www.163.com/dy/article/G1906CH60512EMRM.html。

系跌至 1962 年边界战争以来的最低谷,其对两国关系造成的伤害不易修复。[①]
还有学者表示,此轮因印方在加勒万河谷、班公湖等地不断越线挑衅而引起
的两国边境局势持续紧张,将是中印关系急剧下滑的导火索,中印关系目前
的"低谷"状态或将成为未来较长时期里中印关系的新"常态"。[②]无论如何,
以边界争议问题为突出代表的结构性障碍,近年来对中印关系所带来的负面
冲击已经愈加不容忽视,是不争的事实。能否以及如何处理好这一问题,将
成为未来中印合作面临的重要挑战。

（三）进程性问题

在中印关系的发展进程中,既有友好合作的一面,也不可避免地会有竞
争或产生矛盾问题,这本是非常自然的现象,但近年来,两国之间的矛盾性
问题却呈上升之势,影响到双边关系氛围和互信合作的推进。

有学者观察到,新世纪以后,印度在对华政策上兴起了一种"问题外交"
策略,也就是印度围绕中印之间存在着的双边、地区和国际等不同层面的各
种问题,要么向中国直接提出交涉,要么通过多边舞台间接检验中国的态度,
并由印度媒体配合进行大量宣传鼓动,试图以此取得实际的对华外交成果或
试探出中国对印度的真实心态,而且相对于曼莫汉·辛格 (Manmohan Singh)
政府时期,2014 年以来执政至今的莫迪政府在对华"问题外交"策略上表
现得更加主动,[③]更不受两国在一些重大问题上长期共识的约束,更为频繁
地冲击到已保持多年的中印关系基本稳定态势,并对中国维持西南方向的安
全格局和拓展与印度在内的南亚国家友好合作构成了持续性挑战。[④]

事实上,从莫迪政府执政以来至今,有学者指出,随着中印实力差距的
进一步拉大、国际环境的新变化,加之印度自身的变化,两国关系中传统的

---

① 胡仕胜、王珏:《印度对华示强外交的行为逻辑》,《现代国际关系》,
2020 年第 7 期,第 25 页。

② 冯传禄:《近期中印边境局势及双边关系走向探析》,《印度洋经济体研究》,
2020 年第 6 期,第 1 页。

③ Thorsten Wojczewski, "China's rise as a strategic challenge and opportunity:
India's China discourse and strategy", *India Review*, Vol.15, No.1, 2016, pp.22-60.

④ 叶海林:《莫迪政府对华"问题外交"策略研究——兼论该视角下印度对"一
带一路"倡议的态度》,《当代亚太》,2017 年第 6 期,第 24—47 页;叶海林:《中
国崛起与次要战略方向挑战的应对——以洞朗事件后的中印关系为例》,《世界经济
与政治》,2018 年第 4 期,第 108—130 页。

战略合作基础呈现削弱之势，无论是在全球、地区或是双边层面，两国间竞争或矛盾的一面都在浮现。[①]

从全球层面看，两国在全球议题上的合作呈现出减弱之势。这突出表现为，在气候变化及知识产权等议题上，印度方面认为，中国没有充分同印度协调立场，而是偏好于率先同西方发达大国达成协议，而中国提出的中美新型大国关系理念，实际上也有将自己置身于全球大国的考虑，因而似乎偏离了传统的发展中大国定位，外交取向上不再选择同发展中国家坚持共同立场。

在地区层面上，两国的地缘政治竞争呈现加剧之势。特别是中国与尼泊尔、孟加拉国、斯里兰卡、马尔代夫等南亚国家的合作日渐加深，这让印度感觉自己的空间受到了挤压。而"一带一路"倡议的推出，受到南亚多个国家的欢迎，这更是加重了印度对南亚国家离心倾向的担忧。[②] 为此，印度除了自己对"一带一路"倡议采取保留或反对态度外，[③] 还变相阻挠其在南亚小国的推进，并通过构建 BBIN 倡议、重启 BIMSTEC 等南亚次区域新机制以及推进印度主导的次区域互联互通计划等抵消中国影响。[④]

在双边层面，两国在多个议题上出现了公开分歧。其中包括马苏德·阿兹哈尔问题、印度的核供应国地位问题等。印度要求联合国安理会将巴基斯

---

① Takenori Horimoto, "Ambivalent Relations of India and China: Cooperation and Caution", *Journal of Contemporary East Asia Studies*, Vol.3, No.2, 2014, pp.61-92; Pant Harsh V, "Rising China in India's vicinity: a rivalry takes shape in Asia", *Cambridge Review of International Affairs*, Vol.29, No.2, 2016, pp.364-381; 林民旺：《中印战略合作基础的弱化与重构》，《外交评论》，2019 年第 1 期，第 28—48 页。

② Bhumitra Chakma, "The BRI and Sino-Indian Geo-Economic Competition in Bangladesh: Coping Strategy of a Small State", *Strategic Analysis*, Vol.43, No.3, 2019, pp.227-239; Bhumitra Chakma, "The BRI and India's Neighbourhood", *Strategic Analysis*, Vol.43, No.3, 2019, pp.183-186; Bhumitra Chakma, "The BRI and Sino-Indian Geo-Economic Competition in Bangladesh: Coping Strategy of a Small State", *Strategic Analysis*, Vol.43, No.3, 2019, pp.227-239.

③ "India continues to oppose China–Pak economic corridor". Deccan Herald. 2017, January 19, http://www.deccanherald.com/content/592199/india-continues-oppose-china-pak.html.2020-05-16; Gulshan Sachdeva, "Indian Perceptions of the Chinese Belt and Road Initiative", *International Studies*, Vol.55 , No.4, 2018, pp.285-296; Montgomery Blah, "China's Belt and Road Initiative and India's Concerns", *Strategic Analysis*, Vol.42, No.4, 2018, pp.313-332.

④ Harsh V. Pant , K. Yhome, "India's subregional connectivity initiatives: re-imagining the neighborhood", *India Review*, Vol.19, No.1, 2020, pp.33-51.

坦"穆罕默德军"(Jaish-e-Mohammad)头领马苏德·阿兹哈尔列入联合国安理会1267委员会(25)制裁名单,而中国对这一要求进行了多轮技术性搁置,要求印巴纳入双边关系范畴磋商解决,引发印度朝野强烈反弹;在印度申请加入核供应国集团的问题上,中国要求按"先谈原则,再谈个案"的方法来解决迄今尚未签署《核不扩散条约》的印度申请问题,同样引起印度的不满。此外,在双方边界问题处理上,印度希望能够取得实质性进展,但事实是现阶段尚不具备推进边界问题得到快速处理的条件,而印度同时还在采取高官到访、加快道路基础设施建设等措施以加强对边境争议地区的实际控制,两国还在2017年6月爆发了长达数十天的"洞朗对峙"事件,令双边关系急速趋冷。更值得重视的是,传统上经贸合作被称为是中印关系中的一大"亮点"和中印共同利益的集中体现,[1]但随着近十余年印度对华贸易逆差的不断上升,印度也流露出了不满情绪,要求改变双边贸易不平衡的呼声越来越高。如下表2所示,一方面,自21世纪以来,中印货物贸易发展迅猛,双边贸易额在2000年仅为29.14亿美元,但到2010年,已经增长到617.61亿美元,增长了20余倍;此后一段时间,双边贸易额呈现出波动之势,增长幅度显著放缓,到2016年这6年间,仅增长了100亿美元左右;然而,自2017年以来,双边贸易又呈现出加速增长之势,正朝着1000亿美元的大关迈进,可见中印双边贸易合作取得了长足进展;但另一方面,自2006年起,印度对华贸易就一直处于逆差状态,且逆差额不断扩大,对华贸易赤字已由2006年的43.04亿美元,攀升至2018年的578.43亿美元,十余年间增长了12倍;2019年,按中国海关统计,印度对华贸易逆差有所回落,但仍然达到559亿美元,[2]这令本来外汇储备就不够宽裕的印度感到压力不小。虽然贸易逆差的上升,不是中国有意为之的结果,而是两国经济结构差异和各自经济发展需要的产物,但贸易赤字的攀升毕竟是不争的事实,这也使印度频

---

[1]　Whalley, John & Tanmaya Shekhar, "The Rapidly Deepening India-China Economic Relationship." CESIFO Working Paper, No. 3183, Munich. Karackattu, 2010; Joe Thomas, "India-China Economic Relations: Trends, Challenges and Policy Options", ICS Occasional Paper 6. The Institute of Chinese Studies, Delhi, 2013;陈宗海、马加力、胡仕胜等:《当代中印关系的历史与未来》,北京:世界知识出版社,2020年。

[2]　《海关总署:2019年中印贸易总值6395.2亿 同比增长1.6%》,新浪网,2020年1月14日,http://finance.sina.com.cn/china/gncj/2020-01-14/doc-iihnzahk4002362.shtml。

频发起对华贸易保护措施，[①] 如此一来，经贸往来非但未能成为中印关系中的"压舱石"，逐年扩大的贸易失衡还不时成为中印关系的干扰因素。[②]

表2　21世纪以来中印贸易状况　　　　　　　单位：亿美元

年份	向中国出口	同比变化	自中国进口	同比变化	对华贸易赤字	贸易总额	同比变化
2000	13.53	—	15.61	—	2.08	29.14	—
2001	16.99	25.57%	18.96	21.46%	1.97	35.95	23.37%
2002	22.74	33.84%	26.71	40.88%	3.97	49.45	37.55%
2003	42.51	86.94%	33.43	25.16%	−9.08	75.94	53.57%
2004	76.78	80.62%	59.36	77.57%	−17.42	136.14	79.27%
2005	97.66	27.19%	89.34	50.51%	−8.32	187.00	37.36%
2006	102.77	5.23%	145.81	63.21%	43.04	248.58	32.93%
2007	146.17	42.23%	240.11	64.67%	93.94	386.28	55.39%
2008	202.59	38.60%	315.85	31.54%	113.26	518.44	34.21%
2009	137.27	−32.24%	296.56	−6.11%	159.29	433.83	−16.32%
2010	208.46	51.86%	409.15	37.97%	200.69	617.61	42.36%
2011	233.71	12.11%	505.37	23.52%	271.66	739.08	19.67%
2012	187.96	−19.58%	476.78	−5.66%	288.82	664.74	−10.06%
2013	169.70	−9.71%	484.32	1.58%	314.62	654.03	−1.61%
2014	163.59	−3.60%	542.17	11.94%	378.58	705.76	7.91%
2015	133.69	−18.28%	582.28	7.40%	448.59	715.97	1.45%
2016	117.64	−12.01%	584.15	0.32%	466.51	701.79	−1.98%
2017	163.45	38.94%	680.42	16.48%	516.97	843.87	20.25%
2018	188.33	15.22%	766.76	12.69%	578.43	955.09	13.18%

数据来源：2001—2019年《中国统计年鉴》，http://www.stats.gov.cn/tjsj/ndsj/.

　　总之，伴随各种内外形势的变化，在中印关系中的一些结构性老问题尚未得到有效解决的同时，双边关系发展进程中又出现了一些新问题，中印关系因此而变得更加复杂了。也正是出于此故，近年来关注中印合作困境的研究也开始增加，[③] 这正是对双边关系走向不再表示盲目乐观的表现之一。

① 张斌：《印度对华反倾销非市场经济待遇：1994—2009年历史案件的行业分析》，《国际商务研究》，2011年第3期，第3—13页。

② 胡仕胜：《洞朗对峙危机与中印关系的未来》，第9—22页。

③ C.Raja Mohan & Samudra Manthan, *Sino-Indian Rivalry in the Indo-Pacific*, Washington DC:Oxford University Press,2012,pp.56-57；朱翠萍：《印度洋安全局势与中印面临的"合作困境"》，第1—13页。

（四）体系层次的干扰因素

中印关系是在国际体系这个大系统中运行的，国际体系中的规范、结构及成员国间的相互关系等，也对中印关系具有重要影响。特别是作为超级大国的美国，基于其全球性存在和对全球利益的追逐，对包括中印两国在内的世界大多数国家，都具有不容低估的系统性影响，事实上构成了中印关系的外部体系环境中最为关键性的角色。特别是伴随美印关系的升温和美中关系的竞争性加剧，美国因素越来越成为影响中印关系发展走向的主要变量之一了。

恰如有外媒所指，在中印关系之间，还有一个很难忽视的角色，那就是美国。比如德国一家网媒就公开表示，美国与印度在制衡中国上达成了共识，美国希望与印度结成战略合作伙伴关系，将印度纳入其亚洲大战略的一部分，以此制衡中国；而印度也希望借助美国的支持，以此对冲中国在南亚影响力的不断扩大。俄罗斯学者则更进一步指出，美国对中印之间的接近很难喜欢，因此会利用掌握的一切资源来阻止这一进程，这可能会使两国之间合作前景变得不像一些政治分析家想象得那么乐观。[①]

事实上，纵观美印关系的发展历程可见，从克林顿政府以来，美印关系就开始升温，而且此后双边关系处于稳步发展中，几乎没有出现任何波折或倒退，这足以说明美印关系具有坚实的合作基础。而构成这一战略关系的关键原因之一，除了印度经济崛起带来的市场和投资等经济利益驱动外，更重要的一点，在于中国因素的影响。[②]随着自 20 世纪 90 年代以来印度和中国

---

① 吴乐珺、肖磊、青木等：《中印关系存多边因素 美国难喜欢中印关系升温》，《环球时报》，2013 年 5 月 20 日。

② 有学者认为，共同价值观、经济利益、联合"反恐"、美国主导印度洋、美国地缘野心等因素，都不足以解释为何美印关系在 21 世纪以来突然出现迅速升温，而且安全防务等敏感领域合作作为美印合作重头戏等特点，也表明美印合作具有非同寻常的互信基础，而综合起来看，只有中国因素才足以将美印两国紧密联系在一起，中国因素正是双方战略伙伴关系的基石所在。其他因素都不过是一些表象性动因和附带利益考量。而且，从维护霸权地位的角度来看，美国并不乐见一个真正强大的印度崛起，而印度作为一个雄心勃勃的地区大国，也不会甘受外力驱使，所以，美印战略伙伴关系只有在平衡中国崛起这个问题上才可能找到真正的契合点和向心力。详见张立：《美印战略关系中的中国因素》，《南亚研究季刊》，2009 年第 1 期，第 19—24 页。另见 Stephen Blank, "The Geostrategic Implications of the Indo-American Strategic Partnership", *India Review*, Vol.6, No.1, 2007, pp.1-24; Cherian Samuel, "Indo-US Defence Cooperation and the Emerging Strategic Relationship", *Strategic Analysis*, Vol.31, No.2, 2007, pp.209-236; Tanvi Madan, "The dragon in the room: the China factor in the development of US–India ties in the Cold War", *India Review*, Vol.18, No.4, 2019, pp.368-385.

展现出同步崛起态势，美国开始重视印度的大国发展潜力和地缘区位特点，并为此开始调整其南亚政策，以将印度纳入美国的战略轨道，从而借助印度的力量，推进美国维持在亚洲力量平衡的政策目标。[①]

新世纪美国南亚政策的重大调整始于克林顿总统执政后期，以其 2000 年 3 月访问南亚三国为标志。这次政策调整的主要内容是，改变了冷战时期对印度的敌对政策和 20 世纪 90 年代对印度的冷淡态度，大力拉拢印度，改善双边关系，并开始冷落冷战期间的传统朋友巴基斯坦。在美国看来，在苏联解体后，原来倚重巴基斯坦以此制约苏联在南亚扩张的美巴合作基础已大为削弱，美印战略关系的重要性则显著上升，因而转向实行"重印轻巴"。[②]在克林顿总统访印期间，两国签署了《印美关系：21 世纪展望》框架文件，决定建立"持久的、政治上有成果的新型伙伴关系"。

而小布什政府上台后，更加重视印度并视印度为维护亚洲安全的关键因素，时任国务卿鲍威尔公开声称印度是"一个美国对外政策应越来越聚集的国家"，"印度拥有帮助维护广袤的印度洋及周边地区安全的潜力"，而时任美国参谋长联席会议主席在访问印度时也公开对媒体称其印度之行的目的就是要"联合印度，围堵中国威胁"。[③]美国智库的报告也明确提出，为了防止在亚洲出现可能对美国构成威胁的新地区霸权力量，美国应当对最有可能的中国、印度和俄罗斯等三个大国实行权力制衡战略，其目的是阻止其中任何一个国家压倒性地超过其他国家，同时还要阻止这三个国家联合起来挑战美国的亚洲和全球霸权。[④]由此可以看出，美国扶植印度的主要目标，就是使其成为制衡中国和俄罗斯的重要力量。[⑤]在小布什政府的第二届任期内，美印关系继续得到空前提升，双边关系提升的标志性成果就是美印核能协议的签署。随着美印关系自 21 世纪以来的向前发展，加强美印核能合作一直

① 江亦丽：《美印关系为何骤然升温？——从印度支持 NMD 看美印关系的发展》，《当代亚太》，2001 年第 7 期，第 16—20 页。

② 马世琨、张勇：《美国调整南亚政策》，《人民日报》，2000 年 3 月 20 日。

③ 江亦丽：《美印关系为何骤然升温？——从印度支持 NMD 看美印关系的发展》，第 16—20 页。

④ "The United States and Asia:Toward a New U.S .Strategy and Force Posture", 2001, p.47. http:www.rand.org/publications/MR/MR13 15/. 转引自赵东升：《美国南亚新政策下的美印关系解构》，《国际论坛》，2005 年第 1 期，第 15—20 页。

⑤ Ganguly, S. and Scobell, A., "India and the United States: forging a security partnership?", *World Policy Journal*, Vol,22, No.2, 2005, pp.37-43.

被两国政府视为外交政策的重中之重。2008 年 10 月，小布什总统不顾各方异议与反对，[①] 正式签署了美印核能协议，[②] 开放美国和印度之间的民用核技术贸易，从而结束了美国持续 34 年针对印度的核贸易禁令，正如小布什总统所说的，这项协议的签署向世界发出一个信号，美国和印度隔着半个地球，但在进入 21 世纪时美印成为天然的伙伴，这项协议具有历史意义，也是美印两国新的战略伙伴关系中的重要组成部分。[③] 这一时期，为了拉拢印度，美国学者还提出了美印自由贸易协定的构想，以加深双边经济联系。[④]

进入到奥巴马执政时期，美国与印度关系继续向前快速发展，两国合作在各个领域都全面展开，印美双边关系进入到新的发展阶段。[⑤] 2010 年 5 月，美国《国家安全战略报告》提出，深化同印度合作是美国国家安全战略的重要内容。同年 6 月，两国政府代表团在华盛顿举行了首次战略对话，表示两国要寻求建立起"全球战略伙伴关系"，奥巴马声称，战略对话机制令美印两国的伙伴关系得到前所未有的加强，美印关系将成为 21 世纪"决定性伙伴关系"。[⑥] 同年 11 月，在奥巴马访问印度期间，向印度作出重大示好，包括首度表态支持入常，支持印度成为核供应国集团等重要国际组织成员，扩大对印度的高科技出口等。[⑦] 在奥巴马执政时期，两国无论是在经济领域或是在安全领域的合作都取得了长足进展。两国构建了一系列重要经济合作机制以促进双边经贸合作，[⑧] 但相比双方热火朝天的商业合作，双方在战略

---

① 《美国会议员：美印达成核协议是个"历史性灾难"》，中国经济网，2006 年 3 月 3 日，http://www.ce.cn/xwzx/gjss/gdxw/200603/03/t20060303_6255886.shtml。

② 2005 年 7 月，美印两国领导人即达成了加强核印合作的协议，详见 Leonard Weiss: "U.S.-India Nuclear Cooperation"，*The Nonproliferation Review*, Vol.14, No.3, 2005, pp.429-457.

③ 徐启生：《布什总统正式签署美印核能协议》，《光明日报》，2008 年 10 月 10 日。

④ 许娟：《战略利己主义视角下的美印自由贸易协定前景分析》，《南亚研究》，2019 年第 2 期，第 111—135 页。

⑤ Stephen Burgess, "The U.S. Pivot to Asia and Renewal of the U.S.–India Strategic Partnership", *Comparative Strategy*, Vol.34, No.4, 2015, pp.367-379.

⑥ 蒋国鹏、冉维：《奥巴马：美印关系将成为 21 世纪决定性伙伴关系》，搜狐网，2010 年 6 月 4 日，http://news.sohu.com/20100604/n272567857.shtml。

⑦ 《奥巴马称美印关系不同寻常 印媒赞美"外交胜利"》，新浪网，2010 年 11 月 9 日，http://news.sina.com.cn/o/2010-11-09/050518344489s.shtml。

⑧ 仇朝兵：《奥巴马执政时期美国的"印太战略"——基于美国大战略的考察》，《美国研究》，2018 年第 1 期，第 37—69 页。

安全领域的合作却更加富有成效和引人注目。两国先后在"国防技术与贸易倡议"（2012年）、《防务合作框架协议》（2015年）以及《后勤交流备忘录协定》（2016年）等一系列重要合作上达成共识，将双边战略安全合作推向了新的高度，同时，美国还于2011年12月在华盛顿组织开启了"美日印"三边战略对话与合作，其议题声称是"有共同利益的地区与全球性问题"，但《华尔街日报》却一语挑明："中国是三方未说出的潜台词。"①

到特朗普总统上台后，美印关系虽在某些细微方面受到冲击，但是从根本上，美国仍然高度重视印度在美国全球战略中的重要地位与角色，借助印度制衡中国不断扩大的影响力的战略考量仍是美国对印政策的核心所在。②2017年6月，印度总理莫迪在特朗普总统上任后首次访美，③双方发表的联合声明中，重申彼此在印度洋—太平洋地区的利益以及合作的战略愿景，并称印美紧密伙伴关系对这一地区的和平稳定具有"核心"作用，同时美国还表示将支持印度早日成为核供应国集团、《瓦森纳协定》、澳大利亚集团的成员，并支持印度成为联合国安理会常任理事国。④此次莫迪总理访美期间，两国还同意在外交和国防高级官员层面建立"2＋2"对话新机制，以提升两国战略磋商水平。2017年8月，特朗普政府发布了"南亚新战略"，视印度为其南亚地区战略的关键因素，表示要同印度发展战略伙伴关系，让印度在美国的阿富汗战略中发挥重要作用。⑤2018年9月，在经过两次推迟

---

① 陈小茹:《美日印首次三边对话意欲打压中国在亚太影响力》,《中国青年报》, 2011年12月21日。

② 有学者指出, 无论是在小布什、奥巴马或是特朗普执政时代, 美国对印度的看重都始终如一, 印度能成为帮助美国制衡中国崛起的亚洲"离岸平衡手"国家。详见 Joshy Paul, "US and India: Emerging offshore balancing in Asia", *India Review*, 18:3, 2019, pp.221-242; 还有学者表示, 演进中的印美中三角关系正由以前的"中印 vs 美"变为现在的"美印 vs 中", 详见 Pant Harsh V., "The India–US–China triangle from New Delhi: overcoming the 'hesitations of history'", *India Review*, Vol.18, No.4, 2019, pp.386-406.

③ "Remarks by President Trump and Prime Minister Modi of India in Joint Press Statement," June 26, 2017, https://www.whitehouse.gov/briefings-statements/remarks-president-trump-prime-minister-modi-india-joint-press-statement/, 2020-05-11.

④ 林民旺:《莫迪访美, 美印战略伙伴再出发?》,新浪网, 2017年7月18日, https://cj.sina.com.cn/article/detail/3860416827/324243。

⑤ 苑盈莹:《特朗普"南亚新战略"为何拉紧印度?》,环球网, 2017年8月23日, https://opinion.huanqiu.com/article/9CaKrnK4QUG。

之后，美印"2＋2"部长级对话在印度新德里举行，双方就构建战略防务伙伴关系方面又向前迈出了重要一步，签订了《通信兼容与安全协议》，两国还同意2019年在印度东海岸举行包括空军、海军和陆军在内的联合演习。《后勤保障协议》《通信兼容与安全协议》和《地理空间基本合作与交流协议》被认为是美国同其他国家建立军事联盟必须签署的三项基础性协议，而现在美印两国只剩下《地理空间基本合作与交流协议》尚待签署，可见美印关系已发展到相当深入的程度，[①] 而双方发展战略关系的一个主要目的就是要联合制衡中国，甚至遏制中国的崛起。[②] 与此同时，美国还开始着力推动最早由日本提出的组建美印日澳四国集团的构想，[③] 试图以此打造以日本为东部支点、以印度为西部支点、以澳大利亚为南部支点、以美国为主导的菱形区域安全架构，从而形成美国"印太战略"的重要支柱，并与中国推动的"一带一路"倡议相抗衡。[④]

总之，正如有学者所分析的，为了打压、反制中国日渐上升的影响力，以离间中国与印度、日本、澳大利亚等"印太"国家关系为目标的"楔子"战略 (wedging strategy) 已成为特朗普政府的对华策略之一。[⑤] 所谓"楔子"战略，顾名思义就是通过打入"楔子"，以阻止或分化瓦解敌对联盟或伙伴

---

① Vivek Mishra, "India–US Defence Cooperation: Assessing Strategic Imperatives", *Strategic Analysis*, Vol.42, No.1, 2018, pp.1-14; Vivek Mishra, "India-US maritime cooperation: Crossing the rubicon", *Maritime Affairs: Journal of the National Maritime Foundation of India*, Vol.14, No.2, 2018, pp.15-25; Paul Smith & Tara Kartha, "Strategic partners or an emerging alliance? India and the United States in an era of global power transition", *Comparative Strategy*, Vol.37, No.5, 2019, pp.442-459.

② Vivek Mishra, "Indo–US Security Cooperation: Implications for the Indian Ocean", *Maritime Affairs: Journal of the National Maritime Foundation of India*, Vol.13, No.1, 2017, pp.73-81; 刘宗义：《如何看待美印"2＋2"会谈》，搜狐网，2018年9月16日，https://m.sohu.com/a/254211342_619333。

③ Rahul Roy-Chaudhury & Kate Sullivan de Estrada, "India, the Indo-Pacific and the Quad", *Survival*, Vol.60, No.3, 2018, pp.181-194；同时，除了美国的拉拢，也有印度学者鼓吹印度应放弃"对华"对冲战略，转而主动加强"四国合作"，参见 Vinay Kaura, "Incorporating Indo-Pacific and the Quadrilateral into India's strategic outlook", *Maritime Affairs: Journal of the National Maritime Foundation of India*, Vol.15, No.2, 2019, pp.78-102.

④ 徐金金：《特朗普政府的"印太战略"》，《美国研究》，2018年第1期，第70—82页。

⑤ 王鹏：《"对冲"与"楔子"：美国"印太"战略的内生逻辑——新古典现实主义的视角》，《当代亚太》，2018年第3期，第4—52页。

关系的形成发展，具体讲，就是在中国与印度、日本、澳大利亚等重要"印太"国家间，挑起两者间矛盾，或者扩大、恶化它们之间本已存在的分歧与敌意，能够使它们强化对中国的制衡行为，从而在客观上减轻美国制衡中国的压力，同时还能使参与制衡中国的相关国家增加对美国的政治、军事或经济依赖，美国则坐收渔翁之利。[①] 在"楔子"战略的阴影下，中印关系和中印合作也就难免不受干扰了。

二、中印理念战略对接面临的具体挑战

如前所述的各种新老问题与矛盾，构成了中印关系中绕不过去的障碍，也为中印理念战略对接带来了挑战。具体地看，这些挑战主要表现为以下 5 个方面。

（一）共同利益与战略利益的冲突问题

在国际关系中，利益被视为理解国家行为的关键所在。恰如美国国家利益委员会所曾宣称的，"在任何对外政策讨论中，国家利益都是基本的论据。……实际上，政府官员、国会议员和一般民众经常而广泛地使用这一概念"。[②] 国际合作的原因就在于共同利益的存在。但是，国家利益又是一个较为宏大而模糊的概念，准确理解并非易事。首先，它不纯粹是一个单一概念，而是具有丰富内涵和多方面具体内容。国际关系理论中的现实主义、自由主义或建构主义等主流学派都承认，存在着生存、独立、经济财富和集体自尊等四种客观国家利益，这些利益与安全、政治、经济和社会文化等各个领域的事务相关联，因而也可将国家利益区分为政治利益、安全利益、经济利益和文化利益等。[③] 除此之外，应该还有一个整体的国家利益概

---

① 当然，印美关系也有分歧，特别是印度的战略自主性诉求与利益与美国不可避免会存在冲突。详见 Shubhrajeet Konwer, "US–India Relations: The Shadowboxing Era", *Strategic Analysis*, Vol.44, No.1, 2020, pp.15-30.

② ［美］小约瑟夫·S·奈(Joseph S.Nye,Jr.):《重新界定美国国家利益》，张茂明译，《战略与管理》，1999 年第 6 期，第 39—44 页。

③ 阎学通:《中国国家利益分析》，天津人民出版社，1997 年，第 23—25 页。

念；① 当人们谈论国家利益时，提到的某领域利益，并不能包含其他方面利益，也不能用以指代国家整体利益；其次，国家利益具有层次性差别。美国智库 2000 年 7 月发布的《美国国家利益报告》中，曾根据利益的重要性程度将美国国家利益区分为"核心利益"(vital interests)、"重大利益"(extremely important interests)、"重要利益"(important interests) 和"次要利益"(less important or secondary interests) 等四个不同层次。② 通常来讲，安全利益是最为重要的核心利益，这里的安全既包括领土主权的完整和不受侵犯，也包括经济安全和生态安全等，在此之下，还有稍为次要一些的政治利益和发展利益等，这就意味着在实现或维护利益的过程中，由于受各种因素的限制，可能会面临着不同利益之间发生冲突、进而被迫进行取舍权衡的问题；再次，国家利益还存在着认知的主观性问题，即不同国家在对各种国家利益的认定和重要性排序等方面，会呈现鲜明的主体性特征。正如建构主义指出的，国家利益不能只从国家内部的客观条件和物质状况中推导出来，③ 这些内外客观条件只有通过主体的思维过滤之后才能成为国家利益的确认基础，思维方式、文化传统、价值观念、意识形态等主体性特质，也是影响国家利益确认的重要方面。④ 即"利益就是观念"，利益是由观念建构的，⑤ 以身份为先决条件；⑥ 不同国家在利益轻重缓急的排序上也既有共性，也有个性，这取决于不同国家的状况与实际需求有所不同；最后，国家利益还具有动态性，

---

① 也有学者认为，国家利益概念应是单一的和作为整体的概念，是指一国国内社会在一段时期内最重要的共同利益，这些共同利益通常包括国家安全、经济发展和社会福利等，也叫具体国家利益，以与总体国家利益概念相区分。详见 Mark R.Amstutz, *International Conflict and Cooperation*, New York: Mc-Graw Hill,1999,p.179; W.David Clinton, "The National Interest:Normative Foundations", *The Review of Politics*,Vol.48,No.4, Autumn 1986, pp.500. 转引自宋伟：《国家利益的界定与外交政策理论的建构》，《太平洋学报》，2015 年第 8 期，第 22—32 页。

② 王逸舟：《国家利益再思考》，《中国社会科学》，2002 年第 2 期，第 160—170 页。

③ 袁正清：《国家利益分析的两种视角》，《世界经济与政治》，2001 年第 9 期，第 14—18 页。

④ 潘忠岐：《国家利益的主体性与中美安全关系》，《现代国际关系》，2003 年第 11 期，第 11—16 页。

⑤ ［美］亚历山大·温特：《国际政治的社会理论》，秦亚青译，上海人民出版社，2000 年，第 144 页。

⑥ ［美］亚历山大·温特：《国际政治的社会理论》，第 290 页。

即随着国家内外情势与环境的不断变化，国家利益的构成内涵、重要性排序以及对其认知判断等，也会相应发生改变。国家利益概念的丰富内涵与复杂表现就意味着，仅仅只从共同利益的角度来推导国际合作或国际战略对接的可行性是不够的，必须考察共同利益与否与国家利益的其他一些构成要素相悖，或者比较这些共同利益的重要性是否压过其他国家利益，才能确认国际战略对接是否有可能得到双边的真正认同和共同推动。

结合中印两国实际看，尽管两国在政治、安全、经济和文化都各个方面都存在着利益相容，但与此同时，不容否认的是，由于两国国情不同，两国客观上也有不少利益分歧。这种利益分歧既源于两国内部的客观条件和物质状况有所不同，也源于两国在认知上存在差异。

从中国的情况看，由于现阶段中国总体的经济实力和军事实力大大超过印度，中国客观上无需将印度视为安全威胁，即便中印两国存在着边界划分问题，但中国也并不凭借实力优势来寻求解决领土问题，而是寄望于通过政治协商对话的方式妥善处理。这一点其实并不只是针对印度，对于比实力远为弱小的东南亚国家，中国也同样采取了和平对话的方式来协商处理领土领海争议问题；在经济上，中国也并不视印度为竞争对手，因为中国即使在面临着远比印度实力还要强大得多的美国、日本等经济大国时，也一如既往地采取了开放合作政策；换言之，中国在国家利益的追求上，真心实意地从新国际主义的理念出发，将和平交往与开放合作视为维护国家利益的最为重要的对外政策和手段。

然而从印度的情况看，"中国威胁论"却不无市场，这在其媒体报道中表现得较为明显，中国常被暗定为印度的威胁与竞争对手。① 比利时学者乔纳森·霍尔斯拉格 (Jonathan Holslag) 的一份实证研究发现，中印在经过多年趋近和相互依赖得到加强后，在双方社会并未营造出自由主义学说所假定的安全共同体即将出现的乐观氛围，而且在印度，正面的态度甚至在社会公众中已经减少，印度议会对中印贸易关系和边界争端问题也表现出怀疑的态度，在专家和分析人士中情况也是如此，人们更担忧的是中印经济竞争和安全问题，制衡和军事遏制的观点仍有吸引力。这从印度对"一带一路"倡议

① 唐璐：《印度主流英文媒体报道与公众舆论对华认知》，《南亚研究》，2010 年第 1 期，第 7 页。

解读中也可以看出两国在国家利益认知上差异。[①]在中国看来，"一带一路"倡议就是开放性的国际公共合作平台，受经济逻辑驱动，没有地缘政治的主观意图在内，中国不曾想过，也不可能拥有横跨如此广阔地域的地缘政治野心。[②]然而，在印度方面，却大多从战略逻辑来解读"一带一路"倡议，[③]将"一带一路"倡议视为对印度战略空间的挤压和战略利益的威胁，[④]并由此而出台了"季风计划""亚非增长走廊"等措施加以对冲或反制。[⑤]中印两国在"孟中印缅经济走廊上"的合作也同样部分受制于两国在利益的认知上存在着分歧。中国视"孟中印缅经济走廊"为发展区域合作、构建周边利益安全共同体的路径之一，然而印度却存有地缘政治上的疑虑，担心这会损害其战略利益，因此，经济合作的共同利益被让位于对安全和战略利益的顾虑重视，导致中印在"孟中印缅经济走廊"上的合作相应受限。[⑥]

中国与印度在南亚开展区域合作也同样受到双方利益认知分歧因素的影响。虽然双方都会从中国与南亚区域合作中受益，但是在印方看来，南亚不仅是印度的周边，更是印度主导下的地区势力范围，印度需要维护发展的

---

① Montgomery Blah, "China's Belt and Road Initiative and India's Concerns", *Strategic Analysis*, Vol.42, No.4, 2018, pp.313-332.

② 也有一些学者支持各方在一带一路上展开合作。详见 Gurpreet S. Khurana, "China, India, and 'Maritime Silk Road: Seeking a Confluence", *Maritime Affairs*, Vol.11 ,Summer 2015, pp.19-29; Mohd Aminul Karim, "China's Proposed Maritime Silk Road: Challenges and Opportunities with Special Reference to the Bay of Bengal Region", *Pacific Focus*, Vol.30 ,2016, pp.297-319; Tim Sumners, "China's 'New Silk Roads': Sub-national Regions and Networks of Global Political Economy", *Third World Quarterly*, Vol.37 , 2016, pp.1628-1643.

③ 需要指出的是，从战略逻辑看待"一带一路"的并不仅限印度。详见 W.Callahan, *China's Belt and Road Initiative and the New Eurasian Order*, Oslo: Norwegian Institute of International Affairs, 2016; Jean-Marc F. Blanchard & Colin Flint, "The Geopolitics of China's Maritime Silk Road Initiative", *Geopolitics*,Vol. 22, No.2, 2017, pp.223-245; Lee Jones, Jinghan Zeng, "Understanding China's 'Belt and Road Initiative': beyond 'grand strategy' to a state transformation analysis", *Third World Quarterly*, Vol.40, No.8, 2019, pp.1415-1439.

④ Vijay Sakhuja & Jane Chan(ed.). *China's Maritime Silk Road and Asia*, New Delhi: VIJ Books India Pvt Ltd, 2016; Abhijit Singh, "Sino-Indian Dynamics in Littoral Asia–The View from New Delhi", *Strategic Analysis*, Vol.43, No.3, 2019, pp.199-213.

⑤ 张立、李坪：《印度对"一带一路"的认知与中国的应对》，《南亚研究季刊》，2016 年第 1 期，第 18—23 页。

⑥ 张立、王学人：《从地区主义视角看孟中印缅经济走廊建设》，第 33—48 页。

不仅有经济利益，还有印度在南亚的政治主导利益。[①] 而中国与其他南亚国家发展双边或多边合作以及对印度洋事务的参与，在印度看来就是与印度争夺影响力，威胁到了印度成为南亚地区霸主的利益；[②] 然而，中国却并没有这样的顾虑，没有将任何周边地区或国家视为自己后院的"门罗主义"思想或主张，中国坚持的是开放地区主义理念，因而也就不可能顾忌，甚或处心积虑地谋划这种地缘政治利益，这就导致虽然中印两国在南亚区域合作上有共同利益，但实际上印度却不认同并多方阻挠。[③]

因此，近半个世纪来，中印关系之所以难以在彼此对外关系中占据主导地位，有学者认为，一个非常重要的因素就是两国对在以经济利益为核心的战略利益中相互需求理解不足、发挥不够。[④] 中国认为，发展合作是当前中国面临的头等任务，这对同是发展中大国的印度也应是如此。两国理应在和平发展与合作共赢上取得高度一致，并将其作为构建双边伙伴关系的战略理念基础。然而，在两国实际交往中，地缘政治利益、争做世界大国的国际政治利益考量等，却仍在印度对华政策中占有相当重要位置，其谋求打造中印在亚洲的势力均衡这一现实主义考量，[⑤] 对中印两国在不同层面展开深度对接合作也就构成了不小的障碍。而两国在领土归属争议上的结构性问题，也在客观上令两国在最为核心的安全利益上存在着零和博弈状况。正如有学者所说，普遍都承认，虽然中印经济合作是美好的，但这不足以成为两国忽视彼此间的安全疑虑、化解涉 10 多万平方公里领土争端的充分理由。[⑥] 经济利益与安全利益之间并不存在着简单的可通约性。但是如果将其随意泛化，将安全顾虑滥用在经济领域或将所谓的战略利益随意凌驾于经济利益之上时，那么，双方共同受益的经济合作自然就会大受影响。这正是中印两国在发展战略对接上需要重视的大问题。

---

① David Scott, "The Great Power 'Great Game' between India and China: 'The Logic of Geography'", *Geopolitics*, Vol.13, No.1, 2008, pp.1-26.

② 叶海林：《不对称需求对中印关系的影响》，《印度洋经济体研究》，2014年第 1 期，第 6—15 页。

③ 林民旺：《中印战略基础的弱化与重构》，第 28—48 页。

④ 欧斌：《论中印战略合作伙伴关系》，第 97—99 页。

⑤ 章节根：《论印度的战略文化》，《国际论坛》，2007 年第 2 期，第 68—72 页。

⑥ 叶海林：《不对称需求对中印关系的影响》，《印度洋经济体研究》，2014年第 1 期，第 6—15 页。

（二）"摇摆国家"定位下的合作意愿稳定性问题

在第二次世界大战后的相当时期内，印度一直将"不结盟"作为其对外政策的核心，意在保持其独立性、灵活性，既不受制于美苏任何一方的束缚，又可左右逢源、两头获利。冷战结束后，印度逐渐将自身定位为一个"摇摆国家"，[①]虽然看似其已失去对"不结盟"政策的热情，但其政策实质与动机却没有改变，依旧是在新的国际格局下，以"摇摆"不定的机会主义姿态从多方谋取利益。

早在 2006 年，就有印度学者就指出，印度正处在成为世界大国（great power）和国际体系中摇摆国家的边缘，作为一个规模庞大、民族多元化、经济基础强劲的非西方民主国家，在未来的国际角逐必将扮演一个关键性角色，美国虽已认识到印美联盟的潜力，但还需要加强与印度的接触以将这种潜力转化为现实，而对印度而言，在长达半个多世纪的错误发展和潜力尚未得以充分挖掘的情况下，也需要成为一个全球均势中的摇摆国家。[②]2012 年 11 月，美国学者又在《全球摇摆国家：巴西、印度、印度尼西亚、土耳其与未来国际秩序》(Global Swing States: Brazil，India，Indonesia，Turkey and the Future of International ）报告中正式提出了全球摇摆国家的概念，[③]该概念将美国大选举年中政治倾向摇摆不定却对美国大选结果有着决定性影响的"摇摆州"一词扩大到国际关系领域，意指那些态度不定但对国际秩序的发展走向起着关键性影响的一些新兴国家。按照该报告的看法，鉴于这些"摇摆国家"在国际格局中的重要性和国际秩序中的立场未定性，谁能拉拢好这些国家，谁就会由此而获得丰厚的政治回报。为此，该报告建议美国采取接触战略，积极拉拢这些国家，使其成为美国霸权护持战略中的战略棋子以服务于美国霸权利益。[④]此后，"摇摆国家"概念在印度引发热议并受到大力

---

① 刘红良：《冷战后印度"摇摆国家"的身份建构》，《南亚研究》，2015 年第 4 期，第 1—14 页。

② C. Raja Mohan,*"India and the balance of power"*, *Foreign Affairs*,Vol.85, No.4, 2006, pp.17-32.

③ Daniel M. Kliman & Richard Fontaine，*Global Swing States: Brazil*，*India*，*Indonesia*，*Turkey and the Future of International Order*，Washington，D. C.：The German Marshall Fund of the United States and the Center for a New American Security, 2012, p.8.

④ 韩召颖、田光强：《"全球摇摆国家"与美国的霸权护持战略》，《四川大学学报》（哲学社会科学版），2014 年第 6 期，第 140—146 页。

推崇。有学者认为,印度可以一个潜在摇摆国家的身份定位,依据其传统行事方法从战略天平的两端获益,如印度可以此获得美国的高科技军品以及其他方面支持,从俄罗斯获取军事平台,在全球贸易、气候变化的论坛上与中国共同行动。[①] 而且这与印度的古代智慧相符合:聪明的摇摆国家具有利用相互竞争的强国的可能性,印度由此已成为全球权力均衡的关键性国家。[②] 而在实践中,印度的对外行事风格也与摇摆国家的身份定位相吻合,其与美国、中国、其他大国以及发展中国家的关系处理上,都彰显出摇摆国家这一典型特征。[③]

摇摆国家定位虽然在不少印度战略界学者看来,[④] 最大化地与当下印度的现实利益相契合,特别是美国为了拉拢印度这一摇摆国家,而不断加大战略投入,令印度在安全防务、经贸、核能和国际地位等多个领域大为受益,而印度自莫迪政府执政后,也一改此前国大党政府的谨慎态度,[⑤] 加大了向美国的靠拢力度,但这种摇摆心态也使得印度在对外政策中展现出稳定性欠佳和机会主义色彩过于浓厚等特点,对其自诩的战略自主性和对外合作带来了一定的不利影响。

无论是对美合作、对俄合作或者对中合作中,印度虽然都表现出明确的意愿,但是,这种意愿却始终持有一定的保留,其保留的原因就在于要为其他大国留下想象的空间,为随时可能的"摇摆转向"留出余地。特别是在对华战略对接上,摇摆国家的心态就使得双方在对接态度与对接意愿上存在不对等情况,导致双方对接前景受限。

作为新兴发展中大国,印度在国际体系中的地位与中国高度相似,既是

① M. Sandy Gordon, "India: Which Way will the 'Swing State' Swing?", *East Asia Forun*, June 24,2012, http://www.eastasiaforum.org/2012/06/24/india-which-way-will-the-swing-state-swing/.

② Rajeev Srinivasan, "After the Obama Visit: India, the Swing State", *Rediff*, January 28, 2015, http://www.redift.com/news/column/Obama-india-after-the-Obama-visit-india-the-swing-state/20150128.htm.

③ 毛悦:《从印度对"一带一路"的认知与反应看印度外交思维模式》,《国际论坛》,2019 年第 1 期,第 34—41 页。

④ Joshy Paul, "US and India: Emerging offshore balancing in Asia", *India Review*, Vol.18, No.3, 2019, pp.221-242.

⑤ Hoo Tiang Boon, "The hedging prong in India's evolving China strategy", *Journal of Contemporary China*, Vol.25, No.101, 2016, pp.792-804.

现行秩序的总体受益者，也是某些不公正规则的接受者；在区域经济合作上，两国同作为亚洲国家，在推进亚洲一体化进程上有着相同的愿望与目标。类似的一系列共同利益，构成了两国合作的重要基础。长期以来，中国一直对发展与印度的友好合作寄予厚望，且一以贯之地全力推动。然而，在印度方面，对华合作固然也是20世纪90年代以来印度外交中的总体基调之一，但在一些具体政策或两国实际交往进程中，总是难免会出现一些不和谐的声音或事件，比如1998年印度核试验风波后印度高官公开拿"中国威胁"为借口、[①]2009年前后印度媒体大肆炒作两国边境争端、[②]2017年"洞朗对峙"事件等，令两国关系不时出现波折或摩擦，反映出其对华合作意愿的起伏波动性。

与此同时，印度对于美国以制衡中国为目的的"楔子"战略，也笑迎不拒，且借势不断升级两国安全防务合作，对地区安全格局带来新的变数，也给中印互信蒙上了新的阴影。客观上，加强对美合作，是印度的自身权利不说，也是印度谋取自身政治、经济和安全利益的合理之道，[③]然而，美国对印度这种摇摆国家的拉拢不是无私的，而是有着自身的利益考虑。印度必须为此向美国交出相应的付出，美国对印度的让利扶持关系才可能得以持续。换言之，在美国以遏制中国作为拉拢摇摆国家的战略意图背景下，印度就免不了要给美国的遏华政策背书或助力，其目标就是要有助于帮助美国遏制中国的崛起，维护美国在国际秩序中的霸权地位和利益。因此，美国的"楔子"战略与印度的"摇摆国家"定位结合到一起，实际上就从相反方向限制或部分抵消了印度对华合作意愿：一方面，来自与美国合作机遇增加，赋予了印度更多的对外合作选择机会，对华合作只是其中的选项之一；印度可以待价而沽；另一方面，来自美国的压力也迫使印度在对华合作中有所收敛，因为两国战略合作的深入，将可能损害到美国的战略利益，这是不能为美国所坐视不管的。正如有美国学者所指出的，在美国关注的几个摇摆国家中，印度与

---

① "Beijing No. 1 Threat Says India Official", *South China Morning Post*, 4 May, 1998; "India's New Defense Chief Sees Chinese Military Threat", *New York Times*, 5 May, 1998; 肖禾：《印度国防部长费尔南德斯：重新认识中国》，安徽新闻网，2003年5月26日，http://news.anhuinews.com/system/2003/05/26/000347893.shtml?jcldxuojzwsbttmf。

② 吴强：《印度媒体热衷炒作中国话题》，搜狐网，2009年8月27日，http://news.sohu.com/20090827/n266278245.shtml。

③ ［美］司乐如：《美印中三角关系互动与国际格局》，《当代亚太》，2007年第10期，第34—41页。

美国在关键领域的利益协调实际上最为关键，如印度对海域自由航行权利的支持，实质上形成了对美国"航行自由"论的支持和对中国在南海问题上的压力；印度作为所谓全球最大的民主国家，也与美国宣扬的普世民主秩序论相一致。①

或许正是出于摇摆国家定位下多种选项的存在，印度在影响深远的区域合作议题上，面对中国"一带一路"倡议的提出和热心邀请，采取了回避和另起炉灶的政策，②以"东进"行动和与日本联合开展"亚非增长走廊"等计划相对冲。原本两国在"孟中印缅经济走廊"建设上所持有的积极合作态度，也在后来发生了改变，导致该走廊建设进展甚微；在"一带一路"合作上，也以"中巴经济走廊"通过了印巴争议的克什米尔地区为由而加以反对。③而究其根本，则在于"一带一路"既是中国提出的倡议，同时印度也认为其是中国在新的国际格局变幻的背景下提出的与美国"分庭抗礼"的对地区乃至世界秩序的中国规划，④印度自然不会轻易加入而有"选边站队"之嫌，除非能够获得额外的利益补偿再论。

总之，摇摆国家的定位既增强了印度的战略自主性，令其外交选项更为丰富，强化了印度对外政策的实用主义色彩，⑤但同时也对印度的对外政策和合作带来了某些新的限制。个中道理很简单，天下没有免费的午餐，有收益自然就需要有付出。在中印战略对接上，印度的灵活身段也对中印对接意愿的稳定性带来了一定的不利影响。

---

① 刘红良：《冷战后印度"摇摆国家"的身份建构》，第 6 页。

② Pant, H. V. & Passi, R., "India's response to China's belt and road initiative: A policy in motion". *Asia Policy*, Vol.24, 2017, pp. 88-95.

③ 林民旺：《"一带一路"建设在南亚定位、进展及前景》，《当代世界与社会主义》，2017 年第 4 期，第 154—162 页。

④ 毛悦：《从印度对"一带一路"的认知与反应看印度外交思维模式》，第 34—41 页。

⑤ Fuzuo Wu, "India's Pragmatic Foreign Policy toward China's BRI and AIIB: Struggling for Relative and Absolute Gains", *Journal of Contemporary China*, Vol.29, No.123, 2020, pp.354-368.

（三）战略对接能力的不对称性问题

近年来，一些学者开始关注到国际合作中的不对称性现象，[①] 这里的不对称，既指不同主体实力的不对称，也指参与合作的动机与能力的不对称。这种不对称性，也在一定程度上影响到国际合作的实现与成效。结合中印两国实际看，同样存在着战略对接能力不对称状况，[②] 两国在总体实力和战略整合能力方面，都有一定的差距和差异，由此引致两国在理念战略对接中可能产生错位或不匹配等问题。

客观地看，尽管中印两国都是世界瞩目的新兴大国，但是中国在现阶段的发展水平和综合实力上仍领先于印度，两国之间在衡量国力的多项重要指标上存在着不小的差距。特别是从经济和军事等硬实力指标的对比情况看，中国的领先靠前是不争的事实。无论是从国内生产总值（GDP）、贸易进出口总额等经济指标看，还是从军费开支、军事人员以及重要装备数量等军事指标看，中国都比印度高出相当水平。如印度 2018 年 GDP 为 2.716 万亿美元，全球排名第七位，而同年中国 GDP 为 13.6 万亿美元，全球排名第二位，印度的经济总量约为中国的 20% 左右；[③] 在对外贸易上也是如此，[④] 同年中国全年实现货物进出口总额 4.62 万亿美元，其中，出口 2.48 万亿美元，进口 2.14 万亿美元，贸易顺差 3517.6 亿美元，而印度全年货物进出口总额为

---

① 参见王帆：《不对称相互依存与合作型施压——美国对华战略的策略调整》，《世界经济与政治》，2010 年第 12 期，第 31—53 页；孙杰：《不对称合作：理解国际关系的一个视角》，《世界经济与政治》，2015 年第 9 期，第 148—162 页；吴琳：《不对称合作中的政治风险与关系维持——以新世纪以来的中斯关系为例》，《太平洋学报》，2017 年第 3 期，第 26—34 页；黄正多、段柏旭：《不对称合作下的中国和尼泊尔经贸合作机制建设——动机、可能性与方式》，《区域与全球发展》，2020 年第 2 期，第 43—45 页。

② Pu, X., "Asymmetrical competitors: Status concerns and the China-India rivalry". In T. V. Paul (ed.), *The China-India rivalry in the globalization era*, Washington, DC: Georgetown University Press, 2018, pp.55-74.

③ 《世界各国 2018 年 GDP 排名出炉，印度厉害了，增速比我国还快》，腾讯网，2019 年 3 月 8 日，https://new.qq.com/omn/20190308/20190308A0IWKD.html?pgv_ref=aio2015&ptlang=2052。

④ Velyn S. Devadason, "Global interactions of China and India: Divergent paths of trade?", *India Review*, Vol.15, No.3, 2016, pp.273-301.

8367.1 亿美元，不到中国的 20%，贸易逆差 1874.5 亿美元。[①] 在军费开支上，据斯德哥尔摩国际和平研究所（Stockholm International Peace Research Institute）发布的报告显示，2017 年印度国防开支达到 639 亿美元，仍低于同年中国的 2280 亿美元。[②] 在军事力量方面，据美媒发布的 2018 年全球军力排名看，中国也仅次于美国和俄罗斯，排在世界第三；而印度则位居法国之后排在世界第五，这还是部分得益于印度从 2016 年开始不断加强本国军事力量现代化，并将印度军队装备的武器由俄制装备向美制装备转变。[③]

综合以上多方面指标看，可以认为中国目前的总体实力已远远强于印度，这就决定了两国的国际战略合作能力存在着不小的差距，具体体现为两国在国际贸易、对外投资以及国际金融等领域的合作需求和对接能力都有所差异。中国融入全球化和全球价值链的程度更深，与其他国家的合作利害关系更大，对国际市场依赖性更高，而印度则主要依靠内需市场拉动增长，[④] 对外合作需求与意识不如中国那样强烈。近年来，印度虽然在对外贸易合作上呼声很高，与数十个国家达成或正在展开贸易协定谈判，[⑤] 但正如有研究指出的，细究起来看，参照货物贸易的关税减免率、服务贸易所涵盖的部门和领域、"新加坡议题"[⑥] 涉及范围等标准而论，这些协议的水平普遍较低，而且很多国家是基于对印度高增长潜力因素的看重，而与印度展开 FTA 谈判，也就是说带有提前布局的战略意图在内，这种以贸易协议数量暴增所体现出来的对外贸易合作繁荣局面，并非对印度当下国力的真实反映。[⑦] 有研究显示，从 1995—2011 年期间，印度在全球价值链中对最终产品生产贡献的比例虽由 1.8% 提升到 3.4%，但是相比同期中国从 4.1% 上升到 16.2% 的

---

① 《差距明显！2018 印度 GDP、外贸不及中国 1/5！印媒一针见血指出原因》，网易网，2019-03-25，http://mp.163.com/v2/article/detail/EB3TGSDT0519X0MH.html。

② 《印度跻身美国中国之列，成五大军费开支国之一》，搜狐网，2018 年 5 月 2 日，https://www.sohu.com/a/230197014_403246。

③ 《美媒公布 2018 全球军力排名：中国缩小差距，印度首次进前五》，搜狐网，2018 年 10 月 2 日，https://www.sohu.com/a/257463397_100284035。

④ 欧新中文：《印度外资新政落地后仍待改革》，《经济参考报》。

⑤ "Trade Agreement", Ministry of Commerce and Industry of India,2018, https://commerce.gov.in/InnerContent.aspx?Type=InternationalTrademenu&Id=32.

⑥ "新加坡议题"主要包括投资、竞争政策、政府采购透明度和贸易便利化等四个方面的议题。

⑦ 贺平、周倩茹：《身份悖论与印度自由贸易战略的困境》，《太平洋学报》，2018 年第 1 期，第 39—49 页。

水准，印度在全球化中的参与度和影响力仍有显著差距。

中印战略对接还与两国的国内战略整合能力相关，这方面两国的表现也不平衡。在印度，保护主义的传统思维影响更深，而且受印度选举政治体制的影响，国内政治力量对印度对外合作政策的制衡作用要更为显著强大。[①]虽然中印两国都曾实行过"进口替代"战略和对战略产业实行保护主义政策，但是由于中国从 20 世纪 70 年代末就启动了开放政策，促进了 80 年代以后的快速增长，国内产业竞争力不断增强，尤其是在 2001 年加入 WTO 后，倒逼着国内产业提高效率和竞争力，中国经济自由化程度大大提高。相比之下，印度的改革开放要比中国晚一段时间，又是关贸总协定（GATT）（WTO 的前身）的缔约国之一，其不曾面对中国作为新成员加入的巨大压力。在 20 世纪 90 年代以前，发达国家对印度市场开放程度、是否严格履行有关义务等问题并不太看重，而印度政府也一直利用 GATT 例外条款，以各种理由坚持贸易保护和外汇管制，对于贸易自由化态度消极，对舶来品还制定了严格的进口许可证制度，并以"维持收支平衡"为由实行进口数量限制的政策，防止过量进口冲击国内经济，[②]直到 1995 年 WTO 正式取代 GATT 后，印度才开始被迫面临新的贸易开放压力，但即便如此，印度仍然本着谨慎推进的态度开放国内市场，采取各种保护措施以抵消国外对本国产业造成过大冲击。[③]与此同时，印度的对外开放合作也受到了国内政治因素的限制。[④]作为每五年举行一次大选的国家，选民意愿对印度政府更迭起着决定性作用。当开放涉及某些产业集团的利益时，便会迅速引发该集团的反弹，进而对政府形成压力，迫使其收回成命或暂缓从事。[⑤]而印度产业发展水平有限，这

---

① Mazumdar, A., "India's search for a post-Cold War foreign policy: domestic constraints and obstacles", *India Quarterly*, Vol.67, No.2, 2011,pp.165-182; Kanti Bajpai, Byron Chong, "India's Foreign Policy Capacity", *Policy Design and Practice*, Vol.2, No.2, 2019, pp.137-162.

② 钱峰：《印企业对 WTO 又喜又怕》，《环球时报》，2001 年 12 月 21 日。

③ 文富德:《印度在世界贸易组织框架下发展经济的若干经验》,《南亚研究季刊》，2003 年第 1 期，第 1—9 页。

④ Nicolas Blarel & Avinash Paliwal, "Opening the black box – The making of India's foreign policy", *India Review*, Vol.18, No.5, 2019, pp.457-470; Nicolas Blarel, "Coalition politics and the making of Indian foreign policy: a new research program", *India Review*, Vol.18, No.5, 2019, pp.582-595.

⑤ 贺平、周倩茹：《身份悖论与印度自由贸易战略的困境》，第 39—49 页。

就更加限制了印度的开放合作能力,推行自由主义合作政策的难度变得更大。因此,有研究指出,印度的贸易政策主要受到国内政治经济因素的制约,而不是国际经济秩序的拉动,包括工商业和农业部门等在内的利益集团通过制造公众舆论、法律诉讼、向政府提交请愿等方式,可以对政府对外开放合作政策施加巨大影响。① 如在印度零售业对外开放上,印度国内就曾引发激烈争议,导致开放步伐一直受阻。如 2011 年 11 月,印度内阁曾通过进一步开放零售业的决定,将外资在多品牌零售领域的持股比例上限提高至 51%,但是这一决定遭到印度反对党和联合政府盟友的激烈反对,最终在 2011 年 12 月,迫于压力印度政府暂时中止了这一决定。② 到 2012 年底,虽然这一改革得到放行,但在实际执行中收效甚微,来自反对党的政治阻力和中小零售业主的民间阻力,使得引进外资进一步激活印度零售业的改革初衷几乎全然落空。③ 莫迪政府上台后,又放出了零售业向外资开放的信号,④ 然而,直到 2018 年初,莫迪政府的零售业开放新政才落到实处,允许单一品牌跨国零售商将可以经由自动审批程序在印度开展零售业务以及放松了零售业的来源地规定。⑤

事实上,正如有学者指出的,虽然同作为转型国家,中国在改革开放的过程也曾遭遇各种困难与阻力,但是印度还比中国多一个政策执行问题,即在中国政策执行基本是上下通畅的,然而在印度的"类联邦"政治体制下,中央政府的政策在各个地方邦却未必能得到执行,因为中央政府与邦政府可能由不同的政党控制,这就使得中央政府的"命令"到了地方可能就仅仅是一个"建议"或"说法"。⑥ 当然还有政权在不同政党间更迭带来的政策朝

---

① Stanley Kochanek, "Liberalization and Business Lobbying in India," in Rahul Mukherji(ed.), *India's Economic Transition*, New Delhi: Oxford University Press, 2007, pp. 417-419; Suparna Karmakar, "Political Economy of India's Trade Negotiations Economic Significance of FTAs",The European Trade Study Group,2013, https://www.etsg.org/ETSG2013/Papers/406.pdf.

② 《零售业开放进入新阶段 印度巨象准备好了吗》,《金融时报》,2012 年 12 月 13 日。

③ 赵旭:《印度市场化改革遭遇阻力》,《半月谈》,2013 年第 6 期,第 81—82 页。

④ 王玉凤:《印度有望进一步向外资零售业开放》,《第一财经日报》,2014 年 6 月 6 日。

⑤ 王琳:《印度放宽外商投资限制,对外开放零售业》,《第一财经日报》,2018 年 1 月 11 日。

⑥ 周锐:《莫迪施政十月的外热内冷》,《欧洲时报》,2015 年 5 月 15 日。

令夕改现象，以及长期实行貌似社会主义属性"计划经济"体系下的官僚机制已在印度社会根深蒂固，也制约了印度的开放合作和市场化进程。[①]

此外，还有现实主义政治理念带来的对相对收益的关注，也可能成为战略对接的潜在阻力。已经有学者指出，合作受阻的原因之一就在于担心对方取得较大的相对收益。[②] 这种担忧来自双方实力不对等，以及由此而可能导致双方在合作中的地位不对等以及无法建立起合意的利益分配机制等。这种担忧与中国与其他国家的战略对接中所遇到的问题性质相似，都是对方顾忌于中国在经济实力上的优势，而在双边对接中采取既支持又有条件、既参与又留有余地的策略，由此使在涉及某些关键核心领域的对接合作方面面临较大的阻碍。[③] 必须承认的是，在一些资金、技术要求高的项目上，即便双方都有意愿，但各方经济实力的悬殊而导致的合作能力不对称，也构成了双边对接的一大现实难题，因为它很可能意味着投资收益的不对等分配或者需要以其他方面的利益来换取对等的经济收益分配。而这种交换又可能引发政治上的争议或招来第三方的干预与反应。

（四）对接机制的有效性问题

在当代国际合作中，各种合作机制无疑扮演了不可或缺的角色，其重要意义，已经通过国际机制的大量建构和理论研究的深入而得到充分显示。[④] 这些机制通过发挥协调、干预、规范和保障功能，使世界经济的运行更为有

---

① 陶凤、初晓彤：《印度开放真的能放开吗》，《北京商报》，2016年6月21日。

② 孙杰：《不对称合作：理解国际关系的一个视角》，第148—162页。

③ 向洁、何伦志、闫海龙：《地区经济一化："一带一盟"对接之基础、困境、模式与路径探讨》，《俄罗斯东欧中亚研究》，2017年第2期，第96—111页。

④ W. Reisman, "The United States and international institutions", Survival, Vol.41, No.4,1999, pp.62-80; Jean-Pierre Allegret & Philippe Dulbecco, "Global Governance versus Domestic Governance: What Roles for International Institutions?", *The European Journal of Development Research*, Vol.14, No.2, 2002, pp.173-182; John E. Trent, "International institutions: The case for innovation and reform", *Canadian Foreign Policy Journal*, Vol.11, No.1, 2004, pp.3-30; Matthew D. Stephen, "Rising Regional Powers and International Institutions: The Foreign Policy Orientations of India, Brazil and South Africa", *Global Society*, Vol.26, No.3, 2012, pp.289-309; John Ravenhill, "Resource insecurity and international institutions in the Asia-Pacific region", *The Pacific Review*, Vol.26, No.1, 2013, pp.39-64.

序、国际经济交往合作也更为便利。[①]但与此同时，伴随国际合作机制的不断发展，一些不足、缺陷也暴露出来，机制有效性问题引发新的关注。[②]按照国际治理专家奥兰.R.扬（Oran R.Young）的看法，所谓机制有效性就是"是用以衡量社会制度在多大程度上塑造或影响国际行为的一种尺度"，"可以从其能否成功地执行、得到服从并继续维持的角度来加以衡量的"。[③]换言之，它是衡量制度的功能产生了怎样结果的概念。[④]具体地看，它可以从解决问题、目标实现程度、改变主体行为等多个维度进行衡量，[⑤]还可以通过评估机制框架下行为体的行为选择、对问题的认知塑造和强化等方面的表现情况而得到体现。[⑥]机制有效性问题的提出，意味着不仅要重视机制的形式功能，更要重视机制的实际效果，要让机制切切实实地发挥作用，而不是仅仅成为虚浮花哨的摆设。这对推进中印战略对接也尤为关键。因为现有的中印各种互动机制，已经被普遍视为促进中印合作对接的正资产，并有望在未来持续发挥机制固有的沟通协调等支持性功能，然而，如果因此而感到自满，不能全面冷静地审视这些机制的问题或不足，那么，就难以对其进行改进或完善，机制建设问题就不会受到应有的重视，其对两国战略对接的促进作用就会有所局限。

结合两国合作实际表现看，现有对接机制的问题主要表现在以下几个方面：

一是某些机制作用于对话沟通等务虚成分较多，存在着后续跟进或落实不够、象征意义大于实质性成果的现象。比如两国已在多次对话中提出推进基础设施领域的合作问题，但实际取得的进展却相对有限，两国到目前为止，

---

① 刘杰：《国际经济机制的有效性和公平性——兼论对 21 世纪初南北关系走向的影响》，《世界经济研究》，1997 年第 6 期，第 16—19 页。

② Michael Zürn, "The Rise of International Environmental Politics: A Review of Current Research", *World Politics*, Vol 50, No.4, 1998. p.617.

③ ［美］詹姆 N·斯罗西瑞：《没有政府的治理》，张胜军等译，南昌：江西人民出版社，2001 年，第 187—189 页。

④ 同上，第 187—189 页，第 186 页。

⑤ Oran R.Young, *International Governance*: *Protecting the Environment in a Stateless Society*, Ithaca: Cornell University Press, 1994, pp.140-162.

⑥ Olav Schram Stokke, "The Interplay of International Regimes: Putting Effectiveness Theory to Work", *FNI Report 14*, Fridtjof Nansen Institute, Oslo, 2001, pp.5-23; 王明国：《国际制度研究的新进展：制度有效性研究综论》，《教学与研究》，2010 年第 12 期，第 41—49 页。

都还缺少基础设施领域的重大项目成功合作案例；再比如战略对话经济机制为两国提供了联合制定双边经贸对接合作规划与路线图的平台，但是这一机制的功能主要停留在信息分享层面，缺少足够的后续机制来予以跟进实现；长此以往，可能会使人们降低对双边对接机制的效能预期，这就有违双方通过机制建设以加强合作并取得实际效益的初衷。两国在一些国际机制中的合作对接，实际上也因该国际机制具有"软制度"的特点，[1]而使得两国的合作共识仅停留于立场宣示或政策呼吁的层次，一些有价值的政策理念或合作创意难以更进一步地落实在两国的后续行动中。

二是双边合作机制过于宏观，存在不能及时适应形势变化要求的情况。如中印在边界问题上已建立了多种磋商机制，但是这些机制只是从大的原则上明确了两国在边界地区的行为规范，然而，两国仍不时会有边界争议曝光出来，引发媒体的炒作，这说明两国的边界管控机制还有待加以完善。正如有学者指出的，尽管中印之间对话机制众多，尤其是在边界问题上还存在着从边境国旗会谈到边界问题总理特别代表对话、副外长级战略对话等多层次对话机制，甚至有"互不构成威胁"这样的反复承诺，但"洞朗对峙"还是发生于光天化日之下，这表明两国在边界事务上的分歧管控机制关键时刻并没能有效发挥作用。[2]在经贸合作方面也存在着类似现象，两国目前主要依靠通行的国际经贸机制来指引双边合作，但是这些机制在双边经贸往来中并不能很好地处理遇到的问题，比如前面提到的两国贸易摩擦频发的现象，尚需要探索构建新的经贸机制予以规范协调；在促进两国相互投资以缓解双边贸易不平衡问题方面，两国也需要探讨建立或完善相应的投资保障机制予以支持。[3]最近两国提出以"中印＋"模式开展三方合作的构想，[4]但要真正落实和顺利推进，尚需探索打造新的对接机制与对接平台，如此才能使两国充分发挥区域大国的牵引作用，带动两国周边区域的共同发展。

三是重视机制建设上的不均衡性问题。尽管目前双方的合作机制已经涵

---

① 张立：《浅议 G20 框架下的中印全球治理合作》，第 33—39 页。

② 胡仕胜：《洞朗对峙危机与中印关系的未来》，第 9—22 页。

③ 《中印第二次贸易救济合作机制会议在印度召开》，中国驻印度大使馆网站，2011 年 5 月 27 日，http://gpj.mofcom.gov.cn/article/ch/201105/20110507572762.shtml。

④ 龙兴春：《中印可在马尔代夫尝试"2+1"合作机制》，《环球时报》，2018 年 9 月 27 日；胡博峰：《"中印＋"合作首次落地 与阿富汗有关》，《环球时报》，2018 年 10 月 16 日。

盖到政治、边境安全、经济、能源、军事等国家利益中的"硬性"部分,也包括文化、旅游、民间交往等比较"软性"的部分,凸显出全面性、战略性特征,[①] 但是仍然存在着结构性不均衡问题,主要表现为专业性强的经贸对接机制以及与传统安全事务相关的交流沟通机制等有所欠缺,在中印经贸合作蓬勃发展和存在边界争议问题的大背景下,尤为需要加强这两方面的沟通合作,以方便处理经贸互动提速带来的新问题和边界分歧引起的双边安全困境问题。两国领导人于2019年10月在印度金奈举行第二次非正式会晤中,决定新设中印高级别经贸对话机制,就反映出两国领导人对于通过加强机制建设以促进两国战略对接的高度重视和殷切期待。[②] 在传统安全领域,两国目前的交流互动机制也较有限,仅有不定期的军队互访或低层级的联合军演。[③] 实际上,在印度"东进"战略和中国"一带一路"倡议向西推进的过程中,两国免不了会有交汇碰撞,更需要两国加强在"高政治"领域的交流沟通,以增进战略互信,避免产生根本性隔阂和处理两国关系中的敏感性问题。

(五)中印战略对接的过程管理问题

国际战略对接是一项复杂的系统工程,涉及战略酝酿、战略发布、战略沟通衔接、战略对接执行和战略评估调整等多个环节内容,只有将每一个环节的工作都落到实处,战略对接才不会流于形式,真正取得实效。结合以往中印两国合作实践看,两国在对接的过程管理上还存在着目标不够清晰、重点不够突出、执行跟踪不到位以及反馈调整不够及时等问题。

首先,从对接目标上看,两国虽然反复表示要加强相互合作,但是对两国合作的目标定位却常缺少清晰的定义。这固然与两国准确定位合作目标的高难度与高复杂性有关,但是,过于模糊的外交辞令宣示,也不利于形成对双边合作行为的有力指引,更不利于推动某些实务性领域合作的跟进执行。

① 银继蕊:《中印战略合作伙伴关系中的机制化建设研究》,内蒙古大学硕士论文,2009年。

② 时畅、罗晓梅:《中印经贸合作需完善经贸机制,加强战略互信》,中国网,2019年11月29日,http://www.china.com.cn/opinion/think/2019-11/29/content_75461958.htm。

③ 自2007年起到2019年底,中印两军已举行了8次反恐联合训练。详见"China, India conduct 'Hand-in-Hand 2019' joint anti-terrorist exercise", http://en.people.cn/n3/2019/1210/c90000-9639467.html。

早在 2003 年 6 月，两国商务部门负责人在会见时曾经提出，力争在使双边贸易额到 2005 年实现 100 亿美元的目标；[①]2010 年 12 月，中印两国又在共同发表的《中华人民共和国和印度共和国联合公报》第六条中表示，"确立 2015 年双边贸易额达到 1000 亿美元的新目标"，[②]无论上述目标是否能够如期实现，但是这一目标的提出，不但反映出两国政府管理部门对推进双边贸易合作的雄心愿望，也带给了两国贸易从业者以信心，还为两国相关部门评估双边贸易合作的实际进展提供了一个清晰的基准，因此，对接目标的确立对两国实现成功对接至关重要。这就要求两国在战略沟通衔接环节，通过深入的对话交流，尽可能地提出明确或可量化的目标任务，以此指导后续工作的开展。然而，通过收集媒体公开报道的相关新闻资料看，类似这种两国公开宣示合作目标的情况仍较少见，大多仍停留于空泛性的任务表述，比如在以上提到的 2010 年两国联合公报中，就曾指出，"重点拓展在基础设施、环保、信息技术、电信、投资、财金等领域的合作，实现优势互补、互利共赢。印方欢迎中国企业参与印度的公路、铁路等基础设施建设和制造业投资。双方鼓励两国企业扩大相互投资与工程承包合作，妥善处理经贸摩擦和分歧，共同反对一切形式的保护主义"。[③]这样的表述虽然指明了两国的合作重点，但从推进两国战略对接具体操作的角度看，却仍显得宏观而笼统；如相关部门在两国联合公报发布之后，未能跟进展开后续磋商，提出具体的合作目标与方案，致使两国在这些重点领域的合作难以有目标、有计划地展开，实际合作中只能顺应常规性市场机制等自发调节作用而进行，不能体现出在对接框架下，由于两国相关部门有意识地进行重点扶持，从而取得加速式发展的更好成效。

对接重点的规划与投入涉及的是另一个操作层面的重要问题。提出这一问题的基本前提在于，特定时期内的资源总是有限或稀缺的，无论是国家领导人、政府部门的注意力资源、精力资源，或是具体领域的人、财、物等物质资源，都难以做到面面俱到、平均分配。这就需要进一步明确特定时期、

---

① 《中印将努力实现双边贸易额 100 亿美元的目标》，搜狐网，2003 年 6 月 25 日，http://news.sohu.com/03/19/news210451903.shtml。

② 《中华人民共和国和印度共和国联合公报》全文，中国网，2010 年 12 月 16 日，http://www.china.com.cn/international/txt/2010-12/16/content_21559933_2.htm。

③ 同上。

特定领域的对接重点领域或重点项目任务。比如在两国领导人达成双方应加强制造业发展战略对接共识后，接下来应当将其进行细化分解，提出两国制造业发展战略在不同时期的不同对接重点领域与项目任务，在此基础上，双方可以协商制定相应的配套支持政策，如此两国制造业发展战略的对接工作才能有条不紊地得到推进，然而，在实践中却鲜于看到双方发布类似的战略对接实施规划与政策协调报道。这反映出两国在战略对接的实施上，重视的仍是宏观部门对市场的信息释放与指引。然而，那些本该大力推动的重要对接任务，并未在政策或其他资源投入上享受到额外照顾的好处。

对接的执行跟踪和反馈调整是为了及时处理好两国合作中遇到的各种问题，或因应形势的变化而对两国合作项目作出调整改变。这对于两国在一些大型项目上的合作尤为关键。正如此前所指出的，大概在10年前两国就共同意识到，两国在电力、发电设备、铁路、公路、航空建设、港口等基础设施建设和银行金融业服务等领域有着巨大的对接空间，但实际上，两国合作仍主要体现在传统的贸易领域和劳动密集型制造业投资领域，在基础设施和金融等领域的合作发展相对迟缓，如在金砖国家中，印度是目前为止唯一一个没有同中国签订双边货币互换协议的国家，这表明两国还需要仔细梳理双方在推进这些领域合作时遇到的困难与障碍，在此基础上进行深入分析，提出相应的改进建议：要么双方共同努力不断排除制约推进合作，要么双方将某些领域的合作暂且搁置，留待时机成熟后再行启动。通过这样的追踪、分析和反馈行为，可以向两国的政府部门、投资者和贸易商等发出清晰的宏观信号，减少不必要的损耗，将双边的合作精力和资源投入到更具可行性的领域。因此，这项工作值得加强。

第六章
推进中印理念战略对接的策略建议

推进中印理念与发展战略对接是全球化赋予中印两国的难得机遇，也是两国构建新型大国关系的必然选择。面对各种挑战与困难，两国需要坚定信心，就推进两国理念与发展战略对接保持密切沟通、加强对话，以开放的心态积极吸纳各方面经验，加强机制建设和对接伙伴关系管理，通过共商共建共享稳步推进各领域务实合作，以此不断增进互信认同，将中印关系发展成为新型大国关系的新样板，推动两国朝着地区命运共同体的方向并肩行进。本章旨在提出推进中印战略对接的具体策略建议，以回应相关挑战，解决两国对接中存在的困难与问题，促进两国构建更加紧密的合作伙伴关系。

一、指导原则

为了适应不断变化的形势要求，中印两国在推进理念战略对接上，没有固定统一的模式可以效仿。但是，有一些基本性的原则是可以坚持的，它们对指导两国理念战略对接和双边关系发展，都具有长期性价值。这些原则主要包括：求同存异的历史经验、渐进主义的发展路径、建构主义新思维、利益共同体的培育壮大以及加强政治互信建设等。

（一）求同存异的历史经验

毫无疑问，中印两国关系的发展并非一帆风顺的，各种矛盾、问题与摩擦等始终伴随着两国关系的发展，西方不少媒体和学者曾因此纷纷看衰中印关系，断言中印必将走向冲突，[①]但事实却是，两国在绝大多数时候都保持着和平安宁与友好相处关系。正如有评论指出的，那些喜欢从竞争角度去观察中印关系的人们，常常忽视了这两个邻国之间悠久的历史渊源，而从其过往数千年的历史看，中印两国不仅在政治、经济、宗教和文化领域有着非同

---

① 邹松、青木、萧达等：《中印首脑相会 外媒仍以冷战思维看待中印关系》，《环球时报》2015年5月14日；《西方媒体挑拨中印关系存心不良》，搜狐网，2018年2月27日，https://www.sohu.com/a/224321445_750904。

一般的密切交往，而且其和睦相处的程度在全世界任何两个相邻大国间都不多见，除 1962 年发生短暂的边境冲突以及冷战造成的 20 年僵持局面之外，两国数千年的交往基本上都是平顺和融洽的。[①] 即便是在存在边界争端这种结构性矛盾的前提下，中印关系也仍然保持了数十年的和平友好相处，双边政治、经贸和文化等各领域合作持续发展。这其中的一条重要经验就是，两国本着求同存异的原则，即不因个别分歧而影响主要方面的求得一致——求"大同"、存"小异"，以战略眼光推动双边关系克服困难向前发展。

"求同存异"是当代中国最为重要的外交方针之一。1955 年 4 月，周恩来总理率中国代表团出席印度尼西亚万隆的亚非会议时，针对与会各国对新中国缺乏了解和各国之间存在的分歧，提出了"求同存异"的著名方针。[②] 此后，"求同存异"成为中国处理对外关系的基本原则，除了适用于一般性的国际交往关系外，还被广泛用于解决边界纠纷问题以及建立国际新秩序问题等，取得良好收效。因此，"求同存异"既是一种原则，也是认识问题、解决矛盾的一种基本方法，[③] 对于指导国际关系实践具有重要价值。

在中印关系中，两国既有诸多的"异"：政治制度、意识形态、宗教文化、边界划分等，但也有诸多的"同"：相邻的地理区位、相似的成长历程、相近的奋斗梦想、相同的发展机遇、相容的和平增长利益等。总体而言，这两个幅员辽阔、人口规模庞大的巨人国度，和则两利，斗则俱伤，没有谁能吃掉谁，也没有谁能从冲突中全身而退；因此，"同"是两国关系的主要方面，"异"是两国关系的次要方面，求同存异是指导双边关系的唯一方针。20 世纪 80 年代以后，正是由于中印两国搁置下了边界事务上的"异"，追求两国的和睦相处与密切合作，两国才迎来了共同的高增长与大发展，两国也都得以互享对方的发展红利，以同步崛起态势出现在国际舞台上，因此可以说，坚持求同存异原则处理中印关系，是中印关系发展的一条重要历史经验。

虽然世间一切事物都处在变化中，中印两国的各方面形势也会不断有所

---

① 《联合早报评温家宝总理访印：亚洲两个巨人的握手》，国际在线网，2005 年 4 月 13 日，http://news.cri.cn/gb/3821/2005/04/13/1425@513833.htm。

② 《求同存异定调万隆》，《北京晚报》，2019 年 8 月 1 日。

③ 《唐家璇谈周恩来外交思想：求同存异是最突出特点》，搜狐网，2011 年 9 月 7 日，http://roll.sohu.com/20110907/n318634540.shtml，2020 年 3 月 27 日；随新民：《理解周恩来外交思想：一种外交哲学视角》，《外交评论》，2006 年第 2 期，第 79—85 页。

改变，但是在可见的未来，中印关系"同"的一面很难发生质变：邻国关系不会变，内部发展问题仍是两国共同的头号矛盾这一点不会变，和则两利斗则俱伤这一点不会变，互享发展红利这一点也不会变，这些共同点就决定了无论有多少新旧矛盾与分歧，两国关系的总体基础在相当长的时间内仍然是稳固的。[1]正如有印度学者所指出的，过去几年中印交往的实践可以给两国一些有益的启发，特别是2017年的"洞朗对峙"事件得以和平解决，就证明印中双方都不希望出现"热战冲突"，通过这一事件，两国也加强了相互间的理解，这表明两国都不允许事情超越底线，也正是得益于此，印中关系未受到严重破坏。[2]因而秉持求同存异的方针，推进两国发展理念与战略的对接，实现两国合作互利共赢，仍是双边关系的关键所在。

（二）渐进主义的发展路径

渐进主义是中印两国的共同发展原则与实践经验。[3]从哲学上讲，渐进主义是指不搞高强度、高烈度的变革创新，而是通过量变式积累，不断推进问题得到解决。渐进主义的另一层意思，是指要保持战略定力与战略耐心，既不为一时的困难挫折所动摇，也不追求急功近利式快速进步，而是稳定持续地付出努力。渐进主义原则也特别适用中印理念战略对接，其原因主要如下。

一是国际理念战略对接本身牵涉的面十分复杂，一些重大战略的对接可能要花费数代人的功夫，比如中印产业园区发展建设、"孟中印缅经济走廊"建设、"中尼印经济走廊"建设等，都需要花费长时间的投入，才可能逐渐显效，任何急躁心理都无济于事。

① Malone David M. & Mukherjee Rohan, "India and China: Conflict and Cooperation", *Global Politics and Strategy*, Vol.52, No.1, 2010, pp.137-158.

② 赵觉珵、闫韫明：《〈环球时报〉记者专访：展望未来五年的"莫迪2.0"时代》，《环球时报》，2019年5月27日。

③ 详见［美］弗朗辛·R.弗兰克尔：《印度的宗教文化观、政治渐进主义和经济发展（续）》，施尧伯、凌静译，《南亚研究》，1982年第2期，第24—49页；［印］蒙特克·S.阿卢瓦利亚：《渐进主义的功效如何？——1991年以来印度经济改革的回顾》，刘英译，《经济社会体制比较》，2005年第1期，第55—64页；鄢一龙：《目标治理：看得见的五年规划之手》，北京：中国人民大学出版社，2006年；胡鞍钢：《渐进主义的方式带来了革命性的结果》，《人民论坛》，2008年第24期，第21页；Acharya Alka, *China and India: Politics of Incremental Engagement*, New Delhi: Har-Anand, 2008.

其二，由于战略对接时间跨度长，完全有可能发生政治人事变动、政局调整以及国际环境发生重大变化等情况，导致战略对接任务出现反复，因而更需要保持耐心，才能始终如一地推进项目建设。再比如在"孟中印缅经济走廊"项目上，辛格政府时期印度曾持积极支持态度，但是在莫迪政府上台后，相关对话合作却停滞了下来，但这不排除以后随着形势的变化，两国在此方案上的合作又得到重视的可能。

其三，渐进主义也是应对各种阻力和既得利益集团干扰施压的有效路径。这些阻力来自内外两个方面，既有国内在野党或反对派的阻力，也有来自国际上的势力的挑拨阻挠和分化瓦解行动；既得利益集团则特别包括那些因为开放合作，而其利益将会受到冲击或付出代价的群体。渐进主义则提供了一个逐渐消减反对力量，或平稳收买支持者的机会。[①]

其四，从功能主义的视角看，渐进主义意味着可以让功能部门合作所产生的外溢效应更加充分地发挥作用，形成更加广泛的支持战略对接的政治力量。在功能主义者看来，欧共体的建立就是欧洲煤钢共同体外溢 (spill-over)的结果。[②] 这里的"外溢"就是指某一领域的行为对相邻领域或部门所产生的波及扩散效应。[③]功能主义者认为渐进的经济决策要优于艰难的政治选择，而从共同的发展经济福利的合作出发，就会导致合作各方在越来越棘手的政策制定领域继续合作，最终将导致一个新的超国家权威的产生，而无论个体行为者是否愿意，渐进主义显然是推动一体化合作的可行之道。[④]

其五，渐进主义也是一种稳妥的态度与解决问题的方法。比如某些暂时拿不准的方案与战略合作，可以采取先行试验的做法，通过实践发现存在的风险与问题，然后进行纠正调整，再逐步全面铺开。因此，渐进主义为重大项目或敏感领域的国际对接提供了一种审慎推进的路径。虽然耗时相对较长，但是风险更小，更易为对接各方所承受。

---

① 杨小凯、李利明：《震荡疗法和渐进主义》，《经济学动态》，2001 年第 7 期，第 49—56 页。

② Ernst B.Haas, *The Uniting of Europe: Political, Social, and Economic Forces 1950-1957*, Stanford: Stanford University Press, 1958, p.311.

③ Charles Pentland, *International Theory and European Integration*, London: Faber and Faber Limited, 1973, p.10.

④ 张云燕：《从功能主义到建构主义——国际区域经济合作研究的三种范式》，《世界经济与政治》，2005 年第 4 期，第 36—41 页。

（三）建构主义新思维

建构主义近年来之所以得以流行，是因为它给国际关系理论与实践贡献了新思维新理念，而且在实践中也不乏成功的案例。比如阿查亚在《建构安全共同体》一书中，运用建构主义理论与方法，分析了规范与身份认同对于东盟发展成为安全共同体的重要意义，[①]这对中印关系的发展和理念战略对接也有相当的借鉴价值。

建构主义与现实主义和自由主义的最大不同，在于强调认知或意识、观念以及行为主体间互动对于双边身份构建和利益认知的意义。正如建构主义学者鲁基(Ruggie)指出的，"从根本上说，建构主义重视有关人类意识的问题"。[②]这一点在以往的主流学派中常常被忽略，比如现实主义和自由主义就更多是从物质性的角度来关注国家关系，然而，新的观念、国际规范的提出、传播与扩散，可能改变人们的价值排序，在此基础上也可以形成新的身份归属。尽管物质力量仍然重要，但观念、文化和认同等主体间因素在对外政策的互动中也起着重要作用。

建构主义有两大思想对于推进中印战略对接特别具有参考意义：一是强调身份认同的重要意义。社会建构主义学者将国家身份划分为四种：团体身份（指国家的实际存在）、类属身份（对应"政权类型"或"国家形式"）、角色身份（存在于和他者的关系之中）和集体身份（一种"群我"的意识），[③]这四种身份分别对应着国家在国际经济合作中的不同利益表现：满足增加福利和经济安全的需求、维持自身经济体制的有效运转、明确自身在国际体系中的权利义务以及在角色定位下与特定国家的合作政策选择，因此，身份的自我认知和角色的转换等，对于国际经济合作或战略对接是相当重要的，它

① Amitav Acharya, *Constructing a Security Community in Southeast Asia: ASEAN and the Problems of Regional Order*, London and New York:Routledge, 2000 ; Acharya, "Collective Identity and Conflict Management in Southeast Asia", in Security Communities, John A.Vasquez(ed.),*Classics of International Relations*(3rd ed.),Upper Saddle River, NJ: Prentice-Hall,1996, pp.198-227.

② John Gerard Ruggie, *Constructing the World Polity: Essays on International Institutionalization*, New York: Routledge, 1998, p.33.

③ ［美］亚历山大·温特：《国际政治的社会理论》，秦亚青译，上海世纪出版集团，2000年，第282—290页。

影响到国家对外合作的行为选择和相关认同机制的构建。[①]

二是对于行为主体互动进程的重视。建构主义不是像现实主义那样偏重从静态的国际权力配置角度研究国家间关系，它更加重视跨国交往的行动过程及由此带来观念认知的变化。社会建构主义者采纳了社会互动论中"行动确定身份"的假定，认为行为体如果根据新的身份采取行动，通过反射评价机制，他者也会依据新的身份行动，这样经过复杂的社会学习过程，双方互动的结果不仅仅是制约给定身份行为体的规范，而且也将建构新的身份。[②]换言之，互动过程将可能带来身份界定以及利益认知的转变，从而又引发新的互动效果。这里面的关键机制是"学习"效应的发挥，即实践学习会重塑人们的观念与认识。还有一些学者在安全共同体理论中，也特别强调了过程变量的重要作用，与权力等结构性变量不同，过程变量主要包括交易、组织和社会学习等变量。各种经济、材料、政治和技术等各种类型交易的增长，不断改变着社会现实，而国际组织和制度则通过提高互信和集体认同创建可能的国家行为，贯穿这整个过程的社会学习，则不仅可以通过彼此交流自我理解、现实观点和对规范的预期等，改变个人和集体的理解与价值观，而且可以通过促进意图、共同的规范和理解在国家之间的扩散来推动"安全共同体"的形成，[③]因此，互动进程对于促进国家间合作是一个至关重要的中间变量。对于中印战略对接而言，其启发意义在于，一是要着力推进身份认同；二是要加强中印交往互动，通过大规模的社会化学习过程来促进相互认同。

（四）利益共同体的培育壮大

培育壮大利益共同体思想的提出，是基于国家间对接总要增进双方共同利益这样一个基本前提。这个利益还必定会落在对接国家的具体成员或群体上。这些成员或群体就是战略对接的支持群体，也是从中受益的部门、集团或成员，他们共同组成战略对接的双边利益共同体。

---

① 张云燕：《从功能主义到建构主义——国际区域经济合作研究的三种范式》，第36—41页。

② ［美］亚历山大·温特：《国际政治的社会理论》，第434页。

③ Emanuel Adler & Michael Barnett, "Security Communities in Theoretical Perspective", in Security Communities, p.9, John A.Vasquez (ed.), *Classics of International Relations* (3rd ed.), Upper Saddle River, NJ: Prentice-Hall,1996, pp.288-289; 郑先武：《"安全共同体"理论探微》，《现代国际关系》，2004年第2期，第55—61页。

利益共同体的出现，首先与两国不断扩大的交往合作有关。两国相互依存关系的建立深化，是利益共同体的产生基础。这里的相互依存是指国家间在政治、经济、军事和文化等领域建立起深刻的相互联系、相互渗透、相互作用和相互转化等影响关系的状况，使得各国产生了越来越多的利益汇聚与利益交集。[①] 但相互依存并不仅仅意味着国家间增长的对外经济安全关系等的敏感性，还意味着相互制衡关系以及破坏相互依存可能会付出的代价。[②] 由此，各国便联结成为一个有机整体，每个国家既有相对的独立性，而又相互补充、优势互补、共存共荣，谁也离不开谁，发展相互依存关系便成为促进各国合作与利益共同体形成的必由路径。

同时，利益共同体的出现还与国内政治状况有关。主流国际关系理论通常将国家假定为一个单一的理性整体，而无视国家内部政治结构的不同特点及其作用影响。而一些国际政治经济学（IPE）的学者却试图弥补这一缺陷，致力于从国际层次与国内层次相结合的角度探究国家的对外行为与政策选择。这对于理解国际合作也特别重要。正如有学者指出的，关注以下几点对于理解国际关系具有积极意义：一是国家在世界经济中的位置为何；二是国家内部因政策改变而带来的受益者和损失者是谁；三是政府还是社会决定着国家政策制定；四是国家政策变革的政治支持者以及反对者又是谁。[③] 这些问题表明，国家内部不是铁板一块，而是有着多元化、政策偏好不完全一致的利益主体或利益集团。因此，国家合作或国际战略对接作为国家对外政策的一部分，需要国内政治基础的支持，国家对外政策的最终形成，取决于对不同群体的政策偏好进行整合，转变为国家政策。比如在贸易政策的选择上，自由贸易政策和保护贸易政策会对国内不同经济部门产生不同的分配性后果，因此国内不同集团对保护政策的支持程度也不相同，[④] 比如出口导向的产业或地区希望实行开放政策，而国内市场导向的产业或地区则希望实行

---

① 张季良：《国际关系学概论》，北京：世界知识出版社，1989 年，第 116 页。

② Waltz Kenneth N., "The Myth of International Interdependence",in Charles. P.Kindelberger(ed,), *The International Cooperation* ,Cambridge: MIT Press, 1970, pp.205-223; 钟振明：《相互依存与国际合作——反思经济自由主义对冷战后和平前景的预测》，《世界经济与政治论坛》，1999 年第 3 期，第 35—37 页。

③ Peter Gourevitch, "The Second Image Reversed: The International Sources of Domestic Politics", *International Organization*,Vol.32, No.4, 1978, pp.906-907.

④ 曲博：《偏好、制度与国际政治经济学研究》，《外交评论》，2006 年第 5 期，第 103—109 页。

保护主义政策；在汇率政策上也是如此，本币贬值有助于出口部门的增长，却会导致进口部门成本上升。当然，偏好差异只是影响对外政策的要素之一，另外还取决于其政治力量和影响大小的情况。国内成员的偏好和利益多元化特点，就意味着不应将国际合作或战略对接的利益共同体简单归结为对接方这一单一主体，而应是一部分从战略对接中充分受益的群体、部门或利益集团。当然，这一集团也包括对接方的政府在内，因为政府从全局和长远利益出发，认为战略对接将会有益于全社会的共同利益，但即便如此，也不能排斥或忽略在其国内有着反对者的存在。事实上，在印度联邦体制下，中央政府与地方邦的利益在某些领域也是存在冲突的，比如印度推广全国增值税的举动，就曾受到来自地方邦的阻力，在几经波折和相互妥协的情况下，才最终实现，[①]这表明利益共同体概念不应笼而统之地归于一国这个单一整体上。特别是某些领域的发展战略对接，应当考虑到对利益相关者因素的影响，注重给予利益受损者以力所能及的补偿，从而有利于战略对接项目的进行。

（五）加强政治互信建设

2018 年 4 月，习近平主席在武汉同印度总理莫迪举行首次非正式会晤时曾指出，"中印关系要稳定、要发展，基础是互信"。[②]事实上，如果不能克服相互间不信任的障碍，那么，中印关系就随时可能处于不稳定和脆弱状态，已经达成的各种合作协定和交往规则等，都可能流于一纸空文；[③]中印间若有了互信，"具体问题就有望在互谅互让基础上予以解决，缺乏互信，个别问题就会不断发酵溢出，侵蚀双边关系大局"。[④]从两国关系发展的过往经验看，自 20 世纪 80 年代以来中印关系的逐步改善，主要就来自两国国家领导层的推动和政治互信的达成，[⑤]夯实政治互信基础、不断加强政治互

---

① 叶静：《全球化与国内政治：政策趋同还是趋异？——基于四国税收政策的比较研究》，《南亚研究》，2013 年第 1 期，第 79—93 页。

② 赵成：《习近平：中印关系基础是互信》，《人民日报》（海外版），2018 年 4 月 30 日。

③ 孙士海：《对中印建立互信关系的几点思考》，《南亚研究》，2003 年第 2 期，第 3—7 页。

④ 《王毅会见印度外长斯瓦拉吉》，外交部网站，2017 年 12 月 12 日，http://switzerlandemb.fmprc.gov.cn/web/wjbzhd/t1518621.shtml。

⑤ ［比］乔纳森·霍尔斯拉格：《中印关系的进展、认知与和平前景》，任娜译，《当代亚太》，2008 年第 4 期，第 41—58 页。

信建设，应当成为两国排除内外干扰、稳定双边关系走向的关键所在。

社会心理学家认为，社会交往中的信任通常是指对他者行为的可预测性、对他者承诺的可信性，以及对他者良好意图的预期，[①] 主要由信心 (belief) 与承诺 (commitment) 这两大要素组成。[②] 从实践中看，国家间战略互信的生成，通常需要两国在核心利益上存在较大交集并达成明确共识，需要政治领袖强力推动以及两国采取明确、可感知和被认可的友好行为；而要维护好国家间战略互信，还需两国政治领袖付出共同、持续的努力，构建并完善相互合作机制，拓展合作的广度和深度，不断强化两国互信的社会民意基础。[③]

近年来，伴随国际形势的变化和中印接触互动的深入，中印间的竞争与碰撞有所凸显，尤其是近期"加勒万边境对峙"事件不断发酵、僵持不下，既对双边关系造成实质性损害，也是双边战略互信缺失的客观反映。两国亟须采取有力措施以重建和加强政治互信。

在中印同步崛起的背景下，能否正确看待对方的发展前景及其影响，是中印构建政治互信面临的头等问题。从中方看，中国已经通过发起"一带一路"倡议和牵头组建亚投行（AIIB）等方式，表明了中国乐见与包括印度在内的各国走"共建共商共享"的共同发展道路的开放心态；而且由于在综合实力上中国遥遥领先，在中国国内也基本没有"印度威胁论"一说；中国主要的担忧，应该在于考虑印度与美国近年在安全防务合作上的深入推进是否以牵制和威胁中国为主要动力；但即便如此，考虑到印度的"不结盟"传统，中国也并不会因此而过度反应，担心印度会放弃战略自主，在大国博弈中彻底选边站队；而在印度"中国威胁论"却大有市场，[④] 疑华、妒华和惧华心态明显，担心中国的崛起会阻碍印度"大国梦"的实现，[⑤] 对中印未来保持

---

① Deborah Welch Larson, "Trust and Missed Opportunities in International Relations", *Political Psychology*, Vol.18, No.3, 1997, pp.714-715.

② ［波兰］彼得·什托姆普卡：《信任——一种社会学理论》，程胜利译，中华书局，2005年，第33页；尹继武：《国际关系中的信任概念与联盟信任类型》，《国际论坛》，2008年第2期，第55—60页。

③ 王存刚：《新全球化时代大国战略互信的生成与维护——基于中俄关系的研究》，《国际观察》，2017年第5期，第1页。

④ 钮维敢、钮则圳：《印度与美国的当代"中国威胁"论比较》，《北华大学学报》（社会科学版），2013年第2期，第87—92页。

⑤ 朱陆民、周慧萍：《中印战略互信缺失：表现、原因及对策》，《衡阳师范学院学报》，2015年第1期，第49—52页。

和睦相处、互利共赢关系表现得不自信。对此,两国应当加强对话沟通交流,深刻认识双边斗与和的利弊,从而达成互为机遇的共识,重塑自信,坚定对两国关系美好未来的信心。

增进双边互信的另一个重要途径是从消除对边界问题的争端入手。边界问题通常是中印关系恶化的直接起因,也是长期困扰两国关系顺利、健康发展的重要问题。有学者在 2013 年的一次访谈中指出,"只要中印边界问题没有解决,至少目前执掌印度的这代人对华疑虑将难以消除",且印度人至今仍对 1962 年短暂的边界战争耿耿于怀,"2012 年,印度媒体上有关对 1962 年战争的反思活动几乎持续了一年"。[1] 而导致边界争议变成现实问题的原因之一,就在于对边界争议存在不少分歧,尤其是印度民众与一些媒体对边界争端的由来和 1962 年中印边界冲突的起因并不真正了解,从而容易被追求眼球效应的功利化媒体和民族主义情绪所煽动,令历史性的边界争端和边界冲突变成两国关系的现实负担。对此,澄清战争留下的阴影刻不容缓,一个可供参考的做法是由中印学者共同从事对 1962 年战争历史的研究,双方共同研究相关档案和资料,这将有助于消除分歧和促进中印边界问题的早日解决。[2]

扩大和加深各领域信任机制与信任措施建设。这些机制与措施涉及政治、经济、军事与人文交流等两国关系的各个方面,以及从中央政府到地方政府再到社会组织等不同层级的相互间对话交流等,例如中印高层领导人保持经常性会晤[3]、促进印度各邦与中国的省份加强联系、促进中印企业间交流、放宽签证政策以建立人与人之间的联系,[4] 以及在边境地区人员之间增加紧急互动点和开展两国联合军训等。[5]

---

① 《关注李克强出访:"中国以全新方式处理中印关系"》,中国日报网,2013 年 5 月 20 日,http://www.chinadaily.com.cn/hqgj/2013lkqcfoysg/2013-05/20/content_16511549_3.htm。

② 李涛:《加强智库合作 提升中印关系——中印互信国际研讨会会议综述》,《南亚研究季刊》,2015 年第 2 期,第 107—108 页。

③ 孙士海:《以互信为基础,不断发展中印战略伙伴关系》,《当代世界》,2006 年第 11 期,第 11 页。

④ 邹松、青木、刘洋等:《中印承诺早日解决边界问题 共同强调建立互信》,《环球时报》,2015 年 5 月 16 日。

⑤ 王俊扬、刘德:《中印防务对话着力"构建互信"聚焦保持边境和平》,《环球时报》,2015 年 4 月 11 日。

切实履行中印间达成的承诺以及由这些承诺派生的共同行为规范。信任危机大多是由于单方面违背承诺而造成的。[1]因此，对于中印间已经达成的正式协定，两国应当严格遵循执行，不宜随意变卦。尤其是在敏感性的边界事务以及涉及重大利益的经济议题上，两国更应恪守约定精神，冷静行事，避免降低两国对承诺效力和前景所持有的预期评估。

在中印信任建设中还需强调的一点是，要以"非平常心"的心态重视与印度的交流与交往。正如此前所指，中印对接能力具有不对称性，印度在总体实力上处于弱势，同时印度又是一个极具"大国抱负""自尊心"强且对中国非常敏感的国家，因而中方不应完全持"平常心"或常规性做法来对待与印方的交往合作，而应充分照顾印方的"面子"与可能感受，尽可能地给予尊重与特别安排。比如要认真重视与印方打交道中的程序性或外交礼仪性问题，在形式安排上尽可能让印方产生符合自我定位的受尊重感；另外，对于涉及中印间的合作议题、项目与规划设想等，也可站在印方角度，设身处地地推测印度可能产生的反应，基于对印方关切的照顾，在不损害中方重要利益的前提下而对项目与规划本身或沟通方式作出相应调整，及时地与印方进行协调，征集印方意见建议，进行耐心说明或解释，从而以真诚的合作态度和实实在在的合作利益取得印方信赖支持。

二、积极推动中印理念目标趋同

战略对接推进的关键是双方要在对接目标上逐渐趋同，双方合力朝着共同的目标努力。无论是实现最低限度地成为普通国家关系目标，或是建立起真正的伙伴关系目标，以及长远来看建成地区命运共同体关系目标，这都要求中印两国能够共同确认这些目标，并在这一目标导向下调整、规范、约束自身行为。因此，目标趋同是中印理念战略对接的关键所在。实现目标趋同，要求两国进一步理清两国利益关系，解决好共同利益的再确认及其与其他自我利益的冲突协调问题。两国实现目标趋同后，也有助于解决双边对接意愿稳定性问题。为此，提出以下三方面的建议方案以供中印理念目标的趋同。

---

① 吴寄南:《试论中日重构战略互信的路径选择》,《日本学刊》,2013年第4期,第3—17页。

（一）加强身份、角色与对接目标的再定位

不同的身份赋予国家不同的角色内容与不同的目标定位，因此身份定位对于国家对外行为与战略选择至关重要，找准身份定位对于中印理念战略对接也同是如此。比如霸权国家的身份定位，要求从全球层面定义自己的职责使命以及利益归属；它不仅关心本土的安全发展与经济福利问题，还关心海外利益的安全以及对全球的政治、经济和军事控制力是否面临威胁；而地区霸权国家的身份定位，则旨在从地区控制力层面评估自身的利益与威胁，凡是对其地区影响力带来冲击的，都被视为与其利益相悖；而领导国家的身份定位，则不以形成对全球或地区的控制力为主要目标，其追求的是引领和带动作用，比如东盟作为一个整体，在推动亚太地区经济合作中扮演着领导型行为体角色，但却不是霸权行为体角色；发展中国家的身份定位，则意味着其主要目标是实现自身发展，提高国内经济和生活水平，而非对外谋求霸权或战略影响力；发达国家的身份定位则与此相反，解决经济发展已不是主要关切，而是如何实现可持续的发达以及国际政治地位或影响力的提高。国家对于这些身份的认知和界定，既有客观性的一面，比如本国物质条件和战略实力限制了身份选择的范围，但也有主观性的一面，即在物质条件和战略实力允许的范围内，国家可以自由地在多种身份间进行切换或作出特定时期的特定抉择。当然，国家也可以在多种身份间游走，比如一个国家既可以是霸权国家也可以是领导型国家；或者一个国家既可以是发展中国家也可以是地区霸权国家；除了基于自身实力或发展阶段而进行身份划分外，还可以根据国家加入的主要国际组织而进行身份分类。比如 G7 成员国代表着主要发达国家的身份，而 G20 成员国则代表着全球经济治理重要国家的身份；BRICS 成员国则代表着新兴发展中大国的身份；安理会常任理事国则代表着国际政治大国的身份；这些身份的确认，同样会使国家为履行组织成员的法定义务而对国家的相关对外行为带来一定的约束限制。对中印两国发展理念战略对接关系而言，加强对双边身份的认知与再确认，[①] 对于双方理解对方的目标利益所在和对外行为逻辑，避免产生不必要的误解或摩擦冲突非常关键。

长期以来，中印两国在身份归属问题上都认为，双方有着相似的身份共同

---

① Jagannath P. Panda, "Competing Realities in China–India Multilateral Discourse: Asia's enduring power rivalry", *Journal of Contemporary China*, Vol.22, No.82, 2013, pp.669-690.

性，这表现在都认同两国同属于发展中国家和新兴发展大国，在全球政治经济体系和全球治理体系中，两国都属于"规则接受者"或现行国际制度的"挑战国"（与发达国家的"守成国"角色相对应），[①] 从地域和历史上看，两国都属于摆脱殖民主义统治的亚洲新兴国家。正是这些共同身份，界定了两国的诸多共同利益，让两国找到了共鸣和合作的契机，为两国关系的发展注入了信心与动力。不仅如此，近年来，中印两国共同加入的一些国际组织，也赋予了两国共同的新身份，比如金砖国家组织（BRICS）、上合组织（SCO）以及G20等，使中印作为新兴大国和亚洲邻国的身份得以凸显。因此，接下来的问题是，这些身份及身份认知是否依旧还对两国关系起着中流砥柱式的作用？是否有新的身份认同可以替代两国原有的相互身份认知？比如一些学者曾经提到的，在印度的战略文化和对外行为中，已经表现出显著的南亚地区霸权国色彩，[②] 那么这一地区霸权的角色认同会对中印关系带来新的冲击和影响吗？不仅如此，印度近年来在"摇摆"中与美国的防务安全合作日渐深化，这意味着印度会选择采纳美国的印太"准盟友"新身份新角色吗？[③] 这对中印关系以及中印合作对接又会带来何种影响？在印度对中国的认知上同样存在着如此的疑惑，印度是将中国作为"机遇"伙伴国家来定位呢？或者是将中国作为具有"战略威胁"的对手国家来定位呢？对中国而言，也须思考的是，还能以此前的共同身份来处理中印关系或推动中印理念战略对接吗？伴随中国自身实力的不断增长，中国如何处理经济总量上的大国与人均占有上的小国之间的矛盾关系以及在对外关系上引发的别国疑虑问题？中国会由发展中大国的身份更多地朝着地区引领型国家身份转变吗？对于不断崛起的印度和变化中的印度对外政策调整，中国是应当坚持将印度作为"伙伴"国家来推动双边合作吗？或者是应将其作为"威胁"或"制衡"国家而考虑进行反制衡或积极对冲呢？

对于以上问题的回答，将从根本上决定两国关系的发展走向。因此，两国应当进行深思熟虑，给出清晰的解答和再确认，在此基础上确定两国彼此关系的发展目标和发展方向。如果确认两国原有的身份认同基本不动摇，那

---

① Kate Sullivan de Estrada & Rosemary Foot, "China's and India's search for international status through the UN system: competition and complementarity", *Contemporary Politics*, Vol.25, No.5, 2019, pp.567-585.

② 宋德星：《从战略文化视角看印度的大国地位追求》，第27—33页。

③ Thorsten Wojczewski, "Identity and world order in India's post-Cold War foreign policy discourse", *Third World Quarterly*, Vol.40, No.1, 2019, pp.180-198.

么，两国理念的战略对接便可以锁定较高层次的发展目标，将战略合作伙伴关系做实做深，朝着构建地区命运共同体的方向努力；如果确认两国原有的身份认同应当作出调整，那么，两国理念战略对接的目标则不宜定得太高，保住和平相处的底线，维持普通合作伙伴国即可。这一目标的确定也涉及战略期望的高低与战略投入的规划配置问题，所以不宜模糊不定。从中国的角度看，推动人类命运共同体建设已是中国外交的基本理念，也符合中国自身的长远利益。印度作为中国的邻国，是中国推动命运共同体建设中理所当然的重要合作伙伴，因而中国始终期望将印度发展成为合作伙伴这一点是毋庸置疑的，中国对印度的身份再确认，其重点应当只是放在如何避免印度对中国的误解和与中国重要利益攸关的身份摇摆问题上。中国应当坚定重申，中国作为发展中大国和新兴发展中大国的身份定位与认知不会变，中国作为地区发展的引领型国家的身份定位不会变；从印度的角度看，则需要印度通过外交话语或实际行动，阐述或显示印度的身份再认同、其对华身份的再认知再确认，以及其对在对华政策理念或对中国人类命运共同体建设理念的看法。[①] 当然，这绝不是对印度提出的义务性要求，而是出于为推进两国理念战略对接营造良好政治氛围而提出的善意建议。

（二）以国家整体利益观推动双边目标理念趋同

面对中印两国在对外政策理念上存在的落差，以及中印两国近年来在一些新老问题上的矛盾分歧有所发展，并使两国关系呈现出新的紧张与缓和修复交织的波动态势，有必要在身份定位再确认的基础上，引入国家整体利益观视角，以此锚定与重振两国关系的战略基础，从根本上统揽双边关系发展大局，推动两国合作目标与发展理念的趋同。

所谓国家整体利益观，就是指强调国家在对外关系处理上应基于国家的整体利益进行评估决策。这个整体利益是指国家作为具有主权、基本理性和可以独自延续的行为体，它存在着超越于一国国内社会中的不同阶层或利益

---

① Sullivan, Kate, "India's Ambivalent Projection of Self as a Global Power: Between Compliance and Resistance", In Kate Sullivan (ed.), *Competing Visions of India in World Politics: India's Rise beyond the West*, Basingstoke: Palgrave, 2015, pp.15-33.

集团的利益之上的更高利益，[1] 也是为全体公民所认可的长期的集体利益和一定时期内最重要的共同利益。它与各具体的共同利益既存在着融合性，但也存在相斥性，即由于资源的有限性、过分追求某种具体利益，很有可能损害到其他方面的具体利益，并最终损害国家在国际体系中的整体利益。因此，在具体的利益与国家整体利益有所冲突而必须有所取舍时，必须将国家整体利益放在优先位置。[2] 有学者进一步指出，国家利益要作为指导国家对外政策的决定性依据，必须具备整体性和稳定性，这一依据应当就是在一定历史时期内的整体国家利益。[3] 而要确定整体国家利益，还需要结合国家自身需求及其在国际体系中的相对地位来进行判定，因为国际系统结构限制了国家行为选择范围。[4]

国家整体利益观的思想为指导中印两国界定双边关系提供了新的坐标与思维导图。这意味着两国需要超越具体的利益融合或利益分歧，从根本上审视两国在最为根本性的国家利益上的关系属性。而参照两国当下的实际看，两国在整体利益上显然是共同利益大于共同分歧，合作利益胜于竞争对抗可能带来的利益。

首先，从国际体系层面看，两国大致都处于同一位置上，同属于"一超多强"格局下的地区性大国和新兴发展中大国，这一事实在未来相当时期内不会改变，两国互不构成彼此在国际体系地位中的威胁与挑战，并且同是国际霸权国家的防范对象。[5]

其次，从地区层面看，两国处于不同的地缘政治版图中。印度在南亚一

---

① J.Martin Rochester, "The 'National Interest' and Contemporary World Politics", *The Review of Politics*, Vol.40, No.1, 1978, pp.77-96.

② Mark R.Amstutz, *International Conflict and Cooperation*, New York: Mc-Graw Hill, 1999, pp.179；W.David Clinton, "The National Interest: Normative Foundations", *The Review of Politics*, Vol.48, No.4, Autumn 1986, pp.500. 转引自宋伟：《国家利益的界定与外交政策理论的建构》，《太平洋学报》，2015 年第 8 期，第 22—32 页。

③ 秦亚青：《霸权体系与国际冲突——美国在国际武装冲突中的支持行为(1945—1988)》，上海人民出版社，1999 年，第 83 页。

④ 秦亚青：《霸权体系与国际冲突——美国在国际武装冲突中的支持行为(1945—1988)》，第 131 页。

⑤ 有研究指出，即便在中印寻求国际地位的竞争中，这种竞争也是可控的或可以减缓的。参见 Kate Sullivan de Estrada & Rosemary Foot, "China's and India's search for international status through the UN system: competition and complementarity", *Contemporary Politics*, Vol.25, No.5, 2019, pp.567-585.

家独大，中国则是东亚地区最为重要的大国之一。中国现阶段虽然在总体实力上强于印度，但是中国在东亚却面临着不小的权势均衡压力，这种压力既来自东亚地区其他大国，更来自通过联盟机制将其权势伸入东亚的其他域外大国，这就在客观上已经大大抵消了中国实力优势带给印度的地缘政治压力。同时，中国坚持新国际主义和开放合作主义主张，坚决反对走霸权主义道路，这意味着中国绝不可能在世界任何地方推行霸权主义和强权政治做法，因为这将使中国在国际上大为失信，严重损害中国的国际声誉和战略软实力，为此，印度无须担心中国与南亚地区的合作冲击到既有的地区政治秩序。[①] 当然，中国也反对任何国家在东亚推广霸权主义和强权政治，因为这将对中国的核心安全利益和独立自主性构成现实威胁。因此，从地区层面看，两国各自安居一隅，不存在具备根本性利益冲突的主客观条件。

再次，从两国自身需求看，无论是中国还是印度，由于巨大的人口规模和历史积累下来的发展欠账，同作为发展中国家这一点国情在相当长的时期不会改变。[②] 这就意味着两国的总体战略目标是要继续保持快速增长势头，提高自身综合实力和人民生活水平，缩小与发达国家的整体差距。这是符合两国国内各阶层、各产业或不同集团的共同利益的，也是两国当前及未来一段时期内最重要的利益。从这一点出发而论，两国和平合作显然高于两国竞争冲突。不仅如此，作为新兴大国，两国都具备在未来发展成为世界性大国的潜力和条件，因此从战略角度看，作为未来最为重要的世界性大国之一，两国也需要妥善处理好双边关系，为这两个大国的长期友好相处奠定好基础。因此，从两国自身需求而论，合作也是符合两国整体利益的唯一正确选择。

---

① 有学者指出，中国提出的"海丝路"倡议，其实对印度也不无裨益。详见 Amitendu Palit, "India's Economic and Strategic Perceptions of China's Maritime Silk Road Initiative", *Geopolitics*, Vol.22, No.2, 2017, pp.292-309. 此外，中印两国在"海丝路"上也可以积极寻求交集，详见 Gurpreet S. Khurana, "China, India and 'Maritime Silk Road': Seeking a Confluence", *Maritime Affairs: Journal of the National Maritime Foundation of India*, Vol.11, No.1, 2015, pp.19-29.

② 莫迪 2014 年 9 月在新德里红堡首次发表独立日演讲时表示，他的首要任务是经济建设，通过引进更多外资把印度打造成一个制造业枢纽。经济增长可以提高印度的实力，让印度成为一个主要的区域大国。经济增长可以提高印度作为亚洲强国的地位，使它能够平衡中国的势力，并在国际秩序中扮演建设性角色。详见《外媒：印度平衡与中日关系 摇摆国将影响全球力量对比》，中国日报网，2014 年 10 月 9 日，http://world.chinadaily.com.cn/2014-10/09/content_18710757.htm。

综合以上三个层面分析可以看出，中印两国互不构成彼此国家整体利益的根本威胁，两国在整体利益上是趋于一致的，两国的利益融合性远大于利益冲突性，推动中印友好关系向前发展和实现发展理念战略的充分对接，是两国的正确选择。明确了这一点，将有利于两国在复杂纷繁的国际形势变幻和两国关系发展变化中把握好大势，以清醒的头脑看待和处理双边关系中遇到的新情况、新问题，不为双边关系中遇到的暂时性困难所动摇，也不轻易为外部势力给予的利益拉拢所迷惑，在两国合作意愿上保持足够的稳定性。两国在整体利益观上达成的融合性认知共识，也将成为推动两国理念目标趋同的依据所在。

（三）加强利益协调机制建设以实现两国理念目标趋同

在明确两国整体利益趋于一致的前提下，也需要重视两国在具体利益上的矛盾分歧，防止具体利益上的冲突加剧而对两国整体利益造成重大损害，比如两国在边界事务上的争端分歧，如果处理不当而失控引发两国爆发战争冲突，可能就会对两国关系和两国整体利益造成根本性损害，因而必须在维护和促进两国整体利益的原则下，加强利益协调机制建设，应对好两国合作对接进程中可能出现的各种矛盾分歧。①

两国既有的高层对话和战略对话机制，可以作为两国利益协调机制的基础，继续发挥作用。但是也有学者分析指出，从两国战略对话的实际表现看，虽然对话机制为两国加强战略沟通、寻求合作机遇和增进双边互信提供了新的平台，但是也存在着机制性特征不够显著、触及议题的深度不够以及偏重务虚性等不足，②因此两国应当探索如何更好地发挥既有对话机制的功效，使其在促进两国理念战略对接和协调两国利益冲突上扮演更加有用的角色。具体的建议有如下几点：一是两国需要依托战略对话机制，对两国关系状况与合作目标等进行定期或不定期的检查审视，以确保两国对双边关系保持有效的整体掌控和在对接目标上保持协调一致；二是两国需要开诚布公地交流意见与分歧，通过平等

---

① Panda, J. P., "Competing realities in China–India multilateral discourse: Asia's enduring power rivalry", *Journal of Contemporary China*, Vol.22, No.82, 2013, pp.669-99; Jürgen Rüland & Arndt Michael., "Overlapping regionalism and cooperative hegemony: how China and India compete in South and Southeast Asia", *Cambridge Review of International Affairs*, Vol.32, No.2, 2019, pp.178-200.

② 张力：《中印战略对话：探索中印战略互动机制及其制约》，《南亚研究季刊》，2009年第3期，第1—7页。

协商达成处理方案或制度办法。正如有研究指出的，尽管双方在官方外交层面上仍倾向于多用积极性话语来描述和构建两国战略关系，但是考虑到双边关系的复杂性在近年来有所上升，也须避免用浮华虚假的辞藻来过度美化双边关系，而是可以客观的语汇真实呈现双边关系的实际状况，以此提醒双方正视现实并积极采取相应对策。[1] 事实上，国家利益界定得越明确，因误算和误判引起的利益冲突就越少；三是在合作利益分配的协调上，要尽可能照顾到双方各自的正当利益，避免盲目地追求自身利益的最大化而忽视他国的正当权益，[2] 因为尊重对方合法国家利益本身就是本国国家利益的一部分。同时充分保障协商的公平性，这里的公平性既包括程序上的公平，也包括结果上的公平。两国应遵循这一原则，协商达成处理分歧的规则与机制。总之，只有在利益明确且相互尊重的基础上，中印才易于达成利益共识和利益认同。[3]

另外，两国还须构建发展新机制或利用好新的对话交流机制，以此协调好双边关系，促进两国理念趋同的实现。比如着眼于两国提升合作层次和战略互信的需要，两国可以考虑加强安全防务机制建设，[4] 增进两国在战略安全领域的对话交流，[5] 进一步管控好两国边界争端；[6] 在经贸方面，两国应

---

① 刘思伟：《中印战略关系话语分析》，《南亚研究季刊》，2018年第2期，第12—19页。

② 刘彬、蔡拓：《"国家利益最大化"的反思与超越》，《国际观察》，2015年第5期，第1—15页。

③ 潘忠岐：《国家利益的主体性与中美安全关系》，《现代国际关系》，2003年第11期，第11—16页。

④ 据《今日印度》等多家印度媒体报道，刚上任的印度陆军司令纳拉万表示，中印设立军事热线的障碍已经排除，热线将很快投入使用。"程序方面的问题已经得到解决，经过多次谈判，印度陆军军事行动总局 (DGMO) 将与中国人民解放军西部战区建立一条军事热线"。评论称，这是印度和中国军队交流的"一项重大突破"。胡博峰：《印媒：印陆军司令称中印军事热线将使用，中印军队交流的"重大突破"》，《环球时报》，2020年1月13日。

⑤ Swaran Singh, " China's forays into the Indian Ocean: strategic implications for India", *Journal of the Indian Ocean Region*, Vol.7, No.2, 2011, pp.235-248; Gupta, A., "The China-India defense dialogue". *The Diplomat*, April 19, 2015.

⑥ 正如有评论所指出的，能把中印关系中最复杂最敏感的边界争端，摆到桌面上来谈，其本身就具有重大的现实及象征意义，事实上，在2018年11月于成都举行的中印边界问题特别代表第21次会晤上，两国代表已达成重要共识，据《印度时报》称，印中不但决定"争取早日达成公平合理和双方都能接受的边界问题解决方案"，而且强调在边界问题最终解决之前，共同维护两国边境地区的和平与安宁。详见《中印边界谈判达成重要共识！》，搜狐网，2018年11月26日，https://www.sohu.com/a/277791069_419342。

当就新成立的两国高级别经贸对话机制展开探索，[①] 让其成为推动中印发展战略对接的新平台；在人文交流领域，要充分发挥新设立不久的中印高级别人文交流机制的作用，将其对话交流成果落到实处，[②] 为促进两国民心相通发挥实效。此外，中印还要积极探讨发展在南亚、东南亚和印太地区的多边对话机制[③] 以及 RCEP、FTA、亚信峰会等方面的合作机制，为两国战略对接提供更加有力的制度促进框架保障。

三、提升对接伙伴关系管理

提升对接伙伴关系管理的实质是加强战略对接行动的过程管理，明确双方对接合作的重点项目与突破口，解决好双边对接过程中出现的各种矛盾分歧，确保双方对接目标任务得到有效的贯彻执行。这既是中印两国对接战略发挥作用的关键环节，也是容易被忽视的环节。在这一环节中，除了政府部门的干预调节活动以外，还包括大量自发性市场行为与民间参与，而后者通常不被纳入行政部门及战略部门的视线，然而，特定时期内市场活动的总和会产生宏观经济和政治效应，对两国对接合作又会带来新的影响，因而，同样需要密切关注市场运行情况，加强对各类市场行为的引导、监测和调节控制，确保各类交易合作行为在符合双边对接目标和两国共同利益的轨道上进行。

（一）以价值创造作为双边对接项目的核心评估标准

价值创造是指对接伙伴关系的建立，有助于给对接双方创造出新价值，带来新利益。这是评估两国对接项目可行性的核心标准。这些价值和利益可以表现在多个领域或部门。如从经济方面看，要看对接项目是否有助于刺激生产与消费、带动就业以及促进经济增长发展；从政治方面看，要看是否有助于提高两国的国际地位、影响力与话语权议价权等；从文化方面看，要看

---

① 《中印将建立高级别经贸对话机制》，《厦门日报》，2019 年 10 月 13 日。

② 苑基荣：《中印高级别人文交流机制首次会议达成一系列共识》，人民网，2018 年 12 月 22 日，http://world.people.com.cn/n1/2018/1222/c1002-30482144.html。

③ Carla P. Freeman, "China's 'regionalism foreign policy' and China-India relations in South Asia", *Contemporary Politics*, Vol.24, No.1, 2018, pp.81-97.

是否有助于丰富两国人民的精神生活，扩大文化视野；从技术方面看，是否有助于刺激创新，促进新兴产业的发展。只有具备给两国都创造价值的项目，才能纳入两国对接合作中的项目库。这意味着两国应当着眼于从创造新价值的角度出发，而非采用一些似是而非的标准来审视双边的合作。比如近年来有不少文章关注到中印贸易不平衡现象愈加明显，而且印度官方也公开表达了在对华贸易赤字上升问题上的担忧，但是贸易收支状况并非判断双边贸易合作是否值得继续推进的核心标准，更加重要的标准应当是看贸易合作是否给两国都创造了新的显见价值。事实上，印度从中国进口了大量资本性设备品，虽然在短期内令其贸易收支承压，但是从中长期看，这些设备的引入有助于印度尽快形成生产能力，提升印度自身的生产力水平和提高未来出口能力，因此不平衡的贸易合作对于印度经济发展仍然是有价值的，值得中印两国继续大力推进。反之，假如贸易逆差主要来自奢侈性消费品进口，那么其给印度带来的价值就非常有限，应当限制这类贸易合作。

价值创造的抵消因素是其可能带来的合作成本高低。如果合作成本过于高昂，那么，也不具备可行性。比如有的项目虽然极具合作价值，比如不少学者积极呼吁加强中印基础设施领域合作，但是考虑到基础设施产业自身的战略性特点，这类敏感领域的合作往往需要双方之间已具备足够的政治互信，而中印两国目前尚需在此方面努力，因而基础设施领域的合作在近期内并不适合列入中印战略对接的重点领域，特别是全国性的、网络性的以及与国防安全等密切相关的基础设施建设项目，不应在近期内纳入特别关注。然而，印度一些市政性的基础公用设施项目合作等，以及第三国的基础设施产业合作建设项目等，不会给印度带来太多的国防安全顾虑，倒可以纳入考虑。同样，在制造业对接领域，一些研究也呼吁中印加强产能合作对接，因为中印两国在产能对接上有着现实的需求与难得的机遇，但是在此过程中，中国也需关注产能输出印度将对中国产生的潜在成本或代价。这需要中国从长远利益的角度，加强对印投资和合作产业选择的宏观引导，避免给日后的中国经济带来严重的产业空心化或引致大规模失业等新问题。

（二）重视贸易合作的主体作用，加深两国利益融合关系

长期以来，贸易合作一直是中印关系的亮点所在，也是两国关系中最有活力和发展前景的领域之一。相比两国的经济总量和潜在增长水平，现有的

贸易合作成果还与两国的经济规模极不相称，中印两国的年贸易额仍不如中国与部分东盟国家的贸易额，因此，加深中印两国利益联系，做大两国共同利益和夯实战略对接基础的关键之一，就是要继续深挖两国贸易合作的潜力，让其在中印关系中继续扮演强大的"粘合剂"作用，通过贸易合作壮大两国利益共同体，提高两国相互依存度。

　　一些研究已经指出中印两国贸易合作具有坚实的基础。[①] 自 2001 年入世以来，中印双边贸易发展极为迅速，中印双边贸易额已经由 2002 年的 49.45 亿美元，增长至 2019 年的 926.8 亿美元，反映出两国在贸易合作具有广阔空间。[②] 根据有学者从显性比较优势指数、贸易强度指数以及贸易互补性指数等方面分析情况看，中国仍在轻纺产品、橡胶制品、矿业产品及其化学品以及机械及运输设备等劳动及资本密集型商品上，对印度具有出口竞争优势，而印度则在食品、轻纺产品、铜以及棉花、金属矿砂、矿物类燃料等农产品及矿物原料上具有对华出口竞争优势，两国贸易互补性仍较强，特别是在劳动力密集型产品以及自然资源密集型产品的贸易合作上，两国的贸易互补性尤其明显，说明两国发展贸易合作的基础仍然坚实，但也有值得重视的新问题，那就是自 2006 年以来，中国对印度的贸易强度指数一直高于印度对中国的贸易强度指数，中国对印度出口的增幅远高于同期中国自印度进口的增幅，[③] 这说明两国贸易不平衡的攀升，不是受特定偏向性贸易政策的影响，而应与两国经济结构的不同有关。中国对外开放度较高，外资进入多，由此促进了中国加工制造业的快速发展与国际竞争力的不断提高，这是造成中印两国经济结构和产业竞争优势差异的主要原因。考虑到印度目前人均收入水

---

　　① 祝树金、陈艳、谢锐：《"龙象之争"与"龙象共舞"——基于出口技术结构的中印贸易关系分析》，《统计研究》，2009 年第 4 期：第 26—32 页；成蓉、程惠芳：《中印贸易关系：竞争或互补——基于商品贸易与服务贸易的全视角分析》，《国际贸易问题》，2011 年第 6 期，第 85—94 页；汤碧、陈佳：《中印机电产品贸易的互补性和竞争性分析》，《亚太经济》，2012 年第 5 期，第 65—69 页；耿献辉、张晓恒、林连升：《中印农产品出口的影响因素与潜力比较——基于引力模型的实证分析》，《湖南农业大学学报》，2013 年第 2 期，第 1—7 页；廖明中：《我国对一带一路沿线国家商品出口潜力测算》，《开放导报》，2015 年第 3 期，第 64—67 页。

　　② 《中印建交 70 周年 数说两国合作亮点》，中国经济网，2020 年 4 月 2 日，http://intl.ce.cn/qqss/202004/02/t20200402_34603264.shtml。

　　③ 杜秀红：《"一带一路"背景下的中印货物贸易结构分析：2002 ~ 2014 年》，《审计与经济研究》，2015 年第 6 期，第 106—112 页。

平还较低，2017 年人均 GDP 还不到 2000 美元，仅为中国的 1/4 弱，[①] 可见印度增长潜力相当巨大。作为全球仅有的两个拥有 10 亿以上人口的新兴大国，中印有望在未来发展成为世界数一数二的贸易大国，两国的贸易合作前景值得期待。

但眼下的优先问题之一是要认真重视印度对华出口增长，保持印度对华出口的良好发展势头，避免形成过度畸形的双边贸易格局。同时也要考虑到中印同是 WTO 成员，国际公平贸易规则要求中印两国不得随意干预市场行为，必须在 WTO 的规则许可范围内，采取一定的措施予以扶持。因此，从根本上讲，这要靠印度企业提高出口产业的国际竞争力，能够与其他进入中国市场的产品相竞争，从而提高在中国市场的占有份额。这一方面需要印度企业狠下功夫研究中国市场，生产出适销对路的优质产品；另一方面也可以加强与中国产业界的合作，力争构建起产业链合作关系，借助产业链的集体力量扩大中国市场占有率。两国政府和行业中介部门，则可以发挥信息支持和平台搭建等作用，为两国产品打入对方市场提供公共性服务。

扩大两国贸易合作的另一个思路，与两国加强贸易机制性合作、提高一体化程度有关。印度近年来在推进贸易自由化、机制化合作上颇为积极，[②]旨在通过修订发展贸易规则，不断扫清贸易障碍，为印度成长为全球贸易大国助力，但是这些努力却往往受到来自国内的较大阻力，事实上，高质量的自由化贸易规则不但不会冲击到本土产业，反而可能倒逼本土产业竞争力创新进取，而贸易保护主义则给了其停滞不前的温床，因此，印度无论是要继续提高在全球贸易中的份额水平，或是要改变自身对外贸易收支状况，最主要的是靠继续推动国内的改革和自由开放。从中印对接的情况看，两国可以围绕构建双边 FTA 或就加入 RCEP 议题继续展开谈判磋商，为深化两国贸易合作寻找更加合适的规则框架。[③] 有学者通过实证分析发现，如果中印在 FTA 框架下相互全面开放市场，将会带来巨大的贸易创造效应，双方各自具

---

① https://dataworldbank.org.cn/indicator/NY.GDP.PCAP.CD?locations=IN；http://www.imf.org/external/datamapper/datasets/WEO/1.

② "Foreign Trade Policy Statement（2015-2020）"，Ministry of Commerce and Industry of India,Apr.1,2015,http://dgft.gov.in/exim/2000/FTPstatement2015.pdf.

③ 早有学者表示，RCEP 对于印度"东向政策"具有积极的推动意义。详见 Jagannath P. Panda，"Factoring the RCEP and the TPP: China, India and the Politics of Regional Integration"，*Strategic Analysis*, Vol.38, No.1, 2014, pp.49-67.

有比较优势的产业部门将获得大量经济福利，[①]因此，两国需要加强双边在贸易规则上的沟通合作。

中印两国还可以在扩大双边服务贸易合作下挖掘潜力。印度的信息技术服务业和医疗旅游服务业等世界闻名，[②]其电影艺术等文化产业也享有盛誉，伴随两国经济水平的不断提高，两国在服务领域的需求呈上升之势，[③]作为两个人口大国和文化大国，两国在软件外包、旅游、文化以及咨询等服务贸易上的合作空间也将越来越大。两国相关部门可以加强协调，为促进两国服务贸易合作创造良好的外部政策条件。

（三）推动产业和地区发展战略对接的激励保障机制

产业和地区发展战略对接，主要涉及双边投资合作问题。从产业发展战略对接上看，主要是指通过相互开展直接投资，带动两国产业生产能力的增长，并通过伴随资金一同引入的先进技术、管理经验和经营观念等，提高两国相关产业竞争力，使之能够满足国内国际市场的需求。国际投资理论认为，国际贸易与国际投资都是企业实现增长扩张的经营选项之一，当出口受到贸易壁垒上升、技术流失等影响而出现下滑或利润率下降时，对外投资便成为可能。相比贸易而言，对外投资对区位、市场、政策以及生产要素等各方面的要求更高，经营风险更大，因而企业在对外投资决策上更加慎重，它取决于企业对预期净收益的评估情况。因此，推动中印产业发展战略对接，实际

---

① Vani Archana, "The potential impact of China - India free trade agreement on Chinese and Indian industries", *China Economic Journal*, Vol.12, No.3, 2019, pp.297-315.

② 刘小雪：《印度经济数字地图》（2012—2013），第86—89页。

③ 经历了半个多世纪的沉寂后，近年来中印电影文化交流持续升温，形成新一轮热潮。越来越多印度影片在中国成功"淘金"。从2017年大火的体育题材电影《摔跤吧！爸爸》，到2018年初的青春励志片《神秘巨星》，再到最新的商业动作片，印度著名导演、演员阿米尔·汗在中国掀起的"米旋风"仍在持续。近年来，印度电影在中国娱乐圈频频制造热点，风头正劲。阿米尔·汗第一部被中国观众所熟知的影片是《三傻大闹宝莱坞》，后来发行的《我的个神啊》等也都收获不错的票房和口碑。"何赞说："尤其是2017年上映的《摔跤吧！爸爸》，在排片率较低的情况下一路逆袭，在中国内地的票房惊人地达到了13亿元人民币，一举创下印度电影在海外的票房纪录。在新一轮印度电影输华热潮中，阿米尔·汗的影响力遥遥领先，而他的成功也吸引了其他同行的关注，越来越多的印度电影人开始前来中国市场"淘金"。详见张兴军：《印度人在这个领域大赚中国的钱 我们服气》，新浪网，2019年1月24日，https://news.sina.com.cn/o/2019-01-24/doc-ihqfskcp0131331.shtml。

上是要积极创造条件，鼓励两国企业在某些目标产业开展相互投资，从而从供给侧带动产业增长，促进经济发展。因而，产业发展战略对接主要涉及两大主体：一是两国的政府部门；二是两国的投资机构或投资者。而后者通常根据市场信号独立作出自己的投资决策，[①] 这种微观经营行为不属于战略或政策研究范畴，而且各个投资主体的情况也千差万别，不可能分别讨论，通常关注的是宏观层面的政府行为，尤其是其在营商和投资环境的打造上所展开的行动。[②] 这些行动的目标是要充分调动市场主体的投资意愿，增强其投资信心，敢于在目标产业上承担投资风险。[③] 从其行动手段上看，主要是运用政府的相关政策工具，为产业投资提供宽松的环境与各种优惠便利条件。这些政策工具包括：产业准入政策的调整、税收政策的激励、金融信贷政策的支持、土地和各种基础设施的配备、与生产相关的用工环保法律制度以及人才要素的保障支持等，还包括各种行政管理上的支持等，以及对产业原材料、设备以及产品的进出口制度、外汇政策等。所有这些，都构成了产业发展战略对接所赖以依靠的激励性制度框架，两国需要做的是，着眼于需要重

---

① 有报道指出，与中国企业密切合作的印度人估计，中国向印度的实际投资金额可能至少是官方数据的 6 倍（据印度政府公布的官方数据，截至 2017 年 3 月，21 世纪内中国对印度的直接投资额仅为 16 亿美元），这两个数据之所以差异如此巨大，在于印度官方数据只追踪了来自中国大陆的企业的投资，而不包括来自香港、澳门的以及中国拥有的但基础放在美国、新加坡及世界其他地方的企业，而还有一些隐匿来源于中国的资本，就在于印度政府对中国的"警惕"，因为如果一家中国公司宣扬称"我们进入了印度市场"，那么就会遭到严格的审查，同样如果一家印度公司宣称'我们有中国投资人'，也可能丧失某些商誉，因此，隐匿中国身份实际是政策环境下的无奈变通。详见《中国企业正在悄悄大力投资于印度》，新浪网，2017 年 11 月 17 日，http://finance.sina.com.cn/stock/usstock/c/2017-11-17/doc-ifynwnty3705750.shtml。

② 中印两国政府已经签署了多项协议以鼓励中国企业在印度工业园区、高铁、清洁能源以及城市发展方面的投资，同时也鼓励更多印度高科技公司在华投资。印度政府还正采取多种措施，期望可以在印度创造一个无可比拟的、友好的和管理更加完善的金融经济环境，同时也积极推行吸引外资的政策，其中就包括了放宽对外商直接投资的限制。印度基础设施部门也吸引了大量中国跨国企业在印度开展贸易活动，以及承揽大规模的工程承包项目（Engineering, Procurement and Construction, EPC）。详见《安永报告：中国企业在印度投资：寻求税收确定性》，搜狐网，2017 年 5 月 23 日，https://www.sohu.com/a/142891796_813488。

③ 正如印度前总理辛格曾指出的，两国企业应当深入了解对方的市场、商业习惯和管理方式，两国商界应该对宏观经济前景、规章制度以及影响企业竞争力的各个因素提高认识。详见周兆军：《印度总理辛格就推动中印经贸合作提出三点建议》，中国网，2008 年 1 月 14 日，http://www.china.com.cn/news/txt/2008-01/14/content_9529059.htm。

点推进对接的制造业、基础设施产业、数字经济、旅游文化产业等相关产业合作，梳理相关政策内容，并参照潜在投资竞争国家的政策力度，进行积极调整，使之能够对促进两国相互投资增长发挥显著作用。扩大产业开放门槛，如放松外资的投资比例限制，引入投资负面清单制度，以及消除各种有形或隐性的投资壁垒，这些国际通行的投资促进措施，对于中印两国推进产业发展战略对接也具有参考价值。此外，建设产业开发或特殊经济园区（SEZ），[①]也是适合包括中国和印度在内的发展中国家促进产业投资的重要策略。SEZ对中国经济增长的突出贡献有目共睹，[②]印度也早已引入 SEZ 制度，但是在实施效果上尚不尽人意，[③]这可能与印度整体环境与中国大为不同有关，尽管如此，随着莫迪政府上台后在内政上的励精图治，[④]有理由相信 SEZ 会在未来中印产业对接中扮演更加耀眼的角色。[⑤]

也有一些投资合作，其主体不完全是民间投资机构或私人投资者，而是实力雄厚、风险承担能力更强和更加注重战略性投资的政府性投资机构。要吸引这类投资主体的加入，需要两国在政治承诺和契约制定上予以特别的保障，因为这类主体通常参与的是具有战略性、基础性意义的大项目、大工程，容不得合作轻易变卦。从这个角度而言，确保两国外交关系和合作意愿的稳定性，对于启动此类大型投资具有不可或缺的价值。这也意味着，保持稳定的双边政治关系，实际上也是促进两国商业和经贸合作的重要策略之一。

① 刘晨、葛顺奇：《中国境外合作区建设与东道国经济发展：非洲的实践》，《国际经济评论》，2019 年第 3 期，第 73—100 页。

② Douglas Zhihua Zeng, Building Engines for Growth and Competitiveness in China: Experience with Special Economic Zones & Industrial Clusters, World Bank, 2010; Jin Wang, "The Economic Impact of Special Economic Zones: Evidence from Chinese Municipalities", *Journal of Development Economics*, Vol.101, 2013, pp.133-147.

③ 以濒临孟加拉湾的印度安得拉邦维沙卡帕特南市的布兰迪克服装城服装保税工业园区为例，尽管该园区内不仅汇集了"维多利亚的秘密"这样的国际一线品牌代工厂，甚至还吸引了来自中国福建厦门的纺织类制造企业，但到 2016 年 8 月据媒体调查采访得知，该庞大的工业园项目还只运营了 1/4，该工业园项目负责人表示还将继续积极面向中国企业招商引资。详见李婷：《中国企业去印度投资真的好吗？》，搜狐网，2016 年 8 月 31 日，https://www.sohu.com/a/113007302_395797。

④ 陈金英：《莫迪执政以来印度的政治经济改革》，《国际观察》，2016 年第 2 期，第 115 页。

⑤ 有媒体介绍了莫迪主政古吉拉特邦时，在吸引外资和建设萨南德(Sanand)工业园区上所采取的有力措施及取得的明显成效。参阅徐方清：《古吉拉特邦："印度广东"奇迹的背后》，《中国新闻周刊》，2014 年 10 月 27 日，第 28—32 页。

中国理念、中国方案与印度发展理念、发展战略对接研究

地区发展战略对接在本质上与产业发展对接相似，它要求中印两国在重要工程或项目上，营造出适宜的投资氛围，以带动社会投资的参与，也可以由两国政府直接出面，牵头商谈联合投资事宜，推动包括南亚、东南亚与东亚在内的地区互联互通和一体化行动。比如在跨国性交通设施连接上，可能还需要两国联合第三方，必要时拉入国际投资者一道，共同参与规划投资与组织施工建设。但要做到这些，都需要两国加强互信，以平等开放合作的心态进行谈判协商，遵循共商共建共享的合作规范，提出统一的政策与步调来推进地区性项目的实施。①

加强中印两国地方政府层面的务实合作，也是推进中印发展战略对接可行之策。莫迪总理上任以来提出要发展"竞争性的合作联邦主义"（competitive cooperative federalism），支持地方政府发挥更加能动的作用，② 同时，业已建立的中印"地方合作论坛"（邦省领导人论坛）可为两国在邦省级合作提供有利平台，因而两国的地方政府可以依据各自的产业优势和发展需求，寻找相应的合作对象；比如为了推进 IT、医药等产业对接合作，中国的相关城市可以寻求与印度的班加罗尔市（印度 IT 中心之一）以及海德拉巴市（印度医药及 IT 业中心之一）等展开商讨；为了加强中印在棉纺织业以及影视文化产业的合作，中国相关城市可以加强与印度棉纺织中心和拥有世界最大电影生产基地之一的宝莱坞（（Bollywood）的孟买市展开对接；在汽车制造业领域，中国相关城市可与有"印度的底特律"之称的泰米尔纳德邦金奈市展开合作；③ 鉴于对外合作属于由国家中央政府统一管辖事务范围，为此还需由中央政府出台框架性合作文件与政策指引，为地方政府灵活行事划定清晰边界，同时又通过赋予自由空间以鼓励地方政府相互间展开良性竞争，以此充分调动各地方政府的积极性，令其因地制宜地在两国战略对接中发挥能动作用。

---

① 有印度学者指出，印度虽然出于战略原因而拒绝"一带一路"，但并不拒绝来自中国的投资，相反是持欢迎态度，以此最大化印度国家利益。详见 Rajesh Basrur, "The BRI and India's Grand Strategy", *Strategic Analysis*, Vol.43, No.3, 2019, pp.187-198.

② NDA govt believes in competitive cooperative federalism: Narendra Modi, November 28, 2017, *The Indian Express*, https://indianexpress.com/article/india/nda-govt-believes-in-competitive-cooperative-federalism-narendra-modi-4958891/.

③ 课题组：《地区经济发展：中印经贸合作的重要机遇》，《国际经济合作》，2018 年第 6 期，第 85—89 页。

（四）发展战略对接新规范，调节双边战略对接进程中的冲突

由于两国战略对接能力不对称或收益目标不完全一致，在战略对接实施过程中，不可避免地会产生一些利益冲突，这些冲突常通过贸易摩擦限制、隐形投资壁垒、[①]项目拖延搁置或者引入竞争性方案等方式表现出来，为此，一个可行的建议是，双方探讨构建发展战略对接新规范，在双方共同认同的规范指导下处理双边分歧和解决矛盾冲突。对规范的通行定义是指对某个给定认同所应该采取的适当行为的集体期望"，[②]或"行为共同体持有的适当行为的共同预期"，[③]也可以指双方共同认可的行事规则。引入规范及规则的好处是，可以改变国际交往中依靠强权政治或丛林规则来处理利益与矛盾分歧的传统做法，有效削弱大国强国凭借不对称的实力优势而在收益分配中获得不对称的利益，提升合作双方的国际道义地位与行动合法性，[④]因此，建构合作新规范对于调节战略能力不对称的国家间的交往合作极具现实意义。合作规范的达成有助于缓解战略上博弈的对立程度、冲突的风险和猜疑，有利于建立危机管控机制，而规范上的歧异或对立则会加剧战略上的不信任加大博弈的对抗性。[⑤]

对于中印两国推进战略对接而言，应当着手探讨并最终达成明确的合作规范。这些规范可以两国的对外交往理念为基础，同时结合国际通行的规范

---

① 比如中国企业在进入印度投资时常会面临更加严格的审查，这些审查常以"安全审查"和"敏感行业"为由。2013年印度政府以"安全"为由驳回了华为和中兴加入印度电讯设备商清单的申请；同年印度情报局认为腾讯微信危及印度安全而禁止其进入印度；2017年8月印度又细化了中国企业进入印度电力行业的规则，并对电力与电信装备进行了严格的恶意软件审查。此外，印度还制定了"敌国财产法"专门针对中国和巴基斯坦，必要时印度可没收在印的中国公司财产。此外，印度政府规定中国籍商人只能拿到为期半年的商务签证，诸如此类都构成了中国企业投资印度的隐形障碍。详见谢向伟、龚秀国：《"一带一路"背景下中国与印度产能合作探析》，《南亚研究》，2018年第4期，第112—153页。

② 宋伟：《国际规范、国家认同与国家行为——〈国家安全的文化〉述评》，《国际政治研究》，2008年第2期，第73页。

③ 郑飞：《国际规范的价值与功能：个体理性视角》，《国际论坛》，2007年第6期，第48页。

④ 宋伟：《国际规范、国家认同与国家行为——〈国家安全的文化〉述评》，第73页。

⑤ 刘鸣：《建立新型大国关系的一项议题：国际规范与对外安全战略关系的协调》，《国际关系研究》，2013年第6期，第3—14页。

理念来拟定。比如，和平共处五项基本原则可以作为两国合作规范的总体理念，除此之外，两国还可以结合各领域合作的特点赋予更加具体的内涵，比如在贸易合作上，可以公平对等和自由开放为原则；[①] 在金融投资合作上，则以坚持国民待遇和最惠国待遇等为原则；在区域和国际合作上，则以坚持共商共建共享为原则；在全球治理上，则以民主公平为原则；在安全合作上，则以透明互信等为原则。在规范的拟定中，也可以适度照顾双方实力不对称的现实，而作出在利益分配上适当倾斜于弱势一方的相应安排。[②] 这些规范的确认，最终都基于两国的自愿合意而作出，从而能够成为调节两国战略对接行为的约束性制度，并对两国互利合作以及地区的和平安宁稳定发挥基础性框架作用。[③]

（五）发展多边框架战略对接以减缓化解外部分化阻挠

针对中印战略对接进程中可能面对的外部势力分化干扰活动，除了两国基于自身利益出发而坚定合作意愿不动摇之外，还有一个办法是积极发展多边框架下的战略对接，将某些域外势力拉入进来，使其成为中印战略对接的利益相关方之一，从而削弱其破坏或阻挠心理；[④] 还可以"中印 +"的方式，邀请更多的成员国加入对接项目，以此加大对抗某些域外势力的力

---

① 有学者指出，保护主义趋势正是阻止中印深化经济合作的重要因素之一。详见 Joe Thomas Karackattu, "Assessing Sino-Indian Economic Relations in an Interdependence Framework: 1992-2008", *Economic and Political Studies*, Vol.3, No.1, 2015, pp.129-159.

② 比如，在自身根本利益和总体利益不受损的前提下，实力较强的国家可量力而行地对相对弱势的国家采取援助和放松市场准入等方式的让利原则；在对方不具备条件时，尽量帮助对方创造条件，制造同台合作共赢的机会；按照公平、比例和均衡原则，确保维护相对弱势国家的最大得益或损失最小化的底线；在双方共同认可的情况下修改并完善规则，而不是凭借实力优势单方改变或破坏规则等。参见苏长和：《中国道路视野下的国际体系建设》，《当代世界》，2012 年第 12 期，第 49—53 页。

③ Sinderpal Singh, "The dilemmas of regional states: How Southeast Asian states view and respond to India–China maritime competition", *Asian Security*, Vol.15, No.1, 2019, pp.44-59.

④ 实际上，印度通过发展与中国的合作关系，也可以加重其在域外势力眼中的筹码价值，反之，如果印中交恶，那么印度没有了倒向中国的可能性，拉拢印度便不具有价值，反而印度需要借重域外势力来制衡中国。因此，域外势力对中印关系的分化瓦解作用，其实在当下的国际格局背景下，是相对的和有限的。

量。[①] 多边框架可以包括中印两国共同参与的国际组织，比如金砖国家组织、上合组织、亚投行以及联合国相关组织等，还可以包括一些两国均可以不同身份参与合作的地区性多边组织，比如南盟、东盟等，这些多边框架，可以为中印两国对接提供更加广阔的发展空间；[②] 除了正式的机制性合作外，中印还可以其他的开放方式鼓励其他国家成为战略对接项目的利益相关方，比如在项目上可以对全球所有国家的企业或投资者开放招投标，按照通行的市场法则行事，欧美一些国家的企业可以与中印两国企业共同参与项目的投资运作，这既符合中国大力提倡的共商共建共享合作理念，也有利于各方从合作的顺利推进中共同获益。

四、防范印度"战略摇摆"中的对华"对冲"失控

如前所述，制约中印战略对接的一大挑战在于印度的"战略摇摆"。这种"战略摇摆"在政策表现上就包含着广泛而典型的"对冲"特征，[③] 即一方面对中国进行积极制衡，另一方面与中国保持密切接触，以此作为印度应对中国崛起所带来的不确定性的一个保险政策。[④] 而随着"莫迪主义"的实施和推进，印度在多领域、多层面的对华对冲正呈现出进一步延伸和在程度上有显著提升之势。[⑤] 进入 2020 年以后，印度对外战略中的对冲性又有了

---

① 目前，中印两国企业合建电站向孟加拉国供电，中国和新加坡企业在印合作开发的金奈晨光工业物流园已启动招商。罗晓梅：《中印经贸合作需完善经贸机制，加强战略互信》，中国网，2019 年 11 月 29 日，http://www.china.com.cn/opinion/think/2019-11/29/content_75461958.htm。

② 如 2018 年 8 月，中印两国军队参与了上合组织的"和平使命—2018"联合反恐军事演习，这次中印共同参与上合组织举办的这种大规模、真正意义上的联合军事演习活动，被称为在两国关系史上尚属首次，这将有助于加强包括中印在内的各国军事互信及合作，推动伙伴国之间的相互信任以及就一些重大事件采取迅速联合行动。详见《中印军队即将举行的这场联合军演创造了多个第一》，新浪网，2018 年 5 月 7 日，http://mil.news.sina.com.cn/china/2018-05-07/doc-ihacuuvu2830710.shtml。

③ Hoo Tiang Boon, "The hedging prong in India's evolving China strategy", *Journal of Contemporary China*, Vol.25, No.101, 2016, pp.792-804.

④ ［印度］思瑞坎：《印度对华对冲战略分析》，《当代亚太》，2013 年第 4 期，第 51 页。

⑤ 刘红良：《论印度对华政策的对冲刚性与合作韧性》，《南亚研究》，2019 年第 1 期，第 28 页。

新的特点，表现为印度与中国的发展合作正在经受严峻考验，同时其与美国的安全合作却不断加强，[①]因此，要想顺利推进中印战略对接，就必须重视印度对华"对冲"战略的发展，[②]从加强中印领土争端问题危机管控、增进周边合作与加强大国协调等方面入手加大投入，防止印度对华"对冲"战略走向失控，避免印度对华制衡与对华竞争向恶性化方向发展。

（一）加强中印领土争端问题的危机管控与"对冲"管理

中印领土争端问题作为中印关系中绕不开的难题，近年内已分别在东段洞朗和西段班公湖附近引发两次中印关系危机，对中印合作造成不小伤害。考虑到边界问题的高度敏感性和深远影响，即便在较长时段内要想达成圆满解决方案的可能性也极其渺茫，加强管控、防止领土争端问题激化升级为冲突，则是摆在两国面前唯一现实的出路。然而，树欲静而风不止。中方在中印领土争端问题上的冷静理智心态，并不能完全决定领土争端问题这一中印结构性矛盾的变化发展。在最近这两次大的中印边境军事对峙事件中，印方也都处于主动发起者位置，而这既是印度在邻近中国的边境地区进行多方面的战略对冲的必然结果，[③]也是印度不失时机地试图借助外部力量来制衡中国以谋取边界利益的对冲行为表现。[④]为此，为了防止中印领土争端问题脱轨失控，将中印关系拉入对抗之中，中方必须树立底线思维，以强大的实力优势和充足的军事准备，控制局势走向，将发生极端冲突对抗的概率降至最低水平。

具体来看，就是要大力提升中国处理边界事务和掌控边境局势的硬实力。比如加强中印边境地区的水、电、通信与道路等基础设施和边防战备基

---

① 李莉：《从不结盟到"多向结盟"——印度对外战略的对冲性研究》，《世界经济与政治》，2020年第12期，第94页。

② 印度学者指出，在2020年6月中旬的中印加勒万河谷流血事件发生后，印度正在重新评估其对华政策和在广阔"印太"区域的优先项，可能会对其此前持有以包容的、开放等理念为核心的"印太"概念与政策进行再定义。详见 Harsh V. Pant & Premesha Saha, "India, China, and the Indo-Pacific: New Delhi's Recalibration Is Underway", *The Washington Quarterly*, Vol.43, No.4, 2020, pp.187-206.

③ ［印度］思瑞坎：《印度对华对冲战略分析》，《当代亚太》，2013年第4期，第26页。

④ 赵玛佳：《洞朗冲突之后中印关系将长期在摩擦中发展》，《国际政治科学》，2017年第4期，第156—157页。

础建设，提升后勤供应保障能力，加快智能技术和无人技术等高新科技与设备在边防中的推广应用，完善快速反应系统和危机处理机制等，不断增强安全威慑力，以此做到不战而屈人之兵，防止印方铤而走险，遏制印度的冒险主义冲动，以制造冲突危机讹诈胁迫中国让步，或致使中印关系和中印合作发生根本性逆转。

在确保有能力守住中印不因边界分歧问题发生重大冲突这一底线之外，中方还可主动加强与印方在边界议题上的沟通，以此促成印度对中国威胁的认知发生积极的改变，防止双方因认知错位而陷入螺旋式上升的"安全困境"里。[①] 由于两国出于民生、军事或战略对冲等原因，对边境地区建设的投入力度都在加大，双方可以继续补充完善有关边境地区事务的相关协议，以此减少两国相互猜忌，避免因此而不断引发新的边境摩擦事件。

（二）以开放包容精神拓展周边合作，避免出现地区恶性竞争

构建以印度为中心和主导的区域合作体系，加强与中国周边国家的战略性合作，逐步涉入南海事务等，是印度对华对冲战略的另一个重要方面。[②] 事实上，在中国提出"一带一路"倡议后，印度也推出了印度版"丝绸之路"计划，包括有"季风计划""香料之路""棉花之路""佛教之路"等，以此对冲中国倡议的影响，[③] 其与日本等联合推出的"亚非增长走廊"，[④] 以及与越南加强在安全和南海事务上的合作互动等，[⑤] 也带有较强的对华对冲意图。莫迪政府还在大力推动以印度为中心的"环印度洋地区合作联盟"建

---

① 张立：《"一带一路"背景下中印安全困境的变化与应对》，《南亚研究》，2020 年第 3 期，第 59 页。

② Baljit Singh Mann, "Changing Dynamics of India's Indian Ocean Policy", *Maritime Affairs: Journal of the National Maritime Foundation of India*, Vol.13, No.2, 2017, pp.11-22.

③ 涂波、张元、宗蔚：《印度对"一带一路"倡议的对冲战略发展变化》，《南亚研究季刊》，2018 年第 2 期，第 88 页。

④ Titli Basu, "thinking Africa: India, Japan, and the Asia — Africa growth corridor," The Diplomat, http: // the diplomat. com /2017 /06 / thinking — africa — india — japan — and — the — asia — africa — growth — corridor /；王秋彬、王西蒙：《日印"亚非增长走廊"计划：进展及挑战》，《现代国际关系》，2018 年第 2 期，第 48—55 页。

⑤ Sanghamitra Sarma, "India–Vietnam Relations through the Prism of the Indo-Pacific Concept", *Strategic Analysis*, Vol.44, No.4, 2020, pp.360-377.

设，试图进一步巩固印度在印度洋地区的地缘政治和地缘经济优势，抑制或平衡中国影响力的上升。[①] 所有这些，都在一定程度上能够发挥对中国的牵制作用，对中国深化与周边国家的合作关系形成竞争，也对中印推进战略对接带来相应的阻碍。

对此，中方需要全面理性地看待印度的这些举措，妥善地加以应对。一方面，应当承认印度这些带有对冲意图的举动具有内在的必然性，是印度对华威胁认知在短时间内难以消除下的正常反应，同时，这些对冲性的计划与方案也有积极意义，既为区域发展提供了竞争性的备选合作方案，也有助于促进区域各国发展，从根本上为加强地区联系创造有利条件；但另一方面，也要注意到印度这些对冲性举措所可能潜藏的风险与危害。这些风险主要源自恶性竞争政策的推出，以及试图构建排他性或封闭性合作圈的对抗性思维的出现。在具体行动上可采取以下措施：

一是要给予密切的观察，跟踪相关合作事态的进展，分析判断相关合作计划或政策对中国可能产生的影响，探讨其与中国相关方案展开对接的可能性和实施方法等。

二是在可能的情况下积极参与，争取取得相关国家的支持，以观察员或正式成员的身份加入相关论坛或组织，大力倡导地区开放合作理念，为地区合作繁荣稳定力所能及地贡献中国力量和中国智慧。

三是深入推进与周边国家的战略合作，秉持开放和包容精神，在支持周边国家参与地区其他合作计划的同时，与中国保持紧密合作，分享中国发展红利。在印度加强周边合作的过程中，中国既不要求相关国家在中印间"选边站"，也不与印度为拉拢相关国家而展开政策比拼，而是将重心放在做大合作增量与合作蛋糕之上。另外，中国也可以采取非针对性的错位竞争战略，避开印度最为敏感的区域，以迂回方式促使印度最终愿意加入包含中国在内的地区合作计划。比如随着"地区全面经济伙伴关系"（RCEP）协议的正

---

① Jivanta Schöttli, "'Security and growth for all in the Indian Ocean' – maritime governance and India's foreign policy", *India Review*, Vol.18, No.5, 2019, pp.568-581; Dinoj K. Upadhyay & Manoranjan Mishra, "Blue economy: Emerging global trends and India's multilateral cooperation", *Maritime Affairs: Journal of the National Maritime Foundation of India*, Vol.16, No.1, 2020, pp.30-45.

式签署，^①中国与东盟、日本、韩国、澳大利亚以及新西兰迎来了新的合作机遇，中国可以借此推进与相关成员国的贸易投资合作，整合生产链价值链，实现与相关成员国在经济利益上的深度联结。同时，中国也应继续推进与环印度洋周边国家的务实合作，以共同的经济利益和发展利益为纽带，实现双方的优势互补和互利共赢。这些合作既无形产生了对印度对华对冲战略的反制效果，也会对印度造成倒逼压力，迫使其出于自身经济利益和发展利益的考量，最终加入与中国一道推动的区域一体化进程中来。当然，在此过程中，中国需要具备足够的战略定力，不因一时的合作挫折或困难而沮丧失望，始终坚定合作信念与合作信心，因为未来随着中国经济实力和辐射力、影响力的进一步提升，加强与中国的战略对接，将成为各国实现自身利益最大化的明智选择。

（三）加强大国协调、防范印度借势放大对冲战略负能量

印度对华对冲战略还有一个重要内容，就是通过发展与美国、日本等大国间战略合作，以外部制衡的方式平衡中国力量的上升。^②印美关系的不断升温，不仅是受美国大力拉拢印度以试图达成遏制中国和分化中印关系目标这一因素的驱动，也受印度主动借助强大的外部力量，试图以此扭转中印力量对比关系这一考量因素的影响。如同有学者所指出的，"印度需要美国来平衡中国，它需要美国继续待在亚太区域"。^③印度在美国主导推动下的"印太战略"和美日印澳"四国会谈机制"中的角色变得更为积极，^④也是印度主动选择的结果。^⑤实际上，"美日印澳四国部长级会议最早就是印度提出的，包括弹性的供应链也是印度率先提出的。印度的目标就是要让美国及其盟友

---

① 李晓渝：《RCEP 正式签署意味着什么？》，中国新闻网，2020 年 11 月 15 日，https://www.chinanews.com/cj/2020/11-15/9339112.shtml。

② Vinay Kaura, "Incorporating Indo-Pacific and the Quadrilateral into India's strategic outlook", *Maritime Affairs: Journal of the National Maritime Foundation of India*, Vol.15, No.2, 2019, pp.78-102.

③ 周雪莹：《林民旺：莫迪 2.0 时代，印度仍需要美国来平衡中国》，观察者网，2019 年 6 月 17 日，https://www.guancha.cn/LinMingWang/2019_06_17_505886_s.shtml。

④ 林民旺：《重新认识作为美国盟友的印度》，《环球时报》，2020 年 9 月 3 日。

⑤ 宫高杰、周虹君：《印度对"印太战略"的认知——基于威胁评估模型的理性主义分析视角》，《印度洋经济体研究》，2020 年第 1 期，第 76—92 页。

将中国从美国西方主导的所谓的自由经济体制排除出去"。①当然，必须承认，印度加强与美日等的合作，不完全是出于对冲和防范中国的原因，也是符合印度正常发展需求的常规性外交行动，但是，也不能不对印度借势损害中国利益和分化中国与其他大国关系的投机对冲行为保持应有的警惕。

从具体策略上看，加强与世界主要大国和行为体间的沟通协调合作，是尽可能减少印度利用"摇摆"身份刺激大国争斗、从而放大对华对冲战略负面能量的一条可选路径。

一是妥善处理对美关系。在美国一手挑起的中美战略竞争日渐加剧的背景下，②中国既要直面现实、果断回击美国发起的各种无理打压挑战，也要沉着冷静，尽可能地增加与美国的沟通交流，努力缓和双边紧张关系，寻求中美分歧得到管控。③

二是稳定提升中俄战略合作，依托中俄关系形成对印美关系的有力牵制。从体系层面看，中俄合作构成了美国单极霸权面临的主要制衡之一，④同时印

---

① 林民旺：《中国太过纵容亚太行为，擒不了王就先擒贼》，网易新闻网，2020年11月10日，https://www.163.com/dy/article/FR3E4A5I0534NAOU.html.

② 对中美关系近年来的发展变化，可参见 Evan S. Medeiros, "The Changing Fundamentals of US-China Relations", *The Washington Quarterly*, Vol.42, No.3, 2019, pp.93-119; Suisheng Zhao, "Engagement on the Defensive: From the Mismatched Grand Bargain to the Emerging US–China Rivalry", *Journal of Contemporary China*, Vol.28, No.118, 2019, pp.501-518; Anthony W. Chen, Jim Chen & V. Reddy Dondeti, "The US-China trade war: dominance of trade or technology?", *Applied Economics Letters*, Vol.27, No.11, 2020, pp.904-909; Nisreen Moosa, Vikash Ramiah, Huy Pham & Alastair Watson, "The origin of the US-China trade war", *Applied Economics*, Vol.52, No.35, 2020, pp.3842-3857.

③ 有学者认为，尽管中美在变化的经济环境和全球战略中存在着冲突与紧张，但这并不必然会导致两国发生军事对抗。详见 Shuhong Huo & Inderjeet Parmar, "'A new type of great power relationship'? Gramsci, Kautsky and the role of the Ford Foundation's transformational elite knowledge networks in China", *Review of International Political Economy*, Vol.27, No.2, 2020, pp.234-257.

④ Michael Mastanduno, "Partner Politics: Russia, China, and the Challenge of Extending US Hegemony after the Cold War", *Security Studies*, Vol.28, No.3, 2019, pp.479-504; Thomas Ambrosio, Carson Schram & Preston Heopfner, "The American securitization of China and Russia: U.S. geopolitical culture and declining unipolarity", *Eurasian Geography and Economics*, Vol.61, No.2, 2020, pp.162-194; Anton Malkin, "Challenging the liberal international order by chipping away at US Structural power: China's state-guided investment in technology and finance in Russia", *Cambridge Review of International Affairs*, Vol.33, No.1, 2020, pp.81-104.

俄关系也有着深厚的渊源和现实利益纠葛,[①] 这使印度在外交选择上面临着复杂困境。正如有学者所指,印度外交上的战略对冲本质上也是要在世界权力转移过程中和大国竞争形势不甚明朗的情况下,有意避免过早选边站队和过早政策摊牌,以战略模糊来保证自身具有足够的战略选择空间。[②] 其与美国不断趋近以制衡中国的行为,很可能会对传统的印俄友谊和印俄关系产生附带性冲击,这或将使其被迫在较长一段时间内保持战略模糊状态,并通过上合峰会、金砖国家组织以及中俄印三国外长会晤机制等稳定与中俄的合作。因而,中俄关系如果能继续在高水平战略互信状态下健康发展,无疑将会使印度在大国选边站中有所忌惮,并在一定程度上制约印美关系的加深。

三是加强与日本、欧盟等的务实合作。在印度利用其地缘政治价值与日本和欧盟等加快合作的同时,[③] 中国也可以凭借自身的经济实力推进与日本和欧盟的经贸合作和利益捆绑,从而减少印度对冲战略可能对中国带来的冲击。比如"地区全面经济伙伴关系"(RCEP)的签署和中欧投资协定谈判的完成,[④] 就反映出中国与日本及欧盟合作具有广阔的发展前景。有学者指出,将中国的"一带一路"倡议(BRI)与RECP结合起来,有可能进一步推动亚洲经贸自由化进程,更好地促进亚太实现开放式发展。[⑤] 这在客观上将对印度的对华对冲战略可能取得的成效形成限制,并促使印度直面现实,不得不与中国加强接触与合作对接,或被迫加入有中国作为成员国之一的地

---

① 卫灵:《俄印关系的历史嬗变及发展特性研究——兼论中俄印三角关系》,《俄罗斯学刊》,2018年第5期,第62—77页。

② 李莉:《从不结盟到"多向结盟"——印度对外战略的对冲性研究》,《世界经济与政治》,2020年第12期,第95页。

③ Joshy M. Paul, "India–Japan maritime security cooperation: Secondary states' soft balancing in the Indo-Pacific", *Maritime Affairs: Journal of the National Maritime Foundation of India*, Vol.15, No.2, 2019, pp.59-77; Dinoj K. Upadhyay & Manoranjan Mishra, "Blue economy: Emerging global trends and India's multilateral cooperation", *Maritime Affairs: Journal of the National Maritime Foundation of India*, Vol.16, No.1, 2020, pp.30-45.

④ 李晓渝:《RCEP正式签署意味着什么?》,中国新闻网,2020年11月15日,https://www.chinanews.com/cj/2020/11-15/9339112.shtml; 孔德晨:《历时7年35轮谈判,中欧投资协定谈判如期完成——中欧合作共赢开新局》,中国中央政府网,2021年1月1日,http://www.gov.cn/xinwen/2021-01/01/content_5575984.htm。

⑤ David Vines, "The BRI and RCEP: ensuring cooperation in the liberalisation of trade in Asia", *Economic and Political Studies*, Vol.6, No.3, 2018, pp.338-348.

区性合作组织中来，否则就将可能白白丧失相应的经济利益或政治影响力。

五、做好增信释疑的信息沟通工作

信息是人们理性决策的基础。[①] 然而在国际交往中，却常常存在信息缺失、信息获取成本过高或信息分布不对称等问题，[②] 这也是除利益考量之外，由于缺少对对方意图的正确认知而引发疑虑与焦虑，进而导致安全困境产生和现实主义政治思维得以流行的又一重要原因。[③] 这在中印国际战略对接合作中也同样如此，两国都面临着大量的信息发布传播与沟通问题。各种信息不对称问题存在于多个主体之间，首先是国际行为主体之间，即战略对接国家对彼此真实动机和意图持有怀疑；其次是两国合作可能引发第三方国际行为体的疑虑；最后是两国国内多元政治主体的疑虑。这些疑虑如果得不到及时妥善的应对，就会使彼此的隔阂误会加剧从而阻碍对接的顺利进行，以及来自国际势力的破坏阻挠和国内的政治反对。因此，在努力推进中印两国战略对接各项实务工作的同时，还必须重视并花大力气来处理好信息发布传播与沟通问题，力争在国内和国际社会建立起对两国战略对接政策的理解信任，积极实现增信释疑。

（一）明确信息沟通目标，做到精准发力

加强信息沟通是国际交往中一个笼统性提法，有必要明确其目标指向，做到精准发力，提高信息沟通效率。以增进中印互信和双边战略合作为目的的信息沟通，不同于一般性的信息发布与交流传播，而是具有特殊的任务要求。具体言之，加强双方信息沟通的目的是促进两国的相互信任，尤其体

---

① 信息（information）从其英语语源上看，"in"是接收到消息，"formation"是整理成章，也就是说，信息是增长人们的知识，传播各种事情和东西，是把我们不明确的知识弄清楚后，整理成章再传递给需要获取信息的人。参见滕毅、任虹：《试探信息理论基石——24条命题及其推论》，《情报杂志》，1998年第5期，第5—6页。

② Akerlot,G.A., "The market for Lemons", *Quarterly Journal of Economics*, Vol.84, 1970, pp.488-500; Zajac, E. E., *Political Economy Of Fairness*, Cambridge(MA): The MIT Press, 1995.

③ Yogesh Joshi & Anit Mukherjee, " From Denial to Punishment: The Security Dilemma and Changes in India's Military Strategy towards China", *Asian Security*, Vol.15, No.1, 2019, pp.25-43.

现为对彼此合作意图、合作目标和合作政策的理解支持。这种支持主要是指获得两国国内对本国政策制定者的信任，认可支持两国的战略对接政策，[①]同时也还要力求获得其他相关国家的理解支持，使其不会展开政策反击或阻挠破坏，或至少不会公开表达出担忧、反对并出台相应的制衡政策。这就要求两国在合作政策制定之际，重视各利益攸关方的感受与可能反应，确保政策制定依据合乎国际通行规范且充足有力。这些依据将与公开发布的政策一道，成为面向社会传播的公众信息的重要内容。如果只是枯燥的政策信息展示，而缺少了对政策依据的阐释和对社会可能反应的解释性说明，那么，就意味着存在信息供给不足的问题，这很容易导致舆论的畸变以及流言的产生。[②]

为此，两国负责推动战略对接的政府部门，必须基于增信释疑的目标，生产并向社会提供高质量的权威信息。所谓的权威信息，既要是真实可靠的信息，同时又要是具有一定深度、足以满足社会需求的高质量信息。正如有学者所指出的，当今时代的社会公众，不仅需要了解发生了什么，更需要了解这些事件为什么发生，对自己意味着什么，对自己生存的环境产生了什么影响，这些事件还会向什么方向发展，发展的过程中还将引起什么样的连锁反应，对自己的生存环境及命运将产生什么样的作用等，[③]因而如果只是发布一条简单的政策出台新闻而没有相应的配套信息支撑，那么，很有可能引来社会的各种解读，其中难免会充斥一些误读，引发新的误解。

（二）构建完善的信息传播系统和健康的信息传播环境

在保证信息质量的基础上，依照传播学的一般规律，[④]媒介系统的搭建选择、技巧性地配合应用和对传播过程的规范引导就是信息沟通有效推进的重要内容。当代电子媒介的飞速发展，大大丰富了现代传播手段，特别是有

---

① 黄正多、段柏旭：《不对称合作下的中国和尼泊尔经贸合作机制建设——动机、可能性与方式》，《区域与全球发展》，2020年第2期，第43—45页。

② 蔡克平、陆高峰：《新闻信息不对称对报纸公信力的影响》，《传媒观察》，2003年第10期，第57—58页。

③ 高钢：《互联网时代公共信息传播的理念转型》，《当代传播》，2014年第2期，第8—10页。

④ ［美］Werner J.Severin, James W.Tankard.Jr:《传播理论——起源、方法与应用》（第5版），郭镇之主译，北京：中国传媒大学出版社，2006年，第5—7页。

线电视与网络传播的出现，以及移动互联网终端的普及和社交媒体的流行，构成了最为广泛的公共领域，在一定程度上打破了公众进入媒介的技术与经济障碍，[①] 为信息流通与共享提供了前所未有的全时空便捷条件，并将对人们的行为方式产生影响。[②] 为此，中印两国可以依托现代传媒体系，发挥不同媒体平台的功能特点与优势，促进各类信息在两国间的及时准确传播。

对于关系最为重大的官方政策性信息传播而言，可以借鉴美国的经验，以多平台、多流程的方式确保官方信息的真实性、权威性与可获得性；[③] 一是两国官方相关政府部门可以通过定期频繁的新闻发布会，主动发布信息或通过精心准备媒体提问以回应的方式发布信息；这类信息通常也是官方立场的正式体现，是最为权威、最受各界关注的信息来源，应当慎重拟定与公开；二是对于尚在拟议中的政策或议题信息，为稳妥起见，可由与政府联系较密切的相关知名智库，在会议和媒体上发表文章，对于公众舆论进行引导或试探，获取社会反应；三是根据媒体发布信息后的社会反馈情况，再进行新一轮的信息发布传播工作。在此过程中，政府部门、智库和媒体等各司其职，共同向社会公众提供有关两国战略对接的政策和进展信息，以不断增进社会的了解认知和支持认同。

对于其他非官方信息传播而论，则要重视对媒体部门和网络社交媒体平台等的监管与引导，及时纠正其偏激倾向，防止虚假信息、不实信息、流言或谣言等猖獗泛滥，控制其对双边认知可能带来的负面影响，营造健康的信息传播环境。早在十多年前，就有国外学者指出，"由于印中两国间存在的问题，印度人长期不愿相信从邓小平开始各种现代化实验以来中国的惊人增长率。印度的报纸和刊物迟迟不报中国发生的事情。直到今日，纸质媒体仍然宣称中国可信度有限且常喜欢玩数字游戏，因此它的巨大进步不可能都是真实的"。[④] 而十余年后的今天，随着互联网技术的发达和互联网工具的广

---

① 陈力丹：《试看传播媒介如何影响社会结构——从古登堡到"第五媒体"》，《国际新闻界》，2004 年第 6 期，第 33—35 页。

② 田中初：《电子媒介如何影响社会行为——梅罗维茨传播理论述评》，《浙江师范大学学报》（社会科学版），2006 年第 1 期，第 108—112 页。

③ 赖海榕、王新颖：《美国政治信息传播的特点及启示》，《对外传播》，2013 年第 12 期，第 58—59 页。

④ A.H. 萨姆伊：《印度：对西方发展理论的挑战》，引自 [美] 霍华德·威亚尔达：《非西方发展理论——地区模式与全球趋势》，董正华等译，北京大学出版社，2006 年，第 49 页。

泛普及，网络平台已经成为超越国界和时空的新兴重要传播平台，由此带来三个突出变化：个体信息传播平台普及，公民媒体时代出现；信息网状传播结构形成，信息影响力的立体效应呈现；信息传播与社会变动的能量转换已完全突破时间和空间局限，[1] 每个个体公民，无论是中印两国的公民，或是其他国家的公民，都可以自由无碍地借助发达的社会媒体或网络工具，发布各类信息和各种见解，这其中就难免会充斥有挑唆、抹黑或捏造的各种虚假不实信息言论，[2] 以此造成对两国关系和两国战略对接的误解疑惑，因此，必须重视对相关舆论话题的监控回应工作，以及时撇清谣言、澄清误会，并依法打击相关造谣行为等，确保双边关系和两国战略对接合作拥有一个健康的舆论环境。

（三）加大两国互信沟通的基础投入力度

跨国信息沟通的一大难点，在于相互间语言和文化差异而带来了天然阻隔。就语言方面而言，两国都需要借助翻译来实现顺畅的沟通交流，因而有必要加大对翻译人才培养和翻译支持工作的投入。从信息源的角度看，即便在专业性最强的学术领域，中印两国学者也大多依赖英文信息资料从事研究，这让两国学术研究被动地打上了西方烙印，不自觉地受到西方语境影响。印度有学者指出，"印度对中国官方媒体的研究不够，存在着语言沟通认知理解的障碍，也许媒体的观点不等于中国政府的观点，但是印度人不这样认为"。[3] 这种认知差异并非单方面的，对中国而言也是如此。尽管在中国，对英语的重视和普及程度与日俱增，但是对印度的认识仍主要源自零星的中文报道。更需指出的是，在印度使用印地语的达到 9 亿多人，使用英语的则少于 1.2 亿人，而在印度国内发行量前 20 位的报纸中，只有第 11 位是英语

---

① 高钢:《互联网时代公共信息传播的理念转型》,《当代传播》,2014 年第 2 期,第 8—10 页。

② 尹锡南:《近期印度媒体对华负面报道评析》,《东南亚南亚研究》,2012 年第 4 期,17—22 页;张林 、赵婷:《印度主流英文媒体的中国认知分析》,《东南亚南亚研究》,2018 年第 2 期,第 90—96 页;刘禹辰:《简析近期印度主流英文媒体对中印贸易相关报道的舆情变化》,《南亚研究季刊》,2019 年第 1 期,第 54—61 页;温竹馨、张睿、席雪莲:《中印边境冲突下印度英文媒体涉华报道倾向性研究》,《国际传播》,2020 年第 5 期,第 88—96 页。

③ 李涛:《加强智库合作 提升中印关系——中印互信国际研讨会会议综述》,第 107—108 页。

报纸，其余19位全部由印地语报纸占据，这就意味着中国要加强对印度的认识了解，还不能简单地依靠英语报纸等媒介，也不能从西方话语体系中的印度入手，而更应抓住印地语这一研究媒介，进行深入研究。[①] 比较而言，在印度国内，理解或掌握汉语的比例那就低得微不足道了。据印度学者介绍，在印度28个相关中国研究机构中有21所从事汉语教学，主要集中在私立大学里，且人们学习汉语的目的似乎更多是为了经商。[②]

就文化方面而言，尽管中国和印度是同属东方文化的两个主要发源地，但是这两种文化体系却在文化的本质、内容、包容性及其哲学的概念体系等方面有着根本的区别和不同的追求，比如中国文化是典型的伦理型入世文化，而印度文化则具有宗教型出世文化特点，[③] 对此有学者表示，"中印双方在许多问题上达不成共识的原因，并非相互指责的那样缺乏诚意，而是缺乏文化理解"，[④] 因而加强两国人文交流不容轻视。两国教育与文化部门可加强协调，帮助对方培养语言师资力量，支持汉语和印地语等教学培训工作，积极资助书籍翻译出版以及各种人文交流活动的开展，通过减少语言障碍以增进双方对彼此文化习俗等的了解。

（四）加强两国各社会主体间的沟通交流

促进两国的信息沟通，最终要落脚到两国不同层面的主体互动中。两国政府部门、以智库高校及媒体为代表的社会力量与企业界，应在增信释疑中扮演核心角色，合力推动两国战略对接和互利合作的深入发展。

政府部门在政策引领和信心营造上扮演着不可或缺的角色。其远见卓识、政策框架和公共投入，对双边关系发展起着统揽作用。在过去几年中，两国领导人保持着常态性会晤与对话，尤其是分别于2018年在中国武汉和2019年在印度金奈举行的中印领导人非正式会晤中，两国领导人就国际格

---

① 曾子瑾：《莫迪2.0时代，中国怎么跟印度打交道？》，腾讯网，2019年7月6日，https://new.qq.com/omn/20190706/20190706A0MVOT000。

② 李涛：《加强智库合作 提升中印关系——中印互信国际研讨会会议综述》，第107—108页。

③ 李安：《略谈中印传统文化之差异》，《安徽农业大学学报》（社会科学版），2008年第1期，第130—133页。

④ 邱永辉：《从亚洲世纪到全球治理：文化视角下的中印关系》，《人民论坛·学术前沿》，2019年第10期，第87—95页。

局和双边关系中的全局性、长期性、战略性问题以及各自国家发展愿景和内外政策深入交换意见，达成广泛共识，指明了下一阶段中印关系新航向，[①]显示了两国紧密的政治互动和战略沟通。此外，两国还有部长级的经济战略对话、副部长级的经济战略对话以及地方合作论坛等沟通机制，可为两国传递信息、形成共识和处理分歧等提供帮助。两国可以通过这些机制，展开坦诚的信息交流，回答对方的疑惑与关切点，防止产生不必要的误判与隔阂。

以智库、高校和媒体等为代表的社会力量，肩负着为经济发展、商业进步和人文交流不断贡献智慧与创意的重任，在推动中印战略对接上扮演着思想启蒙者和人力资源要素供给者角色。两国高校可以着眼于两国合作需求，在统一的政策框架下加强校际合作，共同培养输送各类高素质的专业人才。两国教育界加强沟通交流，有利于相互借鉴，共同提高人才培养效率和效益。高校同时也是社会智库的重要组成部分。作为汇集了大量知识精英和社会意见领袖的智库界，加强彼此间的对话及研究合作，有助于两国拓宽增信释疑的渠道，增进相互战略认知，发挥"二轨"外交的重要作用。[②]

企业作为推动两国经贸合作与社会进步的主体性实践力量，也应在促进双边交流中发挥重要作用。近年来，中印两国贸易合作展现出新增长态势，两国商业投资也呈现出方兴未艾的蓬勃发展势头。尽管近年发生的新冠肺炎疫情和对峙冲突事件给两国经贸合作带来不小冲击，但从中长期来看，作为两个处于高成长中的大型经济体，两国经贸合作仍潜力广阔。两国企业家对中印合作的利益和机遇有最直接、最深刻的认识，对如何与对方国家的政府和民众打交道也有亲身经历，其对两国的认知在某些方面可能比官员和学者等更接近真实，[③]因此，两国企业界也应加强沟通交流，多向两国公众发声，多提合作诉求，既做中印关系的受益者，也做中印关系的建设者。

总之，通过多层次、多渠道、高密度的信息沟通，就能更好地帮助中印推进合作、管控好分歧和进行良性竞争。正如一句著名的阿拉伯谚语所说，

---

① 管克江、王芳、王海林等：《从武汉到金奈，汇聚中印关系发展正能量——写在中印领导人第二次非正式会晤之际》，《人民日报》，2019 年 10 月 11 日。

② Gogna, S., "The Rise of India's Think Tank Diplomacy", *South Asian Voices*, February 16, 2018.

③ 龙兴春：《增进互信是中印关系的当务之急》，中国社会科学网，2017 年 12 月 18 日，http://www.cssn.cn/jjx/jjx_gd/201712/t20171218_3784110.shtml。

"独行快，众行远"。[①] 中印两国尽管已经发展为世界瞩目的新兴经济体，但两国前行路上都仍面临着艰巨的内外挑战，要克服这些挑战，离不开一个稳定、友好、合作的中印关系，两国团结所形成的合力，事实上具有塑造自身乃至地区和世界命运的力量。放眼未来，中印两国在能源、互联网、减贫、基础设施、气候、疫情防控、灾害治理、产业链、全球贸易金融投资治理以及地区安全等诸多领域，都还有着不可估量的合作潜力。在既有合作基础上，填补这些空白，深化合作层次，两国关系光明的未来就有望得到实现，一个中印大同的亚洲世纪就可能到来。

---

① 《习近平在埃及媒体发表署名文章 让中阿友谊如尼罗河水奔涌向前》，《光明日报》，2016年1月20日。